# 古代歷史文化研究輯刊

## 八 編

王 明 蓀 主編

## 第 19 冊

### 漢代歷史理論研究

靳 寶 著

國家圖書館出版品預行編目資料

漢代歷史理論研究／靳寶 著 — 初版 — 新北市：花木蘭文化
出版社，2012〔民 101〕
目 2+218 面；19×26 公分
（古代歷史文化研究輯刊 八編；第 19 冊）
ISBN：978-986-254-979-7（精裝）
1. 史學評論　2. 漢代
618　　　　　　　　　　　　　　　　　　　101014976

ISBN-978-986-254-979-7

9 789862 549797

古代歷史文化研究輯刊
八 編　第十九冊　　　　　　　ISBN：978-986-254-979-7

## 漢代歷史理論研究

作　　者　靳　寶
主　　編　王明蓀
總 編 輯　杜潔祥
出　　版　花木蘭文化出版社
發 行 所　花木蘭文化出版社
發 行 人　高小娟
聯絡地址　新北市永和區中正路五九五號七樓
　　　　　電話：02-2923-1455／傳眞：02-2923-1452
網　　址　http://www.huamulan.tw 信箱 sut81518@gmail.com
印　　刷　普羅文化出版廣告事業
初　　版　2012 年 9 月
定　　價　八編 22 冊（精裝）新台幣 35,000 元
　　　　　　　　　　　　　　　　　版權所有・請勿翻印

# 漢代歷史理論研究

靳　寶　著

## 作者簡介

靳寶，男，1977 年 7 月生，內蒙古化德縣人。北京市大葆台西漢墓博物館副研究員，北京市社會科學院歷史所博士後。2004 年與 2007 年，先後獲得北京師範大學歷史學碩士與博士學位。研究領域主要涉及中國史學史與史學理論、秦漢史、北京歷史文化，已出版《大葆台西漢墓研究》專著一部，在《文史知識》、《中原文物》、《史學集刊》等學術期刊發表論文近 20 篇。

## 提　　要

　　漢代無論在史學上，還是在歷史上，都是一個很重要的時期。秦漢社會劇變，帶給人們更多的歷史思考。在歷史理論方面，可以說有了一定的體系。

　　究天人之際仍是漢代歷史理論的根本問題。兩漢學人對天人關係進行了廣泛而深入的理論思考，既有系統的天人感應理論的構建，又有歷史意義上的究天人之際和元氣物質化的天人關係之探討。無論在理論形態上，還是在歷史事實考察上，都較以往有了很大的發展。在爭辨的天人關係思想下，更突出人在歷史變動中的主體位置與重要作用，充分體現出天地人參合的理論特色。既積極尋求人事、人謀在社會歷史變動中的位置與作用，又努力思考客觀歷史趨勢或歷史條件對社會歷史變動的影響。

　　通古今之變是漢代歷史理論的又一重要內容。既有整體上的根本變動，又有歷史各層面的變化認識；既有感性意義上的變動觀，又有哲理性的歷史變化論。他們不僅對歷史演變的進程及趨向作了積極探索，表現為循環的歷史演化模式與發展的歷史變動觀；而且還對歷史作了階段性劃分與認識。

　　無論是對社會歷史變動原因的思考，還是對歷史演變過程及其趨向的探討，其主旨之一就是要總結變理，為社會提供有益借鑒，至少主觀目的大都是這樣的。既有關於歷史變化法則的根本性變理探討，又有關於治亂盛衰之理的總結。這些都是帶有根本性的治國安邦方略，是漢代學人在歷史認識過程中所尋求到的現實啟示。

　　漢代學人還對當時社會的一些重大問題作了努力探討。如大一統理論與民族思想，君主論與國家觀。漢代「大一統」，既有「一統尊君」的「大一統」，又有「應天統民」的「大一統」；既有空間意義上的「大一統」，又有時間意義上的「大一統」。王者「布政施教」而「統民應天」是漢代公羊學「大一統」理論的精神實質。漢代史學家關於民族的記載與認識，反映了多民族史撰述的自覺意識與同源共祖觀念。在民族關係方面，有夷夏之辨，更有民族一體的共同意識；既有具體的治邊方略，又有一定理論性的民族政策理念。

　　兩漢學人對君主本身、君民臣關係及其對國家治亂盛衰的作用，作了很深的理論思考，體現出天人合一的理論特點。在以君主為核心的國家體制下，如何使得君、臣、民三者協調、和諧地發展，是漢代君主論的主旨和實質。兩漢學人還對國家體制及國家職能進行思考，形成較為豐富的理論認識。

# 目

# 次

# 緒　論

## 一、本文研究對象、範圍及其意義

### （一）中國古代歷史理論的內涵及其民族特點

　　歷史理論是一個內涵極爲廣泛而豐富的概念，它指人們在研究宏觀歷史過程中積累和概括出來的理論，如歷史發展的階段性、規律性、統一性，歷史發展的趨向，以及對重大歷史現象和衆多歷史人物評價的原則與方法，等等。〔註1〕當然，它又包括對整體歷史的各分支領域所進行的理性思考，而其核心是歷史觀。〔註2〕

　　中國古代歷史理論有其自身的民族特點。瞿林東在談到造成學界產生中國古代史學沒有理論或理論貧乏的看法之因時，指出：「對於中外史學在表現其理論的內容和形式上，未能充分考慮到各自的特點；換言之，在『理論』的探討上，尙未能著眼於從本民族的遺產出發。」〔註3〕他從中國古代歷史理論發展過程中總結出四個特點：多樣的存在形式、深入探索的連續性、未嘗離事而言理以及名篇名著的魅力，這是對中國古代歷史理論民族特點之精要概括。

　　其中，未嘗離事而言理與多樣的存在形式所表現出來的民族特徵較爲突出。多樣的存在形式，決定了中國古代歷史理論的載體之民族特色。如「君子曰」、「太史公曰」、「荀悅曰」、「司馬光曰」、「贊曰」等史論，賈誼的《過

---

〔註1〕　參見瞿林東：《史學理論與歷史理論》，《史學理論》1987年第1期。
〔註2〕　參見蔣大椿：《歷史理論》，見蕭黎主編《中國歷史學四十年》，書目文獻出版社，1989年，第27頁。
〔註3〕　瞿林東：《中國史學的理論遺產・前言》，北京師範大學出版社，2005年。

秦論》、班彪的《王命論》、柳宗元的《封建論》、歐陽修的《正統論》等獨立的歷史評論專篇,桓寬整理的《鹽鐵論》、王夫之的《讀通鑑論》、《宋論》等歷史評論專書。

　　未嘗離事而言理,賦予了中國古代歷史理論在論述形式上的民族特色。「事」中有「論」,「論」中有「理」,「論」從「史」出;整體而言,儘管沒有西方那樣系統的思辨理論色彩,〔註4〕却體現出很強的經世致用理論傳統。另外,深入探索的連續性也體現了中國古代歷史理論的民族特徵與中華文明連續不斷的特性。

## （二）漢代歷史理論研究對象、範圍和重點

　　根據中國古代歷史理論的內涵及其民族特點,以及漢代歷史理論本身的發展過程與所包含的內容,可以確立漢代歷史理論研究對象。

　　從歷史理論的主體而論,主要以漢代史學家與思想家對客觀歷史思考過程中積累和概括出來的理論為研究對象。漢代是一個特殊的歷史發展時期,史學家對歷史進行反思,對重大社會歷史問題作出理論回答。同時,思想家也對歷史進行深入思考,甚至提出的某種理論會對史學家產生指導性作用。反過來,史學家又從史的角度對此進行了批判式的豐富與發展,這是漢代經史關係密切的反映。因此,在全面而系統總結漢代歷史理論成就時,必須把史學家與思想家歷史思考的理論成果進行綜合,才能真實而全面地反映漢代歷史理論的成就。

　　從歷史理論的載體而言,是以漢代史書中的序、論、贊,史書中的「寓論斷於序事」,專篇史論,諸子書中的一些相關史論,一些奏疏中的相關史論,政論中的史論等等為考察對象。〔註5〕漢代史學很豐富,如何準確把握和揭示其歷史理論內涵及特點,理論載體的認定,尤為重要。史書中的序、論、贊,是史學中理論色彩最為突出、理論內容最為豐富的部分;而史書中所載的一些奏疏也是較為重要的歷史理論參考,當然應與史家的理論思考區分清楚,不能把此完全等同史家的理論認識。此外,諸子書中的大量史論,也是非常

---

〔註4〕 何兆武曾在其主編的《歷史理論與史學理論——近現代西方史學著作選》（北京商務印書館,1999年）一書的《編者序言》中寫道:「這裏的歷史理論和史學理論,其涵義大致相當於當今西方通常所謂的『思辨的歷史哲學』和『分析的歷史哲學』以及我國傳統意義上的『史論』。」
〔註5〕 具體參見下文「多樣表現形式」之論述。

重要的歷史理論成就，可與史書中的史論相參照、對比，從而更好地總結與認識漢代歷史理論。

　　從歷史理論的內涵來說，就是以漢代學人對客觀歷史進程、變動原因、運行法則、盛衰之理，以及大一統、民族思想、君主論與國家觀等重大歷史理論問題爲研究點，作深入而系統的探討。對客觀歷史運行過程、變動原因、演變法則的探討，是中國古代歷史理論的主幹，也是歷史理論探究的根本出發點。盛衰之理的總結，則體現了社會與史學的相互關係。對根本理論問題的回答，最終是要滿足社會發展的需要，所總結出來的理論思考，就是爲了借鑒於現實與未來的運作。既要把握根本性理論問題的回答，也要抓住社會本身所體現出來的重大理論問題，這樣才可能較全面而系統的概括一個時代的歷史理論成就。

　　從歷史理論的時間範圍來講，就是探究漢代學人對三代以來，特別是秦漢以來社會歷史突顯出來的重大問題所作的理論思考。漢代人們關注三代盛衰變化之理，更詳盡地考察秦漢以來的歷史變動，鑒古而察今，略往而重近。

### （三）漢代歷史理論研究的價值和意義

　　本文選取歷史理論作爲研究對象，是有其重要的學術價值與社會意義。歷史理論是對客觀歷史的理性思考，易與人類生存的現實世界發生聯繫，也易於人們對現實與未來的理解與把握。如對歷史運行方向的理論探討進行總結，探索出一些帶有規律性的特點，這有助於人們理性認識現存世界，客觀把握未來走向；對社會歷史演變原因的理論思考進行概括、分析，尋找到變動的相關因素，就可有效地避免歷史教訓的重演，推動社會的發展與進步，從而推進人類文明的深化；對盛衰之理的精要總結，使得人們逐漸看到自身行爲的社會作用，增強人們在歷史變動面前的主動性與積極性。

　　本文以漢代爲時間範圍來研究，有其特殊意義。首先，在政治制度與社會形態上，漢代具有特殊性。漢王朝是繼秦朝之後進一步建立並健全中央集權的大一統社會的關鍵時期，並爲整個中國傳統社會制度奠定了基礎，影響深遠。明清之際著名學者顧炎武曾言：「漢興以來，承用秦法，以至今日者多矣。」〔註6〕侯外廬也談到：「秦漢制度爲中世紀社會奠定了基礎。」〔註7〕

---

〔註6〕　〔清〕顧炎武：《日知錄》卷一三「秦紀會稽山刻石」條，見黃汝成《日知錄集釋》，上海古籍出版社，1985 年。

〔註7〕　侯外廬主編：《中國思想通史》第二卷，人民出版社，1957 年，第 2 頁。

因此，對漢代歷史理論的探究，有助於我們對中國古代大一統社會及其制度的認識與理解。

其次，漢代在中國古代學術史上也有其特殊地位。春秋戰國時期，出現了諸子百家爭鳴的學術繁榮景象。秦統一六國，採取「焚書坑儒」的極端文化政策，使這一繁榮景象遭受破壞。漢代重新建立大一統政權，雖經漢初黃老思想的興盛，武帝時期的「罷黜百家，獨尊儒術」，但對整個漢代而言，其學術仍帶有諸子百家爭鳴的餘續與爭辨色彩，只不過更多的是儒學內部所發生的爭辨。這在中國古代學術史上影響極大，對中國古代歷史理論也產生了重要作用，使其帶有一定的學術爭辨特色，同時也呈現出很強的理論色彩。所以，對漢代歷史理論的研究，可以更好地分析和認識漢代經學與史學的關係，從而更加準確地把握中國古代學術發展演變過程及其特點。

最後，漢代歷史理論本身在中國古代史學發展中的地位非常特殊。兩漢史學是中國古代史學的第一個高峰，無論在編纂形式上，還是在史學要素上，都具有框架式意義，為後世史學發展的重要基礎。而漢代歷史理論是漢代史學中深層次內容，起引領或導向作用。這樣，對漢代歷史理論進行系統總結，有助於從整體上、宏觀上認識和把握漢代史學的發展大勢與理論成就，進一步推動漢代史學的深入研究，從而更好地總結和認識中國古代歷史理論這筆珍貴的理論遺產與思想文化遺產，加深與豐富人們對中國古代史學的認識和理解。

## 二、本選題研究狀況和尚待深入的地方

### （一）研究概況

關於漢代歷史理論研究，兩漢之後（甚至兩漢發展過程中已有相關評論）就已有了零星評論。這些多數是在關於篇章結構、文字敘例等體例體裁的論述中涉及到的，還不成系統。真正對漢代歷史理論進行系統性研究，始於二十世紀。

隨著西方史學理論傳入，特別是馬克思主義史學傳播，打破了傳統史學研究的壁壘，開創了史學研究的新風氣、新規模。史學界開始對漢代史學家與思想家的歷史理論進行研究。新中國成立前，主要集中於漢代歷史觀的探討。顧頡剛於 1929 年發表了《五德終始說下的政治與歷史》〔註8〕一文，後

---

〔註8〕 《清華學報》第六卷第一期，又見《顧頡剛古史論文選集》第三冊，中華書局，1996 年。

又出版了《漢代學術史略》〔註9〕，就是突出代表。他對漢代的五德說與三統說進行了較爲全面細緻的探討，開啓漢代歷史觀的爭辨。隨著古史辨的不斷深入，學界對漢代歷史觀展開廣泛研究，產生不少成果，有的至今仍發揮著影響。1935 年，馮友蘭發表了《秦漢歷史哲學》〔註10〕一文，對漢代三統說、公羊三世說等歷史觀作了深入剖析，可以說是較早全面探討漢代歷史哲學的重要成果。

20 世紀 40 年代，學術界出現了一批史學史著作和史學概論類著述，有的涉及到了漢代歷史理論問題，如王玉璋的《中國史學史概論》〔註11〕與魏應麒的《中國史學史》〔註12〕，特別是後者不僅論述了五德說與三統說的起源，還談到五德終始說、三統說對史學的影響，這是較早明確提出五德說、三統說與史學的關係。

可以發現，這些研究多集中於五德說與三統說，重點論述的是董仲舒之思想學說。顧頡剛研究面稍寬，涉及到劉歆的五行相生歷史循環論，以及兩漢史學的相關內容。

值得一提的是，該時期開始出現對漢代某一位史家的歷史理論進行研究的趨向，李長之《司馬遷之人格與風格》〔註13〕一書就是這方面的代表之作。該書列有「司馬遷的歷史哲學與歷史科學」這一專題，對司馬遷的歷史理論進行了探討，提出「究天人之際」乃司馬遷的歷史哲學。這一認識，是很有見地的，在今天仍有參考價值。

另外，這時產生的一些通史著作，如范文瀾《中國通史簡編》、呂思勉《秦漢史》、翦伯贊《秦漢史》等，也對漢代歷史理論有所論述，其中有些見解還是很有啓發的。

二十世紀五六十年代，人們對漢代歷史理論研究又向前推進了一步，主要表現在兩個方面：一是思想史或哲學史著作中對漢代歷史理論作了大量的論述，二是一些史學史著作也開始對漢代歷史理論進行深入探討。前者代表性成果是侯外廬主編《中國思想通史》（第二卷）與任繼愈《中國哲學史》（第

〔註9〕　上海亞細亞書局，1935 年版。後改爲《秦漢的方士與儒生》，上海古籍出版社，1978 年。
〔註10〕《哲學評論》1935 年第六卷 2、3 期。
〔註11〕重慶商務印書館，1944 年。
〔註12〕商務印書館，1941 年。
〔註13〕李長之：《司馬遷之人格與風格》，開明書店，1948 年，三聯書店 1984 年再版。

二冊）。《中國思想通史》是從漢代社會與漢代思想的聯繫入手來分析漢代歷史理論成就，對漢代一些著名史學家和思想家的歷史理論進行了探討，所提出的一些觀點對後世研究有導向作用。《中國哲學史》作了進一步補充說明，使得漢代歷史理論研究，在內容上更為豐富。雖然他們的論述都具有以唯物與唯心來評判的模式存在，側重個案研究，但這反映了學者運用馬克思主義對中國古代歷史理論進行研究所取得的初步成果，對後來深入探索起了一種表率與指導作用。後者是以白壽彝《司馬遷與班固》與《史記新論》〔註 14〕為代表，這兩篇長文是作者運用唯物史觀與豐富史料相結合的方法，從史學角度對《史記》、《漢書》的歷史理論作了探討，特別是對《史記》的「究天人之際，通古今之變，成一家之言」進行了貫通論述，既肯定其進步性，又指出其存在的局限，這樣的認識顯然較前更加公允而客觀，系統而深入，至今仍是研究漢代歷史理論的重要參考。

八十年代以來，史學界對漢代歷史理論研究進入了一個新時期，範圍廣泛而深入，成果豐碩。

首先，出現了一批有影響的漢代歷史理論研究著作，如雷家驥《兩漢至唐初的歷史觀念與意識》（簡稱《雷書》）、龐天祐《秦漢歷史哲學思想研究》（簡稱《龐書》）、汪高鑫《中國史學思想通史》（秦漢卷）（簡稱《汪書》）、張秋生《天人糾葛與歷史運演—西漢儒家歷史觀的現代詮釋》（簡稱《張書》）等。這些著作對漢代歷史觀念、歷史哲學、史學思想等，作了較為系統的論述。

《雷書》是從時代思潮與學術的關係進行研究，側重敘述漢代史學的天意史觀及其對史學的影響，有一定啟發。《龐書》是目前學術界第一部系統探討秦漢時期歷史哲學思想的學術專著，既對秦漢時期一些重要的歷史哲學思想進行縱向考察，又對這一時期代表性學者的歷史哲學思想作個案分析，反映出作者對秦漢時期歷史哲學思想的宏觀透視和深入思考。《汪書》是從漢代社會與史學思想、經學與史學思想的角度來論述漢代史學思想，闡明了漢代史學的「二重性」基本特徵，又著力寫出董仲舒對兩漢史學的影響等。《張書》以專題形式對西漢儒家的歷史觀作了研究，且對西漢儒家歷史觀的基本特徵進行了總結，這是目前西漢儒家歷史觀研究的一篇力作。

其次，所產生的一批兩漢思想史著作，也談及漢代歷史理論。較有代表性的有徐復觀《兩漢思想史》、金春峰《漢代思想史》、祝瑞開《兩漢思想史》

---

〔註 14〕注：此書寫成於 1963 年，求實出版社，1981 年出版。

等等。雖然這些不是直接研究漢代歷史理論，更多地是關注漢代思想與學術的發展演變過程，但其中不乏有諸多新的理論認識，對研究漢代歷史理論有一定參考價值。

最後，這時期所出現的一批史學史著作和史學概論類著述，對漢代史學家的歷史理論進行論述，較有代表性的有白壽彝《中國史學史》第一冊、尹達主編《中國史學發展史》、鄒賢俊《中國古代史學史綱》、瞿林東《中國史學史綱》和《中國古代史學的理論遺產》以及《中國簡明史學史》、陳其泰《史學與中國文化傳統》和《史學與民族精神》、吳懷祺《中國史學思想史》等等。特別是出現了一些史學家或思想家個案研究的專著和大量論文，較有代表性的有張大可《史記研究》、施丁等《司馬遷研究新論》、蕭黎《司馬遷評傳》、黃新亞《司馬遷評傳》、劉乃和主編《司馬遷和史記》、安作璋《班固與漢書》、陳其泰《再建豐碑——班固和〈漢書〉》、周桂鈿《董學探微》、王永祥《董仲舒評傳》、陳啓雲《荀悅與中古儒學》等等，這些反映了新時期學界對漢代歷史理論研究的豐富和深入。

### （二）尚待深入的問題與本文欲做的努力

縱觀整個漢代歷史理論研究狀況，其數量之多，成果之豐富，實爲中國古代歷史理論研究的一大亮點。

當然，關於漢代歷史理論研究，也存在一些尚待深入和加以辨析的問題，主要有以下幾點：

第一，天人關係研究。天人關係問題，在中國古代歷史理論中非常突出，爲歷代人們探討的首要問題，且爭論相對較大。就漢代而言，爭論主要集中在董仲舒與司馬遷的天人關係論上。對董仲舒的天人關係理論，儘管逐漸有人揭示其理論價值與社會意義，但以往那種以唯物與唯心來評判的模式所產生的影響仍存在。如何理性地分析和評判董仲舒的天人關係論及其在漢代天人關係理論上的影響與作用，仍需作深入探討。

至於司馬遷天人關係研究，更蔚爲大觀。縱觀司馬遷究天人之際，其爭論點主要集中在人事與天命孰輕孰重上，概括而言，大致有五種看法：第一種觀點認爲，司馬遷主要而且力圖從人事上來說明歷史，但最終未能徹底擺脫天命鬼神支配人間歷史的思想，這是當前學界的主流看法；第二種觀點認爲，司馬遷在天人關係思想上是矛盾的，這是 20 世紀八十年代以來出現的一種新的看法；第三種觀點認爲，司馬遷的天人關係思想爲神學目的論、天人

感應論,是地地道道的天命史觀;第四種觀點認爲,司馬遷沒有天人感應思想;第五種觀點認爲,司馬遷的天人之際觀與其天命觀是不同的,應分開來看待,其究天人之際是指自然(天象)與人的關係,它們之間並不存在決定與被決定,而且司馬遷的天人關係思想包括自然與人的關係論、天命盲動論、天命預定論和時勢天定論,惟獨沒有天人感應論。〔註15〕

雖說有關討論越來越深入,但仍有分歧。同時,多數研究者往往先提出自己的觀點,然後尋找所需材料進行論證,這樣就缺乏整體上的把握與審視,易出現各說其道的現象。今後,要把司馬遷的天人關係思想與其對歷史動因的認識系統地結合,並把它放在整個漢代天人關係論,以及整個漢代史學,甚至是中國古代史學發展中進行考察,這是很有必要的。

第二,古今關係問題。從大量的研究情況來看,學界對漢代歷史理論中的古今關係探討,已很深入。不過,多數集中在對歷史進程中「變」的探究上,而常常忽略了對「常」的探討,缺乏對「變」與「常」的辯證認識與分析。近年,逐漸出現一些探討漢代歷史理論中「變」與「常」的研究論文。如對董仲舒的歷史演變論,人們逐漸認識到其歷史觀有其合理的地方,在講不變的同時,也談對變的認識。〔註16〕對司馬遷史學思想中「變」與「常」的認識也有一定成就。〔註17〕不過,這仍是就某一位史學家或思想家而作的

---

〔註15〕潘嘯虎:《司馬遷對「天命」的矛盾認識》(《安徽師大學報》1986年第2期);霍松林、尚永亮:《兩種思維的衝突及史學家的苦悶》(《人文雜誌》1989年第1期);劉銀昌:《淺談司馬遷「究天人之際」的思想淵源──兼談其歷史哲學及「天人」認識的矛盾性》(《陝西師範大學學報》2001年第5期);徐興海:《司馬遷天人思想的模糊性》,(《唐都學刊》1988年第2期);陳桐生:《中國史官文化與〈史記〉》(汕頭大學出版社,1993年版);郎寶如:《走出司馬遷天人思想研究的誤區》(《內蒙古大學學報》,1996年第2期)與《再論走出司馬遷天人思想研究的誤區》(《內蒙古大學學報》,1997年第1期)。

〔註16〕金春峰:《漢代思想史》(中國社會科學出版社,1987年,第186頁)指出:「董仲舒思想的基本點是強調系統和結構的穩定;強調合或中和的作用;強調『天不變,道亦不變』。這種情況不是偶然的,是時代提出的任務。」同時認爲:「一方面,就全部體系和最終歸宿來說,是形而上學的;一方面,就局部、片面和片斷過程來說,又包含著一定甚至精確的辯證法思想,這種情況,不只董仲舒個人如此,漢代和封建社會其他時期的地主階級思想家,也幾乎莫不如此。」周桂鈿:《董學探微》(北京師範大學出版社,1989年版,第277頁)一書,拋開了傳統的形而上學的批判,對董仲舒作了全面探討,認爲「董仲舒講了『不變』,但他也講『變』」、「應該掌握董仲舒的整個思想體系,才能作出全面的比較合理的評價。」

〔註17〕劉家和:《論司馬遷史學思想中的變與常》(見《北京師範大學學報》2000年

探討，整體上做系統研究，尚有空間。

　　此外，在漢代古今關係問題探討上，還存在關於「循環」論的爭議。如對董仲舒的「三統循環」思想，有人就提出他具有歷史進化觀，〔註18〕這與以往認識有很大不同。

　　對司馬遷古今之變的理論認識，儘管學者們基本同意司馬遷有歷史發展變化的樸素唯物史觀，但也存有爭議，爭議的焦點仍是循環論問題。有的認為，司馬遷對五德說和董仲舒的「三統」說有所保留，是循環論的〔註19〕；有的認為司馬遷存在循環論思想，但不占主要，表現出一種矛盾的境地〔註20〕；有的認為司馬遷的忠、敬、文在形式上是一種「循環論」，但實際包含著內容的變化、發展〔註21〕。有的對「循環」作了新的解釋〔註22〕，認為司馬遷存在循環論思想，但這個「循環」是有其特定時代意義，是當時人們認識歷史發展所能達到的認識論的制高點，初起是一種進步的歷史觀。這一觀點的提出，為司馬遷歷史觀的研究提供了新思路。

　　循環與進化，都有其特定內容。關於歷史演化模式的探討，多數帶有「循環」性質，這也體現出演化法則的規律性特徵。無論史學家司馬遷，還是思想家董仲舒，他們對歷史演變的認識，是有一套系統的理論，不是簡單的循環或進化這些屬性就能概括的，而是要全面而深入分析其歷史演變理論體

第 2 期）一文，對司馬遷對於歷史上的變的論述與司馬遷對於歷史上的常的論述進行了深入分析，其立論角度新穎，是近期《史記》研究的一篇力作。另外，陳桐生：《重評司馬遷的「通古今之變」》（《人文雜誌》1994 年第 4 期）、亭傳卭：《質文替變論：司馬遷「變」的理論內核》（《安慶師院學報》2001 年第 3 期）等文，也是這方面較有價值的成果。這些觀點的提出，使得司馬遷古今之變論研究更加深入了。

〔註18〕 王永祥：《董仲舒評傳》（南京大學出版社，1995 年）及其《董仲舒真的沒有進化的歷史觀嗎？答劉付靖的質疑》（《河北學刊》2004 年第 3 期）一文，提出應該用「變而有常」來概括董仲舒的天道觀，認為董仲舒是一種「應天改制和應人制禮的進化歷史觀。」汪高鑫：《「三統」說與董仲舒的歷史變易思想》（《齊魯學刊》2002 年第 3 期）一文中，認為董仲舒的「三統」說是一個體大思精的歷史變易學說體系，從表述形式而言，「三統」說是一種歷史循環論；而從內蘊實質而言，「三統」說則是一種歷史進化論，它突出表述的思想是「繼亂世者其道變」，並以此說明漢承周、秦之弊而需更化的必要性。

〔註19〕 吳忠匡：《論司馬遷樸素唯物論的歷史觀》，《北方論叢》1981 年第 3 期。

〔註20〕 陸永品：《司馬遷的歷史觀》，見《司馬遷研究》，江蘇人民出版社，1983 年。

〔註21〕 金春峰：《漢代思想史》，中國社會科學出版社，1987 年，第 275 頁。

〔註22〕 張大可：《司馬遷的歷史觀》，見《史記研究》，甘肅人民出版社，1985 年。

系，揭示其應有價值與侷限。

第三，對漢代一些其他相關歷史理論探討，仍有很大空間。如對漢代歷史理論中的國家學說研究，主要包括對君主論與國家觀的探討，這些都是漢代歷史理論中較爲突出的問題，有其非常豐富的理論內涵。另外，對漢代一些奏疏所反映出來的理論成果，尚需作進一步整理與分析；對司馬遷、董仲舒之外的史學家與思想家所貢獻出來的積極理論成果，似乎關注不夠。如班固爲漢代重要的史學家與思想家，《漢書》爲繼《史記》之後又一部史學名著。相比之下，學界對班固的天人思想〔註23〕、古今之變認識〔註24〕，儘管有了較大改觀，也逐步肯定其存在的價值與意義，但仍不夠系統、深入，對其理論思考有待進一步挖掘。至於其他思想家或史學家，儘管已有一些研究，〔註25〕但仍需作深入探討與系統總結。

本文研究的重點，就是全面、系統地總結漢代歷史理論成就及其特點，探究其形成原因，探尋一些帶有規律性的演變法則，注意其在中國古代歷史理論發展史上的位置及其意義，並嘗試對一些重要理論問題作進一步研究。

難點就是，如何從史學角度對一些重大歷史理論問題給予總結，進行適當的定位和合理的評價，探討其在史學發展中的意義。

在研究方法上，採用專題進行概括，主要從歷史變動原因、歷史演變思考、盛衰之理總結、大一統與民族關係、君主論與國家觀等五個方面進行論述。這樣安排，較易體現歷史與邏輯統一的原則，也易揭示漢代歷史理論整

〔註23〕 如楊濟東：《論班固主進化、重時命、反神學的進步思想》(《晉陽學刊》1986年第1期)；陳其泰：《〈漢書〉歷史地位再評價》(《史學史研究》1988年第1期) 和《再建豐碑——班固和〈漢書〉》(三聯書店，1994年)；許殿才：《〈漢書〉中的天人關係》(《歷史研究》1992年第4期) 等。

〔註24〕 許殿才：《〈漢書〉寫歷史變化》，《求是學刊》1999年第2期。

〔註25〕 張秋升：《揚雄歷史觀再認識》(《聊城大學學報》2002年第5期)、魯人：《〈淮南子〉社會歷史觀初探》(《齊魯學刊》1980年第1期)、張秋生；李偉：《〈淮南子〉歷史觀新論》(《安徽史學》2000年第1期)、汪高鑫：《〈淮南子〉歷史哲學三論》(《安徽教育學院學報》2000年第4期)、鄭先興：《論〈鹽鐵論〉史學思想》(《南都學壇》1998年第5期)、許殿才：《仲長統的歷史理論與社會批判思想》(《史學史研究》1992年第4期)、羅傳芳：《試論王符的史論及其意義》(《華中師範大學學報》1991年第2期)、王步貴：《試論王符進步的社會歷史觀》(《甘肅社會科學》1984年第6期)、孟祥才：《王充歷史觀評析》(《東嶽論叢》1997年第6期)、黃樸民：《何休歷史哲學理論探析》(《求是學刊》1999年第1期)、劉家和等：《論何休公羊解詁的歷史哲學》(《江海學刊》2005年第3期)。

體面貌與特點。

## 三、漢代歷史理論體系及其特點

漢代歷史理論很豐富，可以說有了一些體系。〔註26〕這可從其表現形式、內容及特點來作出評析。

### （一）多樣的史論形式

這裏所說的多樣表現形式，主要有兩個內涵：一是體現為不同載體所賦予的不同史論形式，包括史書的序、論、贊，史書中的「寓論斷於序事」，專篇史論，諸子書中的一些相關史論，一些奏疏中的相關史論，政論中的史論，等等。二是史書的史論在形式上又有一個變化發展過程，如《史記》、《漢書》、《漢紀》中的史論形式相對來講有些變化，這些變化也蘊育著豐富的歷史理論成就。

#### 1、史書中的多樣史論形式

對先秦兩漢史學中史論形式的發展演變，唐代史學家劉知幾曾作過論述，即《史通‧論贊》載曰：「《春秋左氏傳》每有發論，假君子以稱之。二傳云公羊子、穀梁子，《史記》云太史公。既而班固曰贊，荀悅曰論，《東觀》曰序。……史官所撰，通稱史臣。其名萬殊，其義一揆。必取便於時者，則總歸論贊焉。」張大可對此作了進一步說明：「《史記》論贊，係指《史記》中的『太史公曰』，這是司馬遷仿《左傳》的『君子曰』所創造的史論形式。習慣稱篇前『太史公曰』為序，稱篇末之『太史公曰』為贊。《天官書》後半、《伯夷列傳》夾敘夾議，『太史公曰』置於篇中為論。」〔註27〕較先秦時期《左傳》「君子曰」的單一史論形式，司馬遷著《史記》進一步發展為以「太史公曰」為主的多種論述形式。

特別是「寓論斷於序事」，是司馬遷關於史論形式的一種創新。對此，顧炎武早有所指出：「古人作史，有不待論斷而於序事之中即見其旨者，惟太史公能之。《平準書》末載卜式語，《王翦傳》末載客語，《荊軻傳》末載魯勾踐語，《晁錯傳》末載鄧公與景帝語，《武安侯田蚡傳》末載武帝語，皆史家於序事中寓論斷法也。」〔註28〕白壽彝受此啟示，寫了一篇《司馬遷寓論斷於

---

〔註26〕參見白壽彝：《中國史學史》第一冊，上海人民出版社，1986年，第56頁。
〔註27〕張大可：《史記論贊輯釋》前言，陝西人民出版社，1986年。
〔註28〕顧炎武：《日知錄》卷二六「史記於序事中寓論斷」條。

序事》，專門探討《史記》寓論斷於序事這個特點。作者指出，「司馬遷『寓論斷於序事』不僅體現在篇末，而且往往是在篇中，不祇是借著一個人的話來評論，而有時是借著好幾個人來評論，不一定用正面的話，也用側面的或反面的話；不是光用別人的話，更重要的是聯繫典型的事例。」最後得出，「『寓論斷於序事』，這確切是《太史公書》的特點。司馬遷不用專門說一些議論的話，就可以在史實的敘述中把自己的論點表達出來，這是他表達歷史論點的特殊形式。」〔註29〕

可以說，《史記》的「太史公曰」這種史論形式是對前代史論的一種繼承與發展，其所呈現的序、論、贊與寓論斷於序事，構成較為系統的歷史理論表述形式，這是司馬遷的創造。這一點前人已有論述〔註30〕。正如白壽彝所言：「《史記》在史論上有繼承《左傳》、《國語》之處，但無論在使用的範圍上、深刻的程度上和形式的多樣上，都比後者大大地發展了。」

《漢書》在《史記》的基礎上，進一步豐富和發展了史論形式。一是班固把序與贊分得很清楚，篇前為序，篇末為贊，雖說是對《史記》有意識的繼承，〔註31〕但這較《史記》以「太史公曰」來體現其史論，要明確得多。二是史論承載的內容更為豐富。《漢書》中「序」為二十四篇，即八表八序〔註32〕、十志九序〔註33〕，列傳中有《儒林》、《循吏》、《酷吏》、《貨殖》、《游俠》、《佞倖》、《外戚》七序；贊有八十二篇，其中十二本紀有十二贊論，十志有五贊〔註34〕，七十列傳有六十五贊〔註35〕。這與《史記》一百三十四篇論贊〔註36〕（包括序）

〔註29〕 原發表於《北京師範大學學報》1961年第4期，後收入《光明日報》1962年4月3日、《史學史資料》1980年第1期、《白壽彝史學論集》（下）（北京師範大學出版社，1994年）、《中國史學史論集》（中華書局，1999年）。

〔註30〕 參看漆俠：《談〈史記〉中的「太史公曰」——讀〈史記〉箚記之二》，見《求實集》，天津人民出版社，1982年版，第481～488頁；蕭黎：《關於「太史公曰」的幾個問題》，《學習與探索》1984年第1期；張大可：《簡評史記論贊》，見《史記研究》，甘肅人民出版社，1985年。

〔註31〕 關於《漢書》「贊曰」襲用「太史公曰」的各種情況，參見【韓】朴宰雨：《〈史記〉〈漢書〉比較研究》，中國文學出版社，1994年。

〔註32〕 其中《王子侯表》分為上下兩篇，但序還是一個整體，因此仍可看作一篇序。本文所引《漢書》均為中華書局1962年點校本。

〔註33〕 《溝洫志》無序。

〔註34〕 《食貨志》、《郊祀志》、《溝洫志》明確有贊，而《禮樂志》、《刑法志》文末有後論各一篇，可看作是贊論。

〔註35〕 《韋賢傳》、《翟方進傳》、《元后傳》為班彪論，《循吏傳》、《游俠傳》無贊，《貨殖傳》後論、《敘傳》可看作贊。

比，不相上下；而《漢書》記載的是西漢皇朝一代的歷史，可見其論贊分量之重。三是，《漢書》論贊有自己的特色，「它或用互見之法，補敘篇中之闕；或用綜述手法，總縮有關史事；或用畫龍點睛之筆，揭示篇中主旨；或仿《春秋》筆意，暗寓褒貶；或借題發揮，闡述政治主張，很好地起到了提攜全書的作用。」〔註37〕這些使《漢書》史論更有理論色彩，也更有深度與廣度。

　　《漢紀》主要是以「荀悅曰」爲史論的主要表現形式，「充分運用史論對史學及所述歷史進行評論是《漢紀》的一個顯著特點」〔註38〕。

　　首先，《漢紀》的史論形式也是多樣的，由序、後序、篇後論贊和文中夾敘夾議等構成了較爲豐富的史論系統。同時，荀悅《漢紀》在史論形式方面也呈現出自身的一些特點。如《漢紀》中的史論更爲靈活多變，這樣的史論不拘一格，有的一卷沒有一條，有的一卷則有數條；有的只有二、三十字，有的則有幾百字，更有長達千字者。

　　其次，與編年體雛形《左傳》「君子曰」開創的史論相比，《漢紀》的史論：一是分量重，在文中所占篇幅更大；二是評論範圍更廣泛；三是理論色彩更強一些。〔註39〕荀悅《漢紀》中豐富的史論形式，推動了編年體史書的發展。編年體史書能夠與司馬遷開創的紀傳體史書並存於世，這也是一個很重要的因素。

　　再次，《漢紀》爲我國古代史論開闢了更大的領域，大大推進了史論形式的發展，在中國史學史上產生了相當大的影響。對此，有的學者已作了說明：「史書有史論，並不始自荀悅《漢紀》，但是，把史論的重點主要放在探討歷史事件成敗得失的經驗教訓，以供讀者『參得失』而『廣視聽』，則首先自荀

〔註36〕張大可在《史記論贊輯釋》（陝西人民出版社，1986 年）前言中說道：「通計《史記》全書，序論二十三篇，贊論一百六篇，論傳五篇。二十三序，即十表九序，《將相表》無序；八書五序，《禮》、《樂》、《曆》、《封禪》五書有序；世家中有《外戚》一序；列傳中有《孟荀》、《循吏》、《儒林》、《酷吏》、《游俠》、《佞幸》、《滑稽》、《貨殖》八序。一百六贊，即十二本紀缺《今上本紀》，有贊十一；八書三贊，《封禪》、《河渠》、《平準》三書有贊；世家二十九贊；列傳六十三贊。論傳五，即《伯夷》、《日者》、《龜策》、《太史公自序》（通常簡稱《自序》）四傳，以及《天官書論》。凡一百三十四篇，三萬零九百三十六字，約占全書五十二萬六千五百字的百分之六，篇幅不長，而內容却極爲豐博，乃爲《史記》一書之血氣。」
〔註37〕許殿才：《〈漢書〉的論贊》，《社會科學輯刊》1996 年第 6 期。
〔註38〕許殿才：《〈漢紀〉多樣的史論形式》，《史學史研究》2004 年第 1 期。
〔註39〕許殿才：《〈漢紀〉多樣的史論形式》，《史學史研究》2004 年第 1 期。

悅提出，並在《漢紀》中加以實踐。……自此以後，我國古代史書的評論，遂沿著這一方向發展。」〔註40〕

　　至於《東觀漢紀》這部集28位史官撰寫的史書，其規模之龐大，歷時之長久，在中國史學史上也是很突出的。該書也有史論形式存在，據劉知幾《史通·論贊》所言，在《東觀漢記》中則是以「序」的形式出現的。另據吳樹平考證，「《東觀漢記》的序，應該是每篇皆有。但是，今天存世者寥寥」。〔註41〕而且，「在《東觀漢記》中，篇末之序亦有『太史官』相稱者」。〔註42〕他對此作了說明：「就一般情況而言，作者在一書中的論贊應以一種形式出現，而《東觀漢記》則為例外，既有稱『序』者，又有稱『太史官』者。出現這種情況的原因，就在於《東觀漢記》不是出自一人之手，又不出於同一時期。」經過分析，他認為這些序論多為歌功頌德，故其衹是「空張篇幅，於史毫無補益」。〔註43〕

　　筆者覺得這需要具體分析，不能簡單地論定《東觀漢記》序為「空張篇幅，於史毫無補益」。從當時的學術現狀來看，諸多儒生與文吏不知漢事，也不關心漢史，知古不知今，尊古卑今的思想嚴重。對此，王充在其《論衡》中作了大量的批判，他呼籲一部漢史的出現，就是為了讓人們真正瞭解漢代。《論衡·須頌篇》言：「陳平仲紀光武，班孟堅頌孝明，漢家功德，頗可觀見。」這種宣漢思想，對東漢統治的鞏固，具有積極作用。《東觀漢記》作者們也正是承擔著宣漢任務而進行編纂的。這些序所頌漢德，在當時來說是很有必要的，也是很重要的，對於抵制那些尊古卑今的思想，起了很大作用。而且從其序的內容來看，有的頗有理論價值。如《鄧禹傳》序云：「賢俊思聖主，風雲從龍武，自然之應也」，這是說時勢與英雄的關係；《吳漢傳》序云：「建武之行師……其勢然也」，這帶有歷史趨勢影響社會變動的思想傾向。

### 2、專篇史論

　　先秦典籍中雖可見關於歷史形勢之議論，但多是隻言片語〔註44〕，未成系統。而兩漢時期則出現了專篇史論，如賈誼《過秦論》、賈山《至言》、班彪《王命論》、趙岐《禦寇論》、杜篤《論都賦》、崔琦《外戚箴》、劉梁《破

---

〔註40〕劉隆有：《試論〈漢紀〉的史學價值》，《求是學刊》1990年第3期。
〔註41〕吳樹平：《秦漢文獻研究》，齊魯書社，1988年，第164頁。
〔註42〕吳樹平：《秦漢文獻研究》，齊魯書社，1988年，第165頁。
〔註43〕吳樹平：《秦漢文獻研究》，齊魯書社，1988年，第166～169頁。
〔註44〕如《國語·鄭語》所記史伯之論西周形勢，《左傳·成公十三年》論呂相決秦等等。

群論》、崔寔《政論》等等。

　　賈誼《過秦論》〔註45〕乃漢代專篇史論之突出代表，可以說開漢代專篇史論之先河〔註46〕，爲兩漢史論定下了一個總結歷史經驗教訓這樣一個基調：論史之中寓論政。汪子昌《賈子新書書後》曰：「綜全書言，《過秦》三篇，史家取之，可知深切事勢。」〔註47〕施丁經過對比分析後認爲：「其論史，和先秦諸子稍有不同。先秦諸子往往是運用歷史知識以論政，此篇則是論史之中寓論政，論史是基本的，是在認眞地總結秦朝興亡的歷史經驗教訓。」〔註48〕賈誼的《過秦論》，無論對司馬遷《史記》〔註49〕，還是對班固《漢書》〔註50〕的史論系統，均有影響，只不過程度不同而已，前者更深一些。

　　賈山《至言》，也是一篇重要史論，「《至言》與《過秦》尤相近。」〔註51〕《漢書・賈山傳》載：「孝文時，言治亂之道，借秦爲諭，名曰《至言》。」這都是過秦思潮影響下的史論成果。

　　再如杜篤的《論都賦》、崔琦《外戚箴》、劉梁《破羣論》，也都屬史論範疇。《後漢書・文苑列傳・杜篤傳》記：「篤以關中表裏山河，先帝舊京，不宜改營洛邑，乃上奏《論都賦》。」這首約二千字的《論都賦》是歷史上較早的分析都城與政治之關係的作品，涉及到西漢及兩漢之際得失成敗的諸多問題，可作爲史論、政論看待。〔註52〕又如《文苑列傳・崔琦傳》記：「冀行多不軌，琦數引古今成敗以戒之，冀不能受。乃作《外戚箴》。」這篇箴文，概說了自三代至漢宣帝間有關后妃及其族人行事的經驗教訓，它爲諷喻外戚梁冀而作，而其意義

〔註45〕《過秦》乃上下兩篇，《史記》卷四八《陳涉世家》裴駰《集解》引《班固奏事》云：「太史遷取賈誼《過秦》上下篇以爲《秦始皇本紀》、《陳涉世家》下贊文。」《漢書》卷三一《陳勝項籍傳・贊》注引應劭曰：「賈生書有《過秦》二篇，言秦之過。」汪中曰：「《過秦》三篇，本書題下亡『論』字，《陳涉項籍傳・論》引此，應劭注云：『《賈誼書》之首篇也』，足明篇之非『論』。《吳志・闞澤傳》始目爲論，左思、昭明太子並沿其文，誤也。」（見汪中《述學・賈誼新書序》，參見閻振益、鍾夏《新書校注》附錄，中華書局，2000年。）

〔註46〕雖然陸賈《新語》也可看作史論性質，但比較分散與不系統，而賈誼「過秦論」則爲一集中而系統的專篇史論，故可言開漢代專篇史論之先河。

〔註47〕《青學齋集》，參見閻振益、鍾夏《新書校注》附錄，中華書局，2000年。

〔註48〕施丁：《再評過秦論》，《史學史研究》1996年第1期。

〔註49〕宋馥香：《賈誼史論對司馬遷史學的影響》，《史學理論研究》2003年第3期。

〔註50〕鄒賢俊曾指出：「班固也同樣受賈誼史論的影響。」（鄒賢俊《中國古代史學史綱》，華中師範大學出版社，1989年，第79頁。）

〔註51〕余嘉錫：《四庫提要辨證》，中華書局，1980年，第550頁。

〔註52〕參見瞿林東、李珍：《范曄評傳》，南京大學出版社，2006年，第142～143頁。

却不限於此。〔註53〕再如《文苑列傳‧劉梁傳》記：「常疾世多利交，以邪曲相黨，乃著《破羣論》。時之覽者，以爲『仲尼作《春秋》，亂臣知懼，今此論之作，俗士豈不愧心。』」可惜其文已佚。而趙岐的《禦寇論》，是專門論述民族關係和民族政策的一篇史論，可惜也已亡佚。《後漢書‧趙岐傳》載曰：「岐欲奏守邊之策，未及上，會坐黨事免，因撰次以爲《禦寇論》。」

### 3、諸子書中的相關史論

這裏有必要討論一下諸子書與史書的關係問題。一些學者很早就注意到《史記》與諸子的關係，清代學者章學誠曾言：「《太史公》百三十篇，自名一子。」〔註54〕梁啓超更言：「其著書最大目的，乃在發表司馬氏『一家之言』，與荀卿著《荀子》、董生著《春秋繁露》，性質正同。不過其『一家之言』，乃借史的形式以發表耳。故僅以近世史的觀念讀《史記》，非能知《史記》者也。」〔註55〕侯外廬等說《史記》「是一部繼承戰國時代諸子百家傳統的私人著述」。〔註56〕錢穆也曾指出：「太史公書者，猶云諸子書，孟子老子書，若正名以稱，則應曰《孟子》、《老子》、《太史公》，不得加書字。至曰記曰傳，則舉一偏以概，更非其書之本稱。」〔註57〕而且錢穆還談到了「太史公自序」的淵源問題，他說：「孔子《春秋》沒有序，序是後來新興的。如《莊子‧天下篇》，敍述莊子爲什麼要講這樣一套思想，作這樣一套學術，也就是《莊子》書的自序。但此序不是莊子自己所寫。又如《孟子》七篇，最後一段就等於是孟子的自序。所以太史公自序這一體例，在《孟子》、《莊子》書中已經有了。」〔註58〕這些都說明，諸子書與史書有著諸多聯繫，而史論可以說是其中一個很重要的交結點。

漢初，陸賈爲漢高祖劉邦總結歷史經驗教訓，並成一書，名爲《新語》。〔註59〕從該書撰寫的宗旨來看，屬於史論、政論性質，這一點已有學者指出：

---

〔註53〕 參見瞿林東、李珍：《范曄評傳》，南京大學出版社，2006年，第142～143頁。
〔註54〕 章學誠：《文史通義》卷四《釋通》，參見葉瑛《文史通義校注》，中華書局，1985年。
〔註55〕 梁啓超《要籍解題及其讀法》，清華周刊書社，1925年初版，第35～36頁。
〔註56〕 侯外廬主編：《中國思想通史》第二卷，人民出版社，1957年版，第127頁。
〔註57〕 錢穆：《太史公考釋》，見《中國學術思想史論叢》（三），安徽教育出版社，2004年，第19頁。
〔註58〕 錢穆：《中國史學名著》，三聯書店，2000年版，第60頁。
〔註59〕 余嘉錫：《四庫提要辨證》曰：「嘉錫案：自來目錄家皆以《新語》爲陸賈所作，相傳無異詞，至《提要》始創疑其僞，而其所考，至爲紕繆，不足爲據。」近人唐晏在其《陸子新語校注跋》中也說道：「陸氏此書，見於《漢》、《唐志》，

「《新語》舊屬子書，但從其著述宗旨及其主要內容來看，實具有明顯的史論性質，它開漢初史論之先河，在漢代史學發展過程中佔有重要的地位。」〔註60〕陳其泰明確把陸賈《新語》看作漢初史論重要的一部分，「西漢初年產生了成批的著名史論，如陸賈《新語》、賈誼《過秦論》、晁錯的言論、賈山《至言》、司馬談『論六家要指』等。史論活躍的局面，是漢初這一歷史轉折時期各方面社會矛盾推動的結果。」〔註61〕我們還可從古代一些評論中證實這一點。

　　雖然歷代「藝文志」或「經籍志」都把《新語》歸入諸子類〔註62〕，但他們認爲其內容仍是談歷史經驗與教訓，是寓政於史。《論衡・案書篇》寫道：「《新語》，陸賈所造，蓋董仲舒相被服焉，皆言君臣政治得失。言可采行，事美足觀。鴻知所言，參貳經傳。雖古聖之言，不能過增。陸生之言，未見遺闕；而仲舒之言雩祭可以應天，土龍可以致雨，頗難曉也。」〔註63〕又《論衡・書解篇》言：「高祖既得天下，馬上之計未敗，陸賈造《新語》，高祖粗納采。」元末明初學者楊維禎在《山居新話序》中言：「經史之外有諸子，亦羽翼世教者，而或議之說鈴，以不要諸《六經》之道也。漢有陸生，著書十二篇，號《新語》，至今傳之者，亦善著古今存亡之徵。」明代學者都穆在《新語後記》中也曰：「《新語》三（原如此作）卷，凡十二篇，漢大中大夫楚人陸賈譔。賈以客從高帝定天下，名有口辨，其論秦、漢之失得，古今之成敗，尤爲明備。」〔註64〕

　　賈誼《新書》〔註65〕，也有很豐富的史論內容。南宋思想家陳亮曰：「賈

及《崇文總目》，流傳有序，決無可疑。」他認爲《四庫全書總目提要》所持疑義，是錯誤的，「《提要》之疑，全無影響，而今世和之者多，不得不爲分辨之如此。」（引自王利器《新語校注》附錄三，中華書局，1986年）筆者同意此種看法。

〔註60〕郤賢俊：《中國古代史學史綱》，華中師範大學出版社，1989年，第76頁。

〔註61〕陳其泰：《漢初史論的時代特色和主要成就》，《北京師範大學學報》1983年第6期。

〔註62〕王利器在《新語校注》前言中認爲，「《新語》，《漢書・藝文志》未著錄，而《諸子略》儒家有《陸賈》二十三篇，我認爲《新語》當在其中」。又附錄三引劉勰《文心雕龍・諸子篇》言：「若夫陸賈《新語》，賈誼《新書》，揚雄《法言》，劉向《說苑》，王符《潛夫》，崔寔《政論》，仲長《昌言》，杜夷《幽求》，或敘經典，或明政術，雖標論名，歸乎諸子。何者？博明萬事爲子，適辨一理爲論，彼皆蔓延雜說，故入諸子之流。」

〔註63〕王利器說王充這一評論，「不是言過其實」。（《新語校注》前言）

〔註64〕以上參見王利器：《新語校注》附錄三。

〔註65〕南宋以前的著錄對《新書》向無疑義，直至南宋陳振孫始謂：「其非《漢書》所有，書輒淺駁不足觀，此決非誼本書也。」清人姚鼐更進一步認爲：「世所

生一書，仲舒三策，司馬子長之記歷代，劉更生之傳五行，其切於世用而不悖於聖人，固已或異於諸子矣。」〔註 66〕這是把賈誼《新書》與董仲舒「天人三策」、司馬遷《史記》、劉向《洪範五行傳論》歸入一類，不同於諸子性質。明代學者李贄論賈誼曰：「通達國體，識時知務如此哉！」〔註 67〕同時代學者黃寶《賈太傅新書序》對此說得更爲具體：「通乎天人精微之蘊，窮乎歷代治亂之故，洞乎萬物榮悴之情，究乎禮樂刑政之端，貫通乎仁義道德之原。……如鑒秦俗之薄惡，指漢風之奢僭；請定經制，述三代之長久，深戒刑罰，明孤秦之速亡；譬人主之如堂，所以優臣子之禮，置天下於大器，所以示安危之幾。凡《憂民》、《傅職》、《官人》、《大政》等篇，皆經濟之大略，又有國與天下者之所當鑒也。」〔註 68〕這均把賈誼《新書》看作論述國家治亂盛衰，總結歷史經驗與教訓的著作。

《鹽鐵論》〔註 69〕，經桓寬整理而成，是對西漢宣帝時以御史大夫與文學賢良爲代表的雙方在政治、經濟、文化、民族等各個方面進行辯論的記錄。從其內容以及辯論所依據的理論與方法來看，多是論從史出，有很豐富的史論內容。班固言：「博通善屬文，推衍鹽鐵之議，增廣條目，極其論難，著數萬言，亦欲以究治亂，成一家之法焉。」〔註 70〕這說明桓寬整理《鹽鐵論》的主旨是欲以究治亂，成一家之言，可見它是符合史論性質的。都穆亦曰：「而其究治亂，抑貨利，以裨國家之政者，蓋不但可行之當時，而又可施之後世。」〔註 71〕

有云《新書》者，妄人僞爲者耳。」而《四庫全書總目》則調停之，謂「其書不全真，亦不全僞」。此後懷疑論者，代有其人。余嘉錫先生在《四庫提要辨證》中則認爲：「陳振孫謂『決非賈本書』，固爲無識，即《提要》調停之說，以爲不全真亦不全僞者，亦尚考之未詳也。夫惟通知古今著作之體，而無蔽於咫見諛聞，然後可以讀古書矣。」閻振益、鍾夏又從版本、內容、僞託三個方面作了補證，認爲「傳世《新書》沒有作僞的確證，是可信的真本。」（《新書校注》，中華書局 2000 年，前言及附錄三）筆者同意此種看法。

〔註 66〕〔宋〕陳亮：《陳亮集》卷九《揚雄度越諸子》，中華書局，1974 年。
〔註 67〕〔明〕李贄《焚書》卷三《李中丞奏議序》，中華書局，1975 年。
〔註 68〕黃寶：《賈太傅新書》吉府本，轉引自《新書校注》附錄四。
〔註 69〕周中孚：《鄭堂讀書記》（商務印書館，1959 年）卷三六：「《鹽鐵論》十二卷，漢桓寬撰，明張之象注，《四庫全書》著錄。《漢志》作六十篇，《隋志》、《新》、《舊唐志》、《崇文總目》、《讀書志》、《書錄解題》、《通考》、《宋志》，俱作十卷，則十二卷爲張氏所分，其篇仍同《漢志》也。」
〔註 70〕《漢書》卷六六《公孫劉田王楊蔡陳鄭傳》贊，本文均引自班固《漢書》，中華書局，1962 年。
〔註 71〕涂禎刻本《鹽鐵論》都穆序，轉引自王利器《鹽鐵論校注》附錄四，中華書

其他諸如桓譚《新論》、王充《論衡》、王符《潛夫論》、仲長統《昌言》、荀悅《申鑒》等，都有很豐富的史論內容。正如《後漢書》所載，王充「箸《論衡》八十五篇，二十餘萬言，釋物類同異，正時俗嫌疑」；王符「乃隱居著書三十餘篇，以譏當時失得，不欲章顯其名，故號曰《潛夫論》。其指訐時短，討謫物情，足以觀見當時風政」；仲長統「每論說古今及時俗行事，恒發憤歎息。因著論名曰《昌言》，凡三十四篇，十餘萬言。」〔註72〕

這些著作雖帶有很強的政論特色，但其中蘊含的史論內容也很突出，就拿思想家王符來說，「作爲東漢著名的政論家，在歷史上主要是以譏評時政著稱的。不過，由於王符之論政並不限於當時當世，而是縱覽古今，以考其爲政之要，這就使他的政論同時也具有了一定的史論價值，或者說，他的史論也應成爲其全部學說的一個有機部分。這一點往往爲許多論者忽視或不察。」〔註73〕

### 4、一些奏疏〔註74〕中的史論

奏疏是表達士人政治策略與歷史見解的很重要的途徑或方式，其中也有著很豐富的史論內容。賈誼《治安策》（又稱治安疏）就是漢初典型的奏疏之一，曾國藩對此給予很高的評價：「奏疏以漢人爲極軌，而氣勢最盛、事理最顯者，尤莫善於《治安策》，故千古奏議，推此篇爲絕唱。」〔註75〕這也道出了漢代奏疏的特點及其價值所在。另外，晁錯的一些奏疏也是漢初奏疏中很重要的一部分，如「守邊備塞」、「勸農力本」、「天人五策」、「求賢以爲輔翼」，〔註76〕錯又言宜削諸侯事〔註77〕等。再如劉敬「建都關中」之議、「和親」之

局，1992 年。

〔註72〕《後漢書》卷四九《王充王符仲長統列傳》，本文均引自范曄《後漢書》，中華書局，1964 年。

〔註73〕羅傳芳：《試論王符的史論及其意義》，《華中師範大學學報》1991 年第 2 期。

〔註74〕余嘉錫《四庫提要辨證》曰：「陸賈述存亡之徵，奏之高祖，號《新語》，此與上疏無異，而分爲十二篇。桓寬《鹽鐵論》雖非奏疏，然皆記當時賢良、文學與丞相、御史大夫、丞相史、御史問答辨論之語，首尾前後相承，直是一篇文字，而必分爲六十篇，此其篇名，明是本人所題，非由後人摘錄也。賈誼之書，何爲獨不可分爲若干篇乎？古之諸子，平生所作書疏，既是著述。賈山上書，名曰《至言》；晁錯上疏，謂之《守邊備塞勸農力本》，並見本傳。賈誼之疏何爲獨不可有篇名乎？……吾謂《過秦論》亦賈生所上之書，且爲以後諸篇之綱領。」（中華書局，1980 年，第 546～548 頁）這是把一些諸子書與奏疏看作一類，爲了便於分析漢代史論形式，本文則將二者分開來講。

〔註75〕《求闕齋讀書錄》卷三《漢書》，見《曾文正公全集》，（中國臺北）文海出版社，1974 年。

〔註76〕《漢書》卷四九《晁錯傳》。

論，〔註78〕伍被論「秦亡」，〔註79〕鄒陽「上書吳王」與「獄中上書」，〔註80〕枚乘兩次「上書諫吳王」〔註81〕等，皆蘊含著豐富的史論成就。

武帝時期，有韓安國與王恢爭辨和親問題〔註82〕，董仲舒「天人三策」〔註83〕，主父偃「諫伐匈奴」與「言分封」〔註84〕，徐樂「上武帝書言世務」〔註85〕，嚴安「上書言世務」〔註86〕，東方朔「解難」與「非有先生論」；〔註87〕宣帝時，路溫舒「尚德緩刑」論秦失；〔註88〕元帝時，貢禹上書言後宮之制〔註89〕，翼奉因災異應詔上封事；〔註90〕成帝時，杜欽「復說王鳳」、「戒王鳳」、白虎殿對策方正直言〔註91〕，梅福上書諫成帝言君臣關係與建三統封孔子爲殷後〔註92〕，太僕王舜、中壘校尉劉歆議伐匈奴〔註93〕，匡衡所上「政治得失」、「言治性正家」與「戒妃匹勸經學威儀之則」〔註94〕，谷永所上「建始三年舉方正對策」與「黑龍見東萊對」、元延元年因災異上書言政治等文〔註95〕；

〔註77〕《漢書》卷三五《荊燕吳傳》。
〔註78〕《漢書》卷四三《酈陸朱劉叔孫傳》。
〔註79〕《漢書》卷四五《蒯伍江息夫傳》。
〔註80〕鄒陽「爲其事尚隱，惡指斥言，故先引秦爲諭，因道胡、越、齊、趙、淮南之難，然後乃致其意。」（《漢書》卷五一《賈鄒枚路傳》）
〔註81〕《漢書》卷五一《賈鄒枚路傳》。
〔註82〕《漢書》卷五二《竇田灌韓傳》。
〔註83〕《漢書》卷五六《董仲舒傳》曰：「仲舒所著，皆明經術之意，及上疏條教，凡百二十三篇。而說《春秋》事得失，《聞舉》、《玉杯》、《蕃露》、《清明》、《竹林》之屬，復數十篇，十餘萬言，皆傳於後世。掇其切當世施朝廷者著于篇。」
〔註84〕《漢書》卷六四上《嚴朱吾丘主父徐嚴終王賈傳》曰：「主父偃，齊國臨菑人也。學長短從橫術，晚乃學《易》、《春秋》、百家之言。……所言九事，其八事爲律令，一事諫伐匈奴。」
〔註85〕《漢書》卷六四上《嚴朱吾丘主父徐嚴終王賈傳》。
〔註86〕《漢書》卷六四上《嚴朱吾丘主父徐嚴終王賈傳》。
〔註87〕《漢書》卷六五《東方朔傳》。
〔註88〕《漢書》卷五一《賈鄒枚路傳》贊曰：「路溫舒辭順而意篤，遂爲世家，宜哉！」
〔註89〕《漢書》卷七二《王貢兩龔鮑傳》：「自禹在位，數言得失，書數十上。」
〔註90〕《漢書》卷七五《眭兩夏侯京翼李傳》。
〔註91〕《漢書》卷六〇《杜周傳》贊曰：「及欽浮沈當世，好謀而成，以建始之初深陳女戒，終如其言，庶幾乎《關雎》之見微，非夫浮華博習之徒所能規也。」
〔註92〕《漢書》卷六七《楊胡朱梅云傳》贊曰：梅福之辭，合於《大雅》，雖無老成，尚有典刑；殷監不遠，夏后所聞。
〔註93〕《漢書》卷七三《韋賢傳》。
〔註94〕《漢書》卷八一《匡衡傳》。
〔註95〕《漢書》卷八五《谷永傳》。

哀帝時，鮑宣言「民有七亡七死」〔註96〕，等等。劉向的奏疏更爲突出，如「極諫用外戚封事」力主譏世卿與外戚把持國政，闡述「人君莫不欲安，然而常危；莫不欲存，然而常亡。失御臣之術也」的治國之理〔註97〕；再如「諫營昌陵疏」、「復上奏災異」、「對成帝甘泉泰時問」〔註98〕等等，都是西漢重要的歷史理論成就。

東漢光武帝時，桓譚上疏陳時政所宜、禁圖讖〔註99〕，申屠剛說隗囂〔註100〕，班彪對答隗囂論、王命論〔註101〕；明帝時，梁竦《七序》〔註102〕；桓帝時，朱穆《崇厚論》與《絕交論》〔註103〕，張衡上疏陳事與禁圖讖疏〔註104〕，蔡邕《釋誨》〔註105〕，左雄上疏陳事，黃瓊諫〔註106〕，荀爽《漢語》、《公羊問》及《辯讖》〔註107〕，荀悅《申鑒》、《崇德》、《正論》及諸論數十篇〔註108〕，陳蕃上疏極諫〔註109〕，竇武永康元年上疏〔註110〕。杜篤《明世論》十五篇，劉毅《漢德論》并《憲論》十二篇，劉梁《辯和同之

〔註96〕《漢書》卷七二《王貢兩龔鮑傳》。
〔註97〕《漢書》卷三六《楚元王傳》附《劉向傳》。
〔註98〕《漢書》卷三六《楚元王傳》附《劉向傳》。
〔註99〕《後漢書》卷二八上《桓譚傳》。
〔註100〕《後漢書》卷二九《申屠剛鮑永郅惲列傳》。
〔註101〕《後漢書》卷四〇上《班彪列傳上》載：「彪既疾囂言，又傷時方艱，乃著《王命論》，以爲漢德承堯，有靈命之符，王者興祚，非詐力所致，欲以感之。」
〔註102〕《後漢書》卷三四《梁統列傳》載：「竦閉門自養，以經籍爲娛，著書數篇，名曰《七序》。班固見而稱曰：『孔子著《春秋》而亂臣賊子懼，梁竦作《七序》而竊位素餐者慚懟。』」
〔註103〕《後漢書》卷四三《朱樂何列傳》。
〔註104〕《後漢書》卷五九《張衡列傳》。
〔註105〕《後漢書》卷六〇下《蔡邕列傳》載：「乃斟酌羣言，韙其是而矯其非，作《釋誨》以戒厲云爾。」
〔註106〕「皆明達政體。」（《後漢書》卷六一《左周黃列傳》）
〔註107〕「又集漢事成敗可爲鑒戒者，謂之《漢語》。又作《公羊問》及《辯讖》，并它所論敍，題爲《新書》。凡百餘篇，今多所亡缺。」（《後漢書》卷六二《荀韓鍾陳列傳》）
〔註108〕荀悅「志在獻替，而謀無所用，乃作《申鑒》五篇。其所論辯，通見政體，既成而奏之。……又著《崇德》、《正論》及諸論數十篇。」（《後漢書》卷六二《荀韓鍾陳列傳》）
〔註109〕《後漢書》卷六六《陳王列傳》論曰：「桓、靈之世，若陳蕃之徒，咸能樹立風聲，抗論惛俗。」
〔註110〕《後漢書》卷六九《竇何列傳》。

論》，侯瑾《矯世論》以譏切當時。〔註 111〕

它們當中，有的可直接看作史論來研究，有的是政論與史論相兼，有的則是史論研究的重要輔助。這些對於概括與把握漢代歷史理論整體面貌、成就及其特點，不失爲一重要參考。

## （二）豐富的理論內涵

漢代是中國古代歷史發展中的一個重要階段，兩漢史學在中國古代史學發展史上又佔有重要地位。秦亡漢興與東漢中興的社會現實，促使兩漢的史學家和思想家從不同的角度反思歷史，提出自己對社會歷史總的看法和根本觀點。既有對歷史運行、變化及其原因這些根本歷史理論問題的探索，又有關於大一統理論與民族思想、國家職能與君主論這些時代歷史理論問題的探究，總結出諸多盛衰變化之理，爲當時及後世提供了有益借鑒與啓示。儘管有些問題仍需深入，有些理論還有偏失，但他們所初步構建起來的歷史理論體系就是最大的理論貢獻。這些理論成就體現出宏闊的理論視野、爲世典式的致用特色、不斷深入的理論探討等諸多特點。

### 1、宏闊的理論視野

漢代學人探索歷史理論時，有一個思維前提，那就是「觀天之化，推演完事之類」的類推方法。這個類推方法不是一般性的方法，其關注的對象則是天與人，類推的是天與人之間的「同象」，即通過探究天這個世界的結構、運轉規則，來推演人這個世界的構成、活動機制、運行規律。無論史學家司馬遷、班固、荀悅，還是思想家董仲舒、王充等，都離不開這種思維。

天、地、人，都有各自的內涵，天道是根本，是總樞紐；地道是天道與人道的轉換站，也是一種媒介；人道則是含有道德仁義，與現實生活密切相關的抽象理論形態。沒有對天道、地道的認識，人類就不可能眞正認識到人道的內涵，人類社會運轉的眞諦。天、地、人是一個相互聯繫而分工不同的三位一體的時空結構。

兩漢時期，無論是系統的天人感應論者董仲舒，還是史學家班固，社會批判者王符，都對天地人參合這一世界觀作了論述。如董仲舒提出「天道施，地道化，人道義」這一帶有神秘特徵的天地人參合之道，王符提出「天道施，地道化，人道爲」這一具有元氣論基礎的天地人參合之道。這兩種不同的世

---

〔註 111〕《後漢書》卷八〇下《文苑列傳》。

界觀，都對人們認識宏觀歷史及其所形成的歷史理論，有著重要影響，甚至是一種根本指導思想。而以元氣論爲基礎的天地人參合，更是漢代人本主義精神在宇宙認識論中的最高體現。以這樣的世界觀與宇宙觀爲指導所產生出來的歷史理論，具有更強的人本主義精神。

天地人參合是漢代學人探討社會歷史演變過程、動因及其法則的重要思維模式與世界觀。這種把天道、地道、人道作爲具有時空意義上的整體，來探究人類歷史演變，顯示出漢代人宏闊的理論視野和豐富的理論內涵。

漢代歷史理論的恢宏視野還表現在「究天人之際、通古今之變」的史學旨趣和方法上。無論「究天人之際」，還是「通古今之變」，其史論的風格都趨向「成一家之言」，展示一種積極的思考體系。

### 2、「爲世典式」的致用特色

中國古代歷史理論具有明顯的經世特色，這與中國古代史學發展的特點有關。無論哪種史學主流意識，都把經世致用功能看作其根本目標。探究歷史動因、把握歷史演變趨勢、尋求歷史演變法則與應對原則，都是爲治國安邦這一根本目的服務。司馬遷評論孔子作《春秋》，就是「存亡國，繼絕世，補弊起廢，王道之大者也。……故長於治人。」他著書也是想要「通其道」，且「述往事，思來者。」〔註112〕班固撰寫《漢書》，就是要「備其變理，爲世典式。」〔註113〕

荀悅更提出「立典有五志」，〔註114〕通過歷史考察，彰顯社會法式與道義，鼓勵人們積極創造生活。這是繼司馬遷之後對史學工作任務與目標作出明確而有條理的理論概括。他強調史書「厥用大焉」，〔註115〕正如其所言：「其稱論者，臣悅所論，粗表其大事，以參得失，以廣視聽也」〔註116〕、「綜往昭來，永監後昆」，〔註117〕把史書作爲「有國之常訓」，當作治理國家的參考。正如白壽彝所言：「申述以史『資治』的意義及爲符合這一目的而應採取的內容是班固沒有明白說過的，對後來的正宗史學是有影響的。」〔註118〕劉隆有對此

---

〔註112〕《史記》卷一三〇《太史公自序》，本文均引自司馬遷《史記》，中華書局，1959 年。
〔註113〕《漢書》卷一〇〇下《敘傳下》。
〔註114〕《漢紀》卷一《高祖皇帝紀》序，本文均引自張烈點校《兩漢紀》，中華書局，2002 年。
〔註115〕《漢紀》卷一《高祖皇帝紀》序。
〔註116〕《漢紀》卷三〇《孝平皇帝紀》後論。
〔註117〕《漢紀》卷三〇《孝平皇帝紀》後論。
〔註118〕白壽彝：《白壽彝史學論集》（下），北京師範大學出版社，1994 年，第 754

也有所認識：「著史以供鑒戒的目的，逐步在明確。但無論司馬遷，還是班固，都還沒有把它作為其著史的全部和最高宗旨。把寫史同封建政治結合得這樣自覺，公開宣稱寫史的宗旨，就是拿歷史的鑒戒為當時的政治鬥爭服務，並為此對所寫史書應當達到的標準和記事範圍作出明確規定，在我國古代史學史上，荀悅乃是第一人。」〔註119〕

至於董仲舒、劉向、歆父子、班氏父子所言「三統說」、「五德終始說」、「漢承堯運」說等，都有很強的政治實用色彩，是為當朝統治者尋求一種政權合法性與統治合理性的理論依據，也是為了維護大一統社會秩序而服務的。「公羊三世說」，雖在漢代沒有顯示出功用來，但其所具有的深遠歷史影響，則是其他學說無法比擬的，成為後世諸多改革家的思想武器。

### 3、不斷深入的理論探討

漢代學人對歷史理論的探討，是不斷深入的，也是連續的。有的是對以往的一種深入，有的則是對後世的一種啟示。

他們對歷史變化發展有著明確認識，不僅積極尋找古今之通義，而且還從理論上給予說明、論證。他們或認為歷史是變化、發展的，或認為歷史是循環運轉的，或認為歷史表面、局部是變化的，本質則是不變的。他們不僅對「變」與「常」作了分析，而且努力達到變與常的統一。總的看，對動態的、變化的歷史的認識與把握，在漢代歷史理論中佔據主導地位。

人們不僅對歷史變化作了基本認識，而且還對歷史變化發展的階段性及其特點也有了更進一步的把握與理解，體現出多元化與深入性的理論特徵。既有以道德為標準，對人性在社會歷史變動中的演變過程作出階段性把握；又有以衣食住行等物質條件不斷改善來反映古今之變化；既有客觀性歷史階段論，又有形上邏輯式歷史階段論。

對歷史演變階段性把握發展為具有法則性看法，是漢代史學家與思想家們在歷史理論方面貢獻出來的又一成果。從董仲舒的「三統循環」歷史演化模式，到劉歆提出的「五德相生」終始說所構建的歷史演化模式，再到治亂周復的歷史盛衰交替論，這些都體現了漢代學人對歷史演變的帶有規律性認識，推動了中國古代歷史理論的發展。

---

頁。

〔註119〕陳清泉等編：《中國史學家評傳》（上），中州古籍出版社，1985 年，第 102 頁。

在探究歷史動因方面，漢代學人不僅提出「究天人之際」的理論命題，而且深入探究人類社會歷史自身運轉之因。

他們不僅從理論形態上關注與論述天人之理，形成了神秘的天人感應論與理性的天人關係論不斷爭辨的理論態勢；而且還從歷史事實上考察天人關係問題。如以人格意志的神意之天爲主的天人之際，著重從形而上的高度抽象地論述天人感應，推出天人合一的系統理論論證，但最終還是放在盡人力這一位置上，從而限制君權，維護大一統社會秩序，達到天人和諧的發展；以自然之天爲主的天人之際，主要是闡述人與自然的統一，順四時而謀仁義道德之發展；而以元氣論爲基礎的天人之際，則是要從根本上來探究天人合一，更加突出人在天人合一當中的主體位置與重要作用，達到天地人的參合；以客觀趨勢爲主的天人之際，就是要探究歷史條件與歷史變動之間的關係。

漢代對人在歷史變動中的位置與作用進行了廣泛而深入的探究，努力突出人謀、人事在歷史變動中的重要地位與作用，進一步爲以人爲本這個思想成果注入新鮮血液與活力。

# 第一章 關於社會歷史變動原因的理性思考

作為中國古代大一統社會的奠基時期,漢代具有舉足輕重的地位。無論是兩漢的史學家,還是思想家,他們在前人基礎上共同構建的歷史理論,可以說是中國古代歷史理論體系中的重要組成部分,推動了中國古代歷史理論的發展。認真總結這筆理論遺產,具有重要的學術價值與社會意義。

「究天人之際」與「通古今之變」是漢代歷史理論的兩大首要問題,前者講的是動因問題,後者說得是變化問題。

關於社會歷史變動原因,史學家與思想家努力從多方面進行論述,既有抽象意義的歷史闡釋,又有具體的歷史記述;既考察社會歷史變動之因,又探索個人命運的複雜變化因素,在爭辨的天人關係思想下,更突出人在歷史變動中的主體位置與重要作用,充分體現出天地人參合的理論特色。這些理論認識進一步豐富了兩漢史學的發展,推動了中國古代史學的理論建設。

## 一、天與人

先秦以來,天人關係探討成為思考歷史變動張弛之故的首要問題,「諸子歷史觀所圍繞的基本原則問題仍然是『天人』關係問題。『天人』關係,在商周時代是社會意識的一個核心課題,時至戰國時代,歷史發展了,而它仍是社會意識中的重要問題,需要這一時代的學者在新的歷史條件作出新的解答」。〔註1〕兩漢時期,「究天人之際」依然是歷史理論的首要問題。司馬遷明

---

〔註1〕 尹達主編:《中國史學發展史》,中州古籍出版社,1985年,第54頁。

確提出「究天人之際，通古今之變，成一家之言」的史學命題，荀悅在其《漢紀》中也積極要求「通於天人之理」；思想家董仲舒、王充等人，更是從理論形態上關注與論述天人之理，形成了神祕的天人感應論與理性的天道自然論不斷爭辨的理論態勢。

與先秦相比，漢代的史學家和思想家對於天與人各自內涵的認識，沒有發生本質性的變化，但有的方面却作了深入論述。

人格意志的神意之天與客觀運行的自然之天，仍是漢代學人對天所賦予的基本涵義。如「天之處高，其聽卑；其牧芒，其視察」，〔註2〕「天昨光德，而隕明忒」，〔註3〕「此非人力，天之所建也」，〔註4〕「誠天之所福，非人力也」〔註5〕等等，都是有意志之天的表現。

至於自然之天，在陰陽五行學說盛行的漢代，往往與陰陽災異、五德終始等學說相聯繫，被打上了天意印記，成了解釋與論證世事，甚至是「決獄」的工具。如「陽者天之德也，陰者天之刑也。迹陰陽終歲之行，以觀天之所親而任」。〔註6〕這種自然之天，似乎有著自己的運行規律，「天道大者，在於陰陽」〔註7〕、「天地之常，一陰一陽」〔註8〕、「天道大數，相反之物也，不得俱出，陰陽是也。」〔註9〕當然，這裏所說的天與有意志之天是有差別的，比神意史觀前進了一步。

以元氣論爲基礎的自然之天，是漢代究天人之際很重要的成果，這使得對歷史變動的解釋往往具有樸素的唯物主義色彩。王充所認爲的「天」是「體」、「氣」，就是典型體現。如「且夫天者，氣邪？體也？如氣乎，雲烟無異，安得柱而折之？女媧以石補之，是體也。如審然，天乃玉石之類也」

---

〔註2〕 《新書·耳痹》，本文均引自賈誼撰，閻振益、鍾夏校注：《新書校注》，中華書局，2000 年。

〔註3〕 《法言·重黎》，本文均引自揚雄撰，汪榮寶疏：《法言義疏》，中華書局，1987年。

〔註4〕 《漢書》卷四三《陸賈傳》。

〔註5〕 《後漢書》卷二九《申屠剛傳》。

〔註6〕 《春秋繁露·陰陽義》，本文均引蘇輿撰，鍾哲點校：《春秋繁露義證》，中華書局，1992 年。

〔註7〕 《漢書》卷二二《禮樂志》。

〔註8〕 《春秋繁露·陰陽義》。儘管東漢時期董書有散佚，前人也疑其非本真，但據諸多學者所考，書中內容基本屬於董氏所述，詳見清人蘇輿《春秋繁露義證》。

〔註9〕 《春秋繁露·陰陽出入上下》。

〔註10〕、「天者，普施氣萬物之中」〔註11〕。王符的「元氣」生成論，也是這方面的重要認識。

　　神秘的外在於人的力量、客觀趨勢或歷史形勢所代表的天在漢代天人之際中的位置也越來越突出。文帝即位時宋昌分析漢興時，得出「此乃天授，非人力也」〔註12〕的結論。所謂「天授」，有三個歷史條件：一是順應了歷史演變趨勢，二是有同姓封王的輔佐，三是民眾擁護的基礎。這樣的天授，似乎更帶有一種客觀歷史趨勢的傾向。司馬遷與班固都給予了記述，這說明他們對此很關注，也表現出諸多共識。

　　揚雄對命與人為作了對比性解釋，《法言·問明》曰：「命者，天之命也，非人為也，人為不為命。請問人為。曰：可以存亡，可以死生，非命也。命不可避也。……立巖牆之下，動而徵病，行而招死，命乎！命乎！……辰乎，辰！曷來之遲，去之速也，君子競諸。」這裏天與命是一致的，是與人為相對的一個概念。在揚雄看來，「天命」不可避，而「人為」則可以變。「天命」不可避，是因為它是客觀存在的歷史形勢，人的主觀能力無法改變，所以揚雄強調時機不可失的重要性。

　　王莽篡漢，諸多人認為「亦天時，非人力之致矣」。〔註13〕這裏的天時，或指客觀歷史條件所造成的一種事件的發展傾向與趨勢。

　　至於人的內涵，主要是民心、人心在社會變動中佔有很重要的位置，與天意相統一。如「夫民所怨者，天所去也；民所思者，天所與也。舉大事必當下順民心，上合天意，功乃可成。若負強恃勇，觸情恣欲，雖得天下，必復失之。以秦、項之埶，尚至夷覆，況今布衣相聚草澤？以此行之，滅亡之道也。」〔註14〕「天以民為心」，〔註15〕更是對這一思想的集中表達。

　　班固在《漢書·律曆志上》中對人的內涵所作的闡釋也是值得注意的。書中是這樣論述的：「人者，繼天順地，序氣成物，統八卦，調八風，理八政，正八節，諧八音，舞八佾，監八方，被八荒，以終天地之功。」這是從律曆

---

〔註10〕《論衡·談天篇》，本文均引自黃暉：《論衡校釋》，中華書局，1990 年。
〔註11〕《論衡·自然篇》。
〔註12〕《史記》卷一〇《文帝本紀》。
〔註13〕《漢書》卷九九《王莽傳》。
〔註14〕《後漢書》卷一五《王常傳》。
〔註15〕《潛夫論·本政》，本文均引（清）汪繼培箋，彭鐸校正：《潛夫論箋校正》，中華書局，1985 年。

制度方面引申而來，更突出人在宇宙、社會歷史中的重要位置與作用。天地之性人為貴，是漢代學人的共識。〔註16〕

## 二、系統的天人感應論

殷商時代，人們已經開始信奉「上帝」這位人格化至上神，〔註17〕它可以決定自然界與人類社會的萬事萬物。到了西周初年，發生不小變化。周人以「天」代替「上帝」，把「天」通稱為一種人格化至上神，並提出「天」賞善罰惡的新觀念。《尚書·周書·康誥》：「惟乃丕顯考文王，克明德慎罰，不敢侮鰥寡，庸庸，祇祇，威威，顯民，用肇造我區夏，越我一二邦，以修我西土。惟時怙冒，聞於上帝，帝休。天乃大命文王，殪戎殷，誕受天命，越厥邦厥民，惟時敘。」很明顯，這加入了「德」與「民」這一前提條件，「天」這個人格化的至上神與人之間不是直接感應，而是通過德與民來發生關係，有德保民才能享受天命的恩賜，失德離民則遭受天命的懲罰。這開始注意人（上層統治者）本身的行為問題，對於人們認識社會歷史變動之因非常重要，「根據這種理論，一個國家的興衰存在決定於天帝；但是，天帝的決定又是根據統治者的行為敬德與否來作出的，所以，歸根結底，國家興亡的最終原因在於人本身。這樣，在濃郁的宗教氣氛中透露出幾絲『人的發現』的曙光，曾被商代宗教認為在專斷的上帝面前毫無力量的人的行為，開始變得具有舉足輕重的意義了」〔註18〕。況且，「在他的認識上天和人是一個東西。講到最後，天是摸不著的，天在哪呢？在人」〔註19〕。同時，他們對天命產生了懷疑。《尚書·周書·君奭》載曰：「天不可信。」

西周末，周室衰微，諸侯紛爭，以往敬德保民的「天人關係」似乎無法被世人所接受。於是，一部分學者重構新的天人關係，來維護社會秩序和建立未來的理想政治統治。這樣，遂出現了「自然化」的天人感應思想。〔註20〕《國語·周語上》記載了西周末年伯陽父所說的一段話：「天地之氣，不失其

〔註16〕《潛夫論·讚學》曰：「天地之所貴者人也。」
〔註17〕馮禹認為，商代的至上神被稱為「上帝」，並沒有被稱為「天」，這是根據郭沫若等先生考證。見馮禹：《天與人——中國歷史上的天人關係》，重慶出版社，1990年，第33頁。
〔註18〕馮禹：《天與人——中國歷史上的天人關係》，重慶出版社，1990年，第37頁。
〔註19〕劉家和等：《對中國傳統史學的理論反顧》，《史學理論》1987年第2期。
〔註20〕這裏「自然化」天人感應概念，借用馮禹先生的提法，特此注明。

序，若過其序，民亂之也。陽伏而不能出，陰破而不能烝，於是有地震。」這是把陰陽學說納入到天人感應中，把人的行為與自然現象附會牽連在一起，仍具有濃厚的神秘主義色彩。春秋戰國時期，這種天人感應思想繼續發展與傳播，「天反時為災，地反物為妖，民反德為亂，亂則妖災生」。〔註21〕

由這種「自然化」的天人感應思想，繁育出兩種天命論，一種是基於原本的「自然化」的天人感應思想而推導出統治者休善敬德愛民，是可以改變這些所謂的自然災害。這一點有似西周初年的那種天命論，但二者的「天」之內涵完全不同。這種天命思想對兩漢影響至深，漢代災異天命史觀就是一個突出體現。另一種則是由此嫁接而生的占星家們的神學天命決定論。他們宣傳「天事恒象」，即天象的變化運行決定著人間的吉凶，並根據五行生克和其他神秘的術數來推論預卜人間吉凶，「在他們看來，一個國家的興衰存亡完全是由於天上的星移斗轉造成的，因此他們自詡能夠精確地預卜一個國家可以存在多少年，以及哪一個國家在某一時辰將要發生某種災難等等」〔註22〕。這樣，國家與社會變動完全被所謂的「氣數」所決定，無論統治者行為如何，都無濟於事。這種天命論屬於更為極端的神學天命決定論，它是兩漢時期一些史學家、思想家不斷批判的主要對象。

漢代董仲舒融合了以往的天人感應思想，「對天帝的外貌加以改造，給他披上一層自然化的外衣，用災異、祥瑞等異常自然現象的出現作為感應的主要方式，吸收了第二種類型的天人感應學說的大部分具體內容，並且接受了先秦的陰陽五行學說來作為推論工具。而以『天』為至卜神這一第一種類型的天人感應論的關鍵內容，則被保存下來了」〔註23〕。

他認為國家將要出現失道時，天以災害來譴告君主，如果君主仍不自省，天又出怪異來警示君主；如果還不改變失道行為，那麼君主就會敗亡。《漢書・董仲舒傳》載曰：「臣謹案《春秋》之中，視前世已行之事，以觀天人相與之際，甚可畏也。國家將有失道之敗，而天乃先出災害以譴告之，不知自省，又出怪異以警懼之，尚不知變，而傷敗乃至。以此見天心之仁愛人君而欲止其亂也。」這裏的天，明顯是有意志的。但這種天人關係又不同於先秦那種人格化的至上神所形成的天人關係，因為這裏的天要想體現自己的意志，需

---

〔註21〕《左傳・宣公十五年》，參見楊伯峻：《春秋左傳注》，中華書局，1990年。
〔註22〕馮禹：《天與人——中國歷史上的天人關係》，重慶出版社，1990年，第83頁。
〔註23〕馮禹：《天與人——中國歷史上的天人關係》，重慶出版社，1990年，第47頁。

要通過自然現象來實施，而且它具有了仁愛的特點。這也不同於漢初陸賈等人的自然化的天人關係，因爲這裏強調了天有意志，天與人之間的感應並不是自然的直接交流，而是「天」經過深思熟慮之後給予的懲罰或獎賞。董仲舒經常用「天戒若曰」〔註24〕來表達這種天人感應。

爲了論證他的這一天人感應論，董仲舒建立了一套系統的理論學說。他認爲，天與人是同類的。天乃萬物之祖，是宇宙的最高主宰，人也是天生的，「天者萬物之祖，萬物非天不生」〔註25〕、「爲人者天也」。〔註26〕天與人一一相應，人有骨節三百六十六塊，天一年有三百六十六日，人體內有五臟，天有五行，人有四肢，天有四季，人有喜怒哀樂，天有冬夏寒暑，總之「人副天數」。〔註27〕這樣，天人就是合一的關係，「以類合之，天人一也」。〔註28〕他根據同類相動這個原理，認爲天與人同類，也會相動。但這種相動是無形的、自然的，人們看不見這種相動，因爲這種相動是通過氣這一中介進行的。《春秋繁露・天地陰陽》曰：「天地之間，有陰陽之氣，常漸人者，若水常漸魚也。所以異於水者，可見與不可見耳，其澹澹也。然則人之居天地之間，其猶魚之離水，一也。其無間若氣而淖於水。水之比於氣也，若泥之比於水也。是天地之間，若虛而實，人常漸是澹澹之中，而以治亂之氣，與之流通相殽也。故人氣調和，而天地之化美，殽於惡而味敗，此易之物也。推物之類，以易見難者，其情可得。治亂之氣，邪正之風，是殽天地之化者也。生於化而反殽化，與運連也。」雖然「這些說法，現在看來還是非常正確的。但是，他把『治亂之氣』混淆進去，使其帶上了神秘主義的色彩。」〔註29〕

值得注意的是，董仲舒所大力宣揚的災異史觀，其主觀意旨則是在強調統治者的行爲在社會變動中的重要性。他論道：「臣聞天之所大奉使之王者，必有非人力所能致而自至者，此受命之符也。天下之人同心歸之，若歸父母，故天瑞應誠而至。……及至後世，淫佚衰微，不能統理羣生，諸侯背畔，殘賊良民以爭壤土，廢德教而任刑罰。刑罰不中，則生邪氣；邪氣積於下，怨

---

〔註24〕 《漢書》卷二七《五行志》。
〔註25〕 《春秋繁露・順命》。
〔註26〕 《春秋繁露・爲人者天》。
〔註27〕 《春秋繁露・人副天數》。
〔註28〕 《春秋繁露・陰陽義》。
〔註29〕 周桂鈿：《董仲舒天人感應論的眞理性》，《河北學刊》2001 年第 3 期。

惡畜於上。上下不和，則陰陽繆盭而妖孽生矣。此災異所緣而起也。」〔註30〕范文瀾對此作了說明：「董仲舒創陰陽五行化的儒學，借天道說人事。……董仲舒所講天人之際，本意在利用天變災異來進行諫諍，剝去迷信部分，實質上仍是孔、孟的仁義學說。」〔註31〕

　　從根本上講，董仲舒關注的是治亂盛衰問題。通過考察周朝歷史盛衰變動，他認爲周朝衰亡，源於周幽王、周厲王失道而致；而周宣王救蔽復道，後世稱絕，這是善行與惡爲的不同結果，「夫周道衰於幽、厲，非道亡也，幽、厲不繇也。至於宣王，思昔先王之德，興滯補弊，明文、武之功業，周道粲然復興，詩人美之而作，上天祐之，爲生賢佐，後世稱誦，至今不絕。此夙夜不解行善之所致也。」〔註32〕這個道的內容主要是儒家的仁義禮治，「道者，所繇適於治之路也，仁義禮樂皆其具也。」由此得出一條非常重要的動因論：「夫人君莫不欲安存而惡危亡，然而政亂國危者甚衆，所任者非其人，而所繇者非其道，是以政日以仆滅也。」失道乃敗亡，得道則興盛。

　　他引孔子的話來進一步說明道與人的關係，即「人能弘道，非道弘人」，突出人在社會歷史變動中的重要地位。關於天人關係，他總結爲：「故治亂廢興在於己，非天降命不可得反，其所操持誖謬失其統也。」〔註33〕可以看出，儘管董仲舒的這種神秘天人感應論所體現出來的神意天命思想是很濃重的，但已不同於先秦那種神秘的天命決定論。它的實質是「言天道而歸於人道」，〔註34〕主觀目的是「屈民而伸君，屈君而伸天」。〔註35〕正如有的學者所言：「董氏思想的整個核心是根據公羊春秋的大一統精神而來，並加以發揮成爲天人合一的理論，把宇宙、自然、人生、歷史、倫理、道德、政治、經濟、教化等種種問題統合起來解釋，其最終的目的似乎是在解決人事上的治亂興衰的問題。」〔註36〕最近一些學者提出董仲舒天人感應論的眞理性問題〔註37〕，也是有道理的。

---

〔註30〕《漢書》卷五六《董仲舒傳》。
〔註31〕范文瀾：《中國通史簡編》修訂本第二編，人民出版社，1949 年第一版 1964 年第四版，第 120 頁。
〔註32〕《漢書》卷五六《董仲舒傳》。
〔註33〕以上均見《漢書》卷五六《董仲舒傳》。
〔註34〕汪高鑫：《中國史學思想通史》（秦漢卷），黃山書社，2002 年，第 168 頁。
〔註35〕《春秋繁露・玉杯》。
〔註36〕陳俊華：《論董仲舒的循環史觀》，《歷史學報》（臺灣）1996 年第 24 期。
〔註37〕如周桂鈿：《董仲舒天人感應論的眞理性》，《河北學刊》2001 年第 3 期；況長清、周建林：《董仲舒天人觀的理性主義內涵探析》，《湖北廣播電視大學學報》

　　西漢末年，劉向對董仲舒這種天人感應思想作了發揮。《漢書・劉向傳》載曰：「竊見災異並起，天地失常，徵表為國。……眾賢和於朝，則萬物和於野。……諸侯和於下，天應報於上。……此皆以和致和，獲天助也。……天變見於上，地變動於下。……言民以是為非，甚眾大也。此皆不和，賢不肖易位之所致也。自此之後，天下大亂，……五大夫爭權，三君更立，莫能正理。遂至陵夷不能復興。由此觀之，和氣致祥，乖氣致異；祥多者其國安，異眾者其國危，天地之常經，古今之通義也。」〔註 38〕這就把天人感應災異思想看作一條普遍的社會運行法則，比之董仲舒更為深入。

　　劉向論秦漢歷史，更體現了這一點。《漢書・劉向傳》又載曰：

> 秦始皇之末至二世時，日月薄食，山陵淪亡，辰星出於四孟，太白經天而行，無雲而雷，枉矢夜光，熒惑襲月，蘖火燒宮，野禽戲廷，都門內崩，長人見臨洮，石隕于東郡，星孛大角，大角以亡。觀孔子之言，考暴秦之異，天命信可畏也。及項籍之敗，亦孛大角。漢之入秦，五星聚于東井，得天下之象也。孝惠時，有雨血，日食於衝，滅光星見之異。孝昭時，有泰山臥石自立，上林僵柳復起，大星如月西行，眾星隨之，此為特異。孝宣興起之表，天狗夾漢而西，久陰不雨者二十餘日，昌邑不終之異也。皆著於《漢紀》。觀秦、漢之易世，覽惠、昭之無後，察昌邑之不終，視孝宣之紹起，天之去就，豈不昭昭然哉！

他認為，災異不可怕，關鍵是見災異而知天意，因天意而行事，「昔者夏桀、殷紂不任其過，其亡也忽焉；成湯、文、武知任其過，其興也勃焉。」〔註 39〕可以說，「與董仲舒相比，劉向用天意說明或解釋了更長久的歷史時代和更廣泛的歷史層面」。〔註 40〕

　　為了警戒成帝，劉向作《洪範五行傳論》。《漢書・劉向傳》曰：「向見《尚書・洪範》，箕子為武王陳五行陰陽休咎之應。向乃集合上古以來歷春秋、六國至秦、漢符瑞災異之記，推迹行事，連傳禍福，著其占驗，比類相從，各有條

　　1999 年第 2 期。

〔註 38〕《漢書》卷三六《楚元王傳》附《劉向傳》。

〔註 39〕《說苑・君道》，本文均引自劉向撰，向宗魯校證：《說苑校證》，中華書局，1987 年。

〔註 40〕張秋升：《天人糾葛與歷史運演——西漢儒家歷史觀的現代詮釋》，齊魯書社，2003 年，第 116 頁。

目，凡十一篇，號曰《洪範五行傳論》，奏之。天子心知向忠精，故爲鳳兄弟起此論也，然終不能奪王氏權。」這是有爲而發。雖「劉向的《五行傳論》可以說是一種災異大全，是漢朝『天人感應』的思想的百科全書」〔註41〕，但仍未脫離董仲舒式的天人感應論所包涵的精神實質，即重人事的主觀動機。正如劉向自己所總結的：「存亡禍福，其要在身。」〔註42〕

## 三、折衷主義傾向的天人關係論

董仲舒、劉向的這一系統天人感應論，對兩漢社會與思想產生了重要影響。東漢史學家班固與荀悅，就承繼了這種天人思想而有所發展，均有重要理論建樹。不過，他們的天人關係表現出更爲明顯的折衷主義傾向。追尋其因，可能有二：一是他們作爲史學家所應有的史家責任意識與實錄精神，使得其對社會治亂盛衰更爲關注，努力從人事本身來說明社會歷史變動之因；二是他們代表漢代官方正宗思想，不可避免地要呈現出董仲舒式的天人感應觀念，來適應統治政權的維護與鞏固。這種矛盾，使其必然產生折衷主義傾向，只不過在內容、對象上，傾向程度不同而已。

班固在《漢書》中宣揚君權神授、譴告說以及五行災異等學說，努力論證漢得天下的合法性與正統性。如他繼承並進一步發揮了劉歆五德終始相生說，對「漢承堯運」作了更豐富的闡釋，突出宗法聖統方面的合理性。《漢書‧高祖紀》贊曰：「由是推之，漢承堯運，德祚已盛，斷蛇著符，旗幟上赤，協於火德，自然之應，得天統矣。」同時，他又認爲人的行爲對天是有影響的，所謂「妖由人興也……人弃常故有妖」，〔註43〕強調修德可以改變天意的道理。

班固雖然沒有跳出天人感應說的羈絆，但他並不把天看作萬世萬物的創造者、宇宙的主宰力量。在天人的互爲作用中，他更強調人的意志，人的活動對世間事務以及歷史客觀進程的影響。

《漢書‧郊祀志》以史實揭露和批駁了封建統治者求仙迷信的宗教神學行爲，書中引谷永之言作了總結：「明於天地之性，不可或以神怪；知萬物之情，不可罔以非類。諸背仁義之正道，不遵《五經》之法言，而盛稱奇怪鬼神，廣崇祭祀之方，求報無福之祠，及言世有僊人，服食不終之藥，遙興輕舉，

---

〔註41〕 馮友蘭：《中國哲學史新編》（中），人民出版社，1998年，第239頁。
〔註42〕 《說苑‧敬慎》。
〔註43〕 《漢書》卷二七《五行志下之下》。

登遐倒景，覽觀縣圃，浮游蓬萊，耕耘五德，朝種暮穫，與山石無極，黃冶變化，堅冰淖溺，化色五倉之術者，皆姦人惑衆，挾左道，懷詐偽，以欺罔世主。聽其言，洋洋滿耳，若將可遇；求之，蕩蕩如係風捕景，終不可得。」班固在贊中對此作了肯定評價：「究觀方士祠官之變，谷永之言，不亦正乎！不亦正乎！」

班固基本否定占星望氣等迷信活動，特爲眭弘、夏侯勝、京房、李尋等五行災異學家立了專傳，並作這樣的評論：「幽贊神明，通合天人之道者，莫著乎《易》、《春秋》。然子贛猶云『夫子之文章可得而聞，夫子之言性與天道不可得而聞』已矣。漢興推陰陽言災異者，孝武時有董仲舒、夏侯始昌，昭、宣則眭孟、夏侯勝，元、成則京房、翼奉、劉向、谷永，哀、平則李尋、田終術。此其納說時君著明者也。察其所言，彷彿一端。假經設誼，依託象類，或不免乎『億則屢中』。仲舒下吏，夏侯囚執，眭孟誅戮，李尋流放，此學者之大戒也。」〔註44〕這一方面道出了陰陽災異學家們宣揚災異學說的目的在於勸誡君王，另一方面也說明這種學說並不可信，偶爾靈驗也不過是億則屢中而已，學者不該走這樣的學術道路。

即使班固在《漢書》中設《五行志》，詳細記錄天人感應現象，也是有其一定積極意義的。這種記載，其目的是爲了警示與告誡帝王君主要行德愛民，自省躬政。如後晉史家劉昫就認爲，「九疇名數十五，其要五行、皇極之說，前賢所以窮治亂之變，談天人之際，蓋本於斯」。〔註45〕宋代史學家薛居正也指出：「其九疇之序，一曰五行，所以紀休咎之徵，窮天人之際。故後之修史者，咸有其說焉。蓋欲使後代帝王見災變而自省，責躬修德，崇仁補過，則禍消而福至，此大略也。」〔註46〕同時，《五行志》中也有史料價值，保留了一些重要的天文與曆法等相關自然知識，「當我們把所有《五行志》中的人格天一一處理掉，便會洞察到關於自然、社會、人物的詳盡的歷史記錄。這說明『天人感應』思想在促進人們對天、人作聯繫和進行宏觀的考察方面，還是有一定的積極意義」。〔註47〕這也是班固作爲史學家，比之作爲哲學家、思想家的董仲舒，在天人感應思想方面呈現出更多的理論價值。

〔註44〕《漢書》卷七五《眭兩夏侯京翼李傳》贊。
〔註45〕《舊唐書》卷三七《五行志》，中華書局，1975年。
〔註46〕《舊五代史》卷一四一《五行志》前言，中華書局，1976年。
〔註47〕朱政惠：《「天人合一」思想對中國紀傳體史書發展的影響》，《社會科學》1995年第3期。

荀悅對於探討歷史運行的動因及方式有自覺認識，「夫通於天人之理，達於變化之數，故能達於道」，〔註48〕這是他的歷史理論總綱，也是《漢紀》史論的主旨。「通於天人之理」就是要繼承司馬遷「究天人之際」這一史學任務，批判地總結以往的天人關係論，提出自己的天人之道。他所言「立典有五志」，也蘊含這一內容，即「夫立典有五志焉：一曰達道義，二曰彰法式，三曰通古今，四曰著功勳，五曰表賢能。於是天人之際、事物之宜，粲然顯著，罔不備矣。」〔註49〕在他看來，史學的根本任務就是要做到「天人之際、事物之宜，粲然顯著，罔不備矣」，這是恢宏而恰當的史學工作目標，明確這一方向對於史學事業的發展是至關重要的，這是他對漢代歷史理論所作的重要貢獻。

對於以往天人關係學說，荀悅進行了總結：「今人見有不移者，因曰人事無所能移；見有可移者，因曰無天命；見天人之殊遠者，因曰人事不相干；知神氣流通者，人共事而同業。」他進一步認為，無論是天命論者、無天命論者，還是天人相分、天人合一，都是沒有通古今、察終始而得出來的表面性結論，「此皆守其一端，而不究終始。」〔註50〕在他看來，天意本來就難以把握，「《詩》云：『上天之載，無聲無臭。』其詳難得而聞矣」，加上歷史現象紛紜複雜，「善惡之效，事物之類，變化萬端，不可齊一」，所以易造成「是以視聽者惑焉」的結果。

儘管如此，他還是作了理論探索，提出了著名的「天人三勢說」。所謂「天人三勢」，即「夫事物之性，有自然而成者，有待人事而成者，有失人事不成者，有雖加人事終身不可成者，是謂三勢。」而「凡此三勢，物無不然」。〔註51〕無論是性命之理、教化之理，還是天人之道，都概莫能外。這個理論概括應該說還是很高明的，至少它可以讓人們在無所適從的困惑之中理出一點頭緒來。

在此基礎上，他進一步提煉出處理天人之理的一個總原則，即「稟自然之數，揆性命之理，稽之經典，校之古今，乘其三勢以通其精，撮其兩端以御其中，參五以變，錯綜其紀，則可以髣髴其咎矣」。〔註52〕這是說，既要順應自然之道，又要考察性命之理；既要從經典中尋求答案，又要通古今來加

〔註48〕《漢紀》卷二三《孝元皇帝紀下》「荀悅曰」。
〔註49〕《漢紀》卷一《高祖皇帝紀》序。
〔註50〕《漢紀》卷六《高后紀》「荀悅曰」。
〔註51〕《漢紀》卷六《高后紀》「荀悅曰」。
〔註52〕《漢紀》卷六《高后紀》「荀悅曰」。

以認識；既要通過「三勢」來瞭解其內在的變化之理，全面思考以防偏失，又要通過一定時間內歷史轉折的考察，把握錯綜複雜變化之要害，這樣才能理解天地變化與人事善惡之效了。

他還認爲天道、地道、人道各有自身的運行法則，「各當其理而不相亂也」，如果不循其理，那麼「過則有故，氣變而然也」，各種災異現象皆由此而生。因此，「逆天之理，則神失其節，而妖神妄興；逆地之理，則形失其節，而妖形妄生；逆中和之理，則含血失其節，而妖物妄生。此其大旨也。」〔註53〕這是針對漢武帝大肆祭祀鬼神與封禪好仙之風氣而進行批判，與他倡導的「尊天地而不瀆，敬鬼神而遠之，除小忌，去淫祀，絕奇怪，正人事，則妖僞之言塞，而性命之理得矣。然後百姓上下皆反其本，人人親其親，尊其尊，修其身，守其業。於是養之以仁惠，文之以禮樂，則風俗定而大化成矣」〔註54〕，是一脈相承的。

當然，荀悅對漢代災異學說亦未完全拋棄。他言：「凡三光精氣變異，此皆陰陽之精也。其本在地，而上發於天也。政失於此，則變見於彼，由影之象形，響之應聲。是以明王見之而悟，勅身正己，省其咎，謝其過，則禍除而福生，自然之應也。」〔註55〕又言：「是以推此以及天道，則亦如之，災祥之應，無所謬矣。故堯、湯水旱者，天數也；《洪範》咎徵，人事也。魯僖澍雨，乃可救之應也；周宣旱應，難變之勢也；顏、冉之凶，性命之本也。猶天迴日轉，大運推移，雖日遇禍福，亦在其中矣。」〔註56〕他給出的種種理論回應，自然無法從根本上顛覆神秘的天人感應理論學說。正如白壽彝所論：「對於《漢書》因採取折衷主義的態度而出現的種種矛盾，他不是要解決它們，而是要彌補它們。」〔註57〕

不過，在《漢紀》的史論中沒有見到太多對天命的強調，反而對人事的關注更多一些。我們要指出荀悅思想的局限性，但更要充分肯定他強調人事人爲的積極思想因素。在天命決定論籠罩的古代思想氛圍下，能適當肯定人的作用，已經很不容易了。

---

〔註53〕《漢紀》卷一三《孝武皇帝紀四》「荀悅曰」。

〔註54〕《漢紀》卷一〇《孝武皇帝紀一》「荀悅曰」。

〔註55〕《漢紀》卷六《高后紀》。

〔註56〕《漢紀》卷六《高后紀》「荀悅曰」。

〔註57〕白壽彝：《白壽彝史學論集》（下），北京師範大學出版社，1994 年，第 755 頁。

我們可以說荀悅在天人之間左右搖擺，缺乏司馬遷那樣的敏銳眼光和異端精神，但我們不能說他在天人關係上沒有理論建樹，不能說他的思考沒有社會意義。從理論上講，荀悅豐富了對天人關係的看法，也爲人們的繼續探討開闢了廣闊的空間。他的理論構架是獨樹一幟的，顯示了古人在歷史動因認識方面所具有的抽象能力。從實踐上言，他的論說對於人們認清自身能力，積極進行歷史創造活動是一種激勵，對執政者尤其具有指導意義。〔註58〕

## 四、「成一家之言」的「究天人之際」

兩漢時期，經董仲舒系統闡述，並由劉向等人作進一步發揮與完善而形成的一套系統的天人感應理論學說，有著豐富的理論內涵，在思想界曾長期居於重要地位，甚至在某一段時期佔據主導位置。但這種學說總體上是一種形而上論，並夾雜著某些陰陽災異學家的神意宣揚，嚴重影響並制約著人們對歷史演變的客觀認識與把握。

作爲史學家的司馬遷，同樣要「究天人之際」，但與董仲舒等人不同的是，司馬遷把「究天人之際」作爲史學任務與目標，試圖通過歷史記述與考察，努力以實錄精神來認識與探究出「成一家之言」的「天人之際」，對歷史作出「一家之言」的變動解釋，爲人們客觀地認識歷史、把握歷史，提供有益啓示。正如白壽彝所言：「《史記》從歷史上『究天人之際』，是跟當時正宗儒學所宣揚的、方士們所粉飾的以陰陽五行、天人感應立說的官學相對立的。」〔註59〕

司馬遷在闡述其作《史記》的旨趣時，曾言：「網羅天下放失舊聞，考之行事，稽其成敗興壞之理，凡百三十篇，亦欲以究天人之際，通古今之變，成一家之言。」〔註60〕「網羅天下放失舊聞，考之行事」是司馬遷作史的編纂方法，「稽其成敗興壞之理」是其史學任務，而「究天人之際，通古今之變」才是其要努力的方向與所要達到的最高目標。「網羅天下放失舊聞，考之行事」與「稽其成敗興壞之理」，都是爲了服務「究天人之際，通古今之變，成一家之言」這一史學最高目標的。

對社會流行的天人感應神秘學說，司馬遷明確持有懷疑態度，並進行了

---

〔註58〕參見許殿才、靳寶：《〈漢紀〉史論中的歷史思考》，《中國社會科學院研究生院學報》2006年第6期。

〔註59〕白壽彝：《白壽彝史學論集》（下），北京師範大學出版社，1994年，第880頁。

〔註60〕司馬遷：《報任安書》，見《漢書》卷六二《司馬遷傳》。

理論批駁。

天人感應論者，宣揚上天決定人間禍福的神學思想。司馬遷以歷史上的實例對此作出了反詰。《史記》列傳開篇《伯夷列傳》載曰：

> 或曰：『天道無親，常與善人。』若伯夷、叔齊，可謂善人者非邪？積仁絜行如此而餓死！且七十子之徒，仲尼獨薦顏淵爲好學。然回也屢空，糟糠不厭，而卒蚤夭。天之報施善人，其何如哉？盜蹠日殺不辜，肝人之肉，暴戾恣睢，聚黨數千人橫行天下，竟以壽終。是遵何德哉？此其尤大彰明較著者也。若至近世，操行不軌，專犯忌諱，而終身逸樂，富厚累世不絕。或擇地而蹈之，時然後出言，行不由徑，非公正不發憤，而遇禍災者，不可勝數也。余甚惑焉，儻所謂天道，是邪非邪？

這是對「天道無親，常於善人」的置疑，也是對所謂天人感應的懷疑。

對求仙祭祀和符命瑞應的批判，也反映了他對天人感應神秘思想的駁斥。對於封禪這一政治訴求，司馬遷並未完全否定，但他對其中夾裏的神學思想是批判的，《史記·封禪書》載曰：「始皇封禪之後十二歲，秦亡。諸儒生疾秦焚《詩》、《書》，誅僇文學，百姓怨其法，天下畔之，皆讓曰：『始皇上泰山，爲暴風雨所擊，不得封禪。』」對此，司馬遷作了這樣的評論：「自古受命帝王，曷嘗不封禪？蓋有無其應而用事者矣，未有睹符瑞見而不臻乎泰山者也。雖受命而功不至，至梁父矣而德不洽，洽矣而日有不暇給，是以即事用希。」〔註61〕他對燕齊方士宣揚陰陽五行神學迷信的批判，更爲突出。《史記·封禪書》又載曰：「騶衍以陰陽主運顯於諸侯，而燕、齊海上之方士傳其術不能通，然則怪迂阿諛苟合之徒自此興，不可勝數也。」

正如劉咸炘所言：「史公非不信有封禪一事，特不足於武帝之求仙耳。……宋人多謂史公以古郊祀禮與方士怪妄之說並載爲非，此不知史述源流而以邪正繩之也。」〔註62〕這抓住了問題的核心與實質。

司馬遷曾借其父司馬談《論六家要旨》對陰陽家學說作出了評論：「嘗竊觀陰陽之術，大祥而衆忌諱，使人拘而多所畏。然其序四時之大順，不可失也。」這裏的「使人拘而多所畏」是指「夫陰陽四時、八位、十二度、二十四節各有教令，順之者昌，逆之者不死則亡。未必然也」；「不可失也」是指「夫春生夏

---

〔註61〕《史記》卷二八《封禪書》序。
〔註62〕劉咸炘：《太史公書知意》，見《推十書》，成都尚友書塾，1931年。

長，秋收冬藏，此天道之大經也，弗順則無以爲天下綱紀。」〔註63〕這雖說是司馬談的思想表達，但也能反映司馬遷的思想傾向。他們贊成陰陽學家思想中四時大順的天道之理，但反對陰陽學家所宣傳的順陰陽四時、八位、十二度、二十四節就能昌盛，否則就會敗亡這樣的變動規則。

司馬遷作《天官書》就是要以當時人們所能掌握的自然科學知識，對以往及當時所流行的神意或神秘天人感應說進行系統剖析、批判，從而建立起自己的天人關係思想。〔註64〕

〔註63〕《史記》卷一三〇《太史公自序》。
〔註64〕這一點，已有學者作了探討，如郎寶如連續發表兩篇文章來闡述這個問題，分別是《走出司馬遷天人思想研究的誤區》（《内蒙古大學學報》1996 年第 2 期）與《再論走出司馬遷天人思想研究的誤區》（《内蒙古大學學報》1997 年第 1 期）。作者首先提出了一個假設：《天官書》中的正文不是司馬遷所要闡述的天人思想，而其論贊才是眞正體現司馬遷的天人思想，之後在第二篇文章中加以翔實論證。但這一假設的提出及其論證，也有不足之處。張秋升已有所指出：「問題有兩點：一是重於破而疏於立，即否定了司馬遷有天人感應思想，指出了司馬遷的天人觀是一元的，但其天人關係思想究竟是什麽，郎氏沒有給予一個總的最後的回答；二是郎氏在論證的過程中對一些凡例材料沒有給予恰當合理的說明。」（張秋升《天人糾葛與歷史運演——西漢儒家歷史觀研究》，齊魯書社，2003 年，第 123 頁）張秋升在郎寶如先生的基礎上，對司馬遷天人之際的眞含義作出了說明：「司馬遷的『究天人之際』特指探究天象運行與人事的關係，這種關係不是天象支配或預示人事吉凶災祥的關係，而是人依據天象制訂、改訂曆法，順應自然天道的關係。」其實，作者的這種論斷有些地方也是值得商榷的，如僅僅依據《天官書》與《太史公自序》中的「天人之際」的内涵來給出一個定論：司馬遷的「究天人之際」就是特指天象運行與人事的關係，然後再加以說明論證。這就帶有不全面性，作者只是考察現存《史記》中的「天人之際」這一短語的出現及其内涵，而沒有考察《漢書·司馬遷傳》所載司馬遷《報任安書》中所說「僕竊不遜，近自托於無能之辭，網羅天下放失舊聞，考之行事，稽其成敗興壞之理，凡百三十篇，亦欲以究天人之際，通古今之變，成一家之言」中的「究天人之際」，恰恰這裏的「究天人之際」是從全書的著述旨趣來說的，顯然它具有總論性質，可以概括全書的天人關係之探究，不僅僅是天象運行與人事的關係，還包括先秦以來的天人思想的遺存和當時影響甚大的董仲舒所創立的天人感應思想以及當時占星學家所宣揚的種種神秘的天人感應思想。而且，司馬遷的「天人之際」是否與他的天命觀是並列關係，尚存思考。既然「究天人之際、通古今之變、成一家之言」是一個聯繫的史學旨趣整體，那麽怎麽能截然把他「究天人之際」與他的天命觀分開來看，二者必將是統一的。如果分開看僅僅是一種後人分析方法的話，那麽二者之間有何關聯，作者並沒有說清楚。另外，作者僅僅依據司馬遷在《伯夷列傳》中對「天道無親，常與善人」的「控訴」（作

《史記‧太史公自序》曰:「星氣之書,多雜機祥,不經;推其文,考其應,不殊。比集論其行事,驗於軌度以次,作《天官書》第五。」這說明,司馬遷作《天官書》的宗旨,就是要反對星氣之書中的荒誕不經的神秘天人感應學說。

我們再看看司馬遷在《天官書》論贊中所體現出來的天人思想。在這大約 1500 字的論贊裏,司馬遷主要闡述了這麼幾個思想問題:

第一,論贊開頭就表明了司馬遷是贊成天地人相通、相聯繫的,而這裏的天則指客觀自然。自有人類開始,至五帝三王,未嘗不關注日月星辰,並與之發生關聯,「仰則觀象於天,俯則法類於地」則是他所謂天地相通、相感的思維方式。由此得出「天則有日月,地則有陰陽。天有五星,地有五行。天則有列宿,地則有州域」的天地對應。這是人們最初認識世界的一種體現。重要的是司馬遷較為理性地總結出天道變化的法則,「夫天運,三十歲一小變,百年中變,五百載大變;三大變一紀,三紀而大備:此其大數也。為國者必貴三五。上下各千歲,然後天人之際續備。」這「是把天人與古今結合為一體,顯示出宏觀把握歷史的理論勇氣」。〔註65〕班固在《漢書‧天文志》中也引用了司馬遷的認識,「夫天運三十歲一小變,百年中變,五百年大變,三大變一紀,三紀而大備,此其大數也。」但他去掉了《史記‧天官書》中「必貴三五」的神秘色彩,顯得更加理性。這些都是以簡單的時間對應關係來反映複雜的歷史變動規則,不無深刻性。

第二,司馬遷指出了西周末年以來的天變,眾說紛紜,沒有固定的法則可尋,因此孔子紀而不思,「幽厲以往,尚矣。所見天變,皆國殊窟穴,家占物怪,以合時應,其文圖籍機祥不法。是以孔子論六經,紀異而說不書。至天道命,不傳;傳其人,不待告;告非其人,雖言不著。」他認為春秋戰國以來的占星家言天變是有其社會根源的,「因以飢饉疾疫焦苦,臣主共憂患,其察機祥候星氣尤急」。這些占驗乃「凌雜米鹽」,祇是為了「因時務論其書傳」,當然就顯得附會不經。從這些占驗表面上看來,確實是「未有不先形見

者特意用此詞)來推出司馬遷是反對非天象與人事之間的天人感應,即董仲舒式的天人感應,顯然不能令人信服。作者的另一論斷是:司馬遷是反對天象與人事之間的天人感應的。這樣,在作者看來,司馬遷完全反對一切形式的天人感應了。這與司馬遷主張天象與人事相通的觀念是不相吻合的。因此,關於司馬遷的「究天人之際」仍需要作深入探討。

〔註65〕許殿才:《通變思想的理論特點》,《史學月刊》2004 年第 9 期。

而應隨之者也」，然而「推古天變，未有可考於今者」。這體現了司馬遷對神秘災異史觀的持疑與否定。

　　第三，通過對春秋以來天變的考察，他認為當今的一些所謂神秘的天人感應論是錯誤的。司馬遷依據自己的天文學知識，通古今與考行事，指出一些天體變化有自身的運行規則，無神秘可言，「余觀史記，考行事，百年之中，五星無出而不反逆行，反逆行，嘗盛大而變色；日月薄蝕，行南北有時：此其大度也」。統治者對這種天變的反應是：「日變脩德，月變省刑，星變結和。凡天變，過度乃占。國君彊大，有德者昌；弱小，飾詐者亡。太上脩德，其次脩政，其次脩救，其次脩禳，正下無之。」當然，一些天變與政事密切相關，如日月變化、風雲變幻，「此天之客氣，其發見亦有大運。然其與政事俯仰，最近人之符。」這多少表達了一種自然與人類社會互為一體的思想傾向。實際上，日月星辰、風雲雨雪，至今仍然與人事息息相關。因此，司馬遷要求天官者須「終始古今，深觀時變，察其精粗」，這樣天官的職責才算完成，「則天官備矣」。〔註66〕

　　正如白壽彝所分析的，「陰陽五行家是加以附會，他則保留；陰陽五行家認為日、月蝕與人事有關係，他則認為日、月蝕的出現有一定的時間。這是科學的見解。他認為天象有五宮，每宮都有它所屬的星宿。五宮也就是五個部位，是固定不變的，但有大小廣狹的不同。還有所謂『五星』，即金、木、水、火、土，它們『見伏有時』，到一定時候就能看見，而且經過的地方，運行軌道的長短，都有一定的度數。陰陽家則不然，他們只強調五星的出沒隱現各土什麼吉凶禍福。司馬遷懂得曆法，用當時所能掌握的科學知識，否定了陰陽家牽強附會的說法。」〔註67〕

　　司馬遷以實錄精神為出發點，反對占星家等神秘的自然化天人感應與董仲舒神意的天人感應說。他主張天象與人事相通，並不存在所謂的神秘感應，天象運行有自己的法則，人類應關注自身行為變動。可以說，董仲舒運用春秋公羊學，結合漢代社會自身特點，對究天人之際這一命題，作了形而上的理論思辨；而司馬遷則運用史學方法來對此問題作回答，體現出形而下的歷史意識與實錄精神。

　　司馬遷能有這樣的認識，與漢初歷史反思思潮所體現出來的理性動因論

---

〔註66〕以上均見《史記》卷二七《天官書》論贊。
〔註67〕白壽彝：《史記新論》，求實出版社，1981年，第23～24頁。

是有關聯的。陸賈通過考察三代歷史盛衰，認爲安危治亂成敗吉凶，都是人之自身善行與否造成的，與天道無關。他說：「安危之要，吉凶之符，一出於身；存亡之道，成敗之事，一起於善行；堯、舜不易日月而興，桀、紂不易星辰而亡，天道不改而人道易也。」所以，「世衰道失，非天之所爲也，乃君國者有以取之也」，〔註68〕這是陸賈究天人之際的最高成果。賈誼著《過秦論》，更是多層次多角度地總結秦亡漢興的變動，沒有談及天命這些神秘的變動因素。

漢初的思想家能有這樣的認識，一方面是由於漢初天人關係理論不健全，更爲重要的是他們都從秦亡漢興這一基本歷史事實出發，以探討社會治亂興衰爲著眼點，注重歷史考察，然後以此爲標準來綜合、吸收各家思想。陸賈雖有天人感應思想傾向，但他以人事本身爲根本出發點，因爲「他是一個常識家，而不是一個專門學者；他的積極性的主張，不是和一般思想家那樣，由自己的思想所導出，出自自己思想的要求，而主要是從秦何以會亡得這樣快的事實，反省出來的。秦亡的事實，是他親聞親見的事實。他所說的秦何以亡的原因，是得自親聞親見所歸納出的原因；而不是光有一套仁義的理想框套，再把秦亡的事實，納入在自己理想框套中去，加以剪裁，判斷出來的結論」。〔註69〕賈誼雖然在少年時代就「頗通諸子百家之書」，〔註70〕有了思想家的特徵，但他仍以秦亡的歷史經驗與教訓的總結爲判斷標準的，即「他的這一思考，是從秦政建立了此種政治形態後，何以便二世而亡的這一切近的歷史教訓開其端。並且這也是他對諸子百家在思想上選擇的標準。」〔註71〕

漢初開創的這一理性解釋社會歷史變動之因的傳統，一直貫穿於兩漢始終，對漢代歷史理論產生了重大影響與作用，儘管時常受到神秘的陰陽五行思想所影響。漢初「過秦」思潮所體現出來的歷史考察這一經驗與方法，則爲司馬遷「究天人之際」，認識秦亡漢興這一歷史劇變提供了直接的思想土壤。正如陳其泰所指出的，「西漢初賈誼著有史論名篇《過秦論》，東漢初王

---

〔註68〕以上均見《新語・明誡》。王利器注引唐晏曰：「《荀子》：『天道有常，不爲堯存，不爲桀亡。』陸生之所本。」并案：《荀子・天論》篇：「天行有常，不爲堯存，不爲桀亡。」又曰：「治亂，天邪？曰：日月星辰瑞曆，是禹、桀之所同也，禹以治，桀以亂，治亂非天也。」

〔註69〕徐復觀：《兩漢思想史》第二卷，華東師範大學出版社，2001年，第61頁。

〔註70〕《史記》卷八四《屈原賈生列傳》。

〔註71〕徐復觀：《兩漢思想史》第二卷，華東師範大學出版社，2001年，第77頁。

充的名著《論衡》中有《宣漢篇》，他們提出的『過秦』和『宣漢』，乃是一代史學家、政治家和思想家共同關心的課題，是兩漢社會時代精神之體現。這兩個命題的提出和解決，推動了漢代社會走向強盛，也推動了史學自身取得巨大進步。」〔註72〕

　　司馬遷以實錄精神來探究天人關係，尋找自然與社會自身變化法則，也與他的史家身份有關。無論是思想家，還是史學家，都關注社會治亂盛衰問題，特別是秦亡漢興這一現實社會問題。只不過，一些思想家與史學家表現出一定的方法論差異，「道德家、哲學家多先以一固定價值標準去選擇歷史；而偉大史學家的心靈，則係以歷史的自身，爲價值的基點，在此一基點上進一步作『興壞之端』的探求判斷」。〔註73〕董仲舒的天人感應學說，與司馬遷的「究天人之際」，就是這方面很好的說明。可以說，司馬遷「究天人之際」而成「一家之言」，是其自覺史學意識和史觀責任角色的雙重體現，這在其天人關係思考中佔據主導位置，從而使得他對社會歷史變動所作出的解釋以及體現出來的人文特徵更爲具體，表現出與其老師董仲舒不同的歷史解釋風格。

## 五、元氣物質化的天人關係

　　東漢以王充、王符、仲長統〔註74〕爲代表的思想家，構建起以元氣論爲

---

〔註72〕陳其泰：《史學與中國傳統文化》，學苑出版社，1999年，第76頁。

〔註73〕徐復觀：《兩漢思想史》第三卷，華東師範大學出版社，2001年，第213～214頁。

〔註74〕需要說明的是，史學家范曄在《後漢書》中把王充、王符、仲長統列爲一傳，與他們探討天人關係方面的共同性似乎沒有多大關係。從范曄對三人的評價與對其所著述的略載標準，就可以看出這一點。《後漢書》是這樣記述的：「充好論說，始若詭異，終有理實。以爲俗儒守文，多失其真，乃閉門潛思，絕慶弔之禮，戶牖牆壁各置刀筆。著《論衡》八十五篇，二十餘萬言，釋物類同異，正時俗嫌疑」、「而符獨耿介不同於俗，……以譏當時失得，不欲章顯其名，故號曰《潛夫論》。其指訐時短，討讁物情，足以觀見當時風政，著其五篇云爾」、「（仲長統）每論說古今及時俗行事，恒發憤歎息。因著論名曰《昌言》，凡三十四篇，十餘萬言。……今簡撮其書有益政者，略載之云。」可以看出，范曄對王充的《論衡》沒有載錄，而對王符、仲長統也只是載錄有益於政的幾篇。但對他們書中的天人關係認識方面的內容，則幾乎沒有載錄。很明顯，范曄是關注他們三人對當時風俗與政治的批判。再從《後漢書》所載仲長統《昌言》之內容與《群書治要》引《昌言》九段文字的不同，也可說明這一點。《後漢書》所載「三篇」爲「理亂篇」、「損益篇」、「法誡篇」；而《群書治要》雖未標明篇目，據侯外廬考察，似屬「德教篇」、「壽考篇」、

基礎的理性天人關係論，對神秘天人感應論作了更爲深入的批判。與史學家司馬遷相比，他們之間既有共性，又有不同。司馬遷是從歷史上來考察「天人之際」，而王充等人則主要是以哲學家的抽象思辨爲理論批判方式，當然也有對歷史知識的運用。共同點，則是他們都對神秘天人感應論作積極而努力的批判，表現出樸素唯物主義的特點，只不過程度不同而已。

王充提出「天道自然」這一重要理論，通過對天的性質作唯物主義因素的說明，反駁神秘天人感應理論的天有意志這一根本前提。《論衡·談天篇》：「天地，含氣之自然也，從始立以來，年歲甚多，則天地相去，廣狹遠近，不可復計。儒書之言，殆有所見。然其言觸不周山而折天柱，絕地維，銷煉五石補蒼天，斷鼇之足以立四極，猶爲虛也。」再如「天動不欲以生物，而物自生，此則自然也。施氣不欲爲物，而物自爲，此則無爲也。謂天自然無爲者何？氣也。」〔註 75〕他通過「天地合氣，萬物自生」〔註 76〕的道理，說明絕不是「天地故生人」、「天地故生萬物」。〔註 77〕這樣，王充就爲其理性天人關係學說奠定了牢固的理論基石。

正因天地運行乃自然變化，故儒家所宣揚的夫婦之道取法天地，是沒有根據的。《論衡·自然篇》：「儒家說夫婦之道，取法於天地。知夫婦法天地，不知推夫婦之道，以論天地之性，可謂惑矣。夫天覆於上，地偃於下，下氣烝上，上氣降下，萬物自生其中間矣。」

既然天毫無神秘的意志，當然不會感應人的善惡，《論衡·變虛篇》：「夫天，體也，與地無異。諸有體者，耳咸附於首。體與耳殊，未之有也。天之去人，高數萬里，使耳附天，聽數萬里之語，弗能聞也。人坐樓臺之上，察地之螻蟻，尚不見其體，安能聞其聲？……謂天聞人言，隨善惡爲吉凶，誤矣。四夷入諸夏，因譯而通。同形均氣，語不相曉。雖五帝三王，不能去譯獨曉四夷，況天與人異體，音與人殊乎？人不曉天所爲，天安能知人所行？使天體乎？耳高，不能聞人言；使天氣乎？氣若雲煙，安能聽人辭？」這就很好地「以樸素的氣化論揭去了災異論的神秘面紗」〔註 78〕，有力地駁斥了神學天人感應目的論，顯示出樸素唯物主義精神。

---

「君臣篇」、「天道篇」。這裏最大差異，就是對「天道篇」有無記載。
〔註 75〕《論衡·自然篇》。
〔註 76〕《論衡·自然篇》。
〔註 77〕《論衡·物勢篇》。
〔註 78〕汪高鑫：《中國史學思想通史》（秦漢卷），黃山書社，2002 年，第 375 頁。

　　他對當時盛行的君權神授思想和讖緯符應之說也作了一系列批判，具有鮮明的理論勇氣。如他對「儒者稱聖人之生，不因人氣，更稟精於天」這一異說作了分析，得出：「如實論之，虛妄言也。」〔註79〕天地之間，不同類之物是不能相感的，「天地之間，異類之物相與交接，未之有也。」〔註80〕特別是他對當時流行的劉邦母親與龍交感而生劉邦的傳說，進行了大膽的質疑與批駁，表現出非凡的卓識與膽識。《論衡・奇怪篇》又載曰：「黃帝、帝嚳、帝顓頊、帝舜之母，何所受氣？文王、武王、周公、孔子之母，何所感吞？……夫如是，言聖人更稟氣於天，母有感吞者，虛妄之言也。」

　　他運用天道自然這一樸素唯物主義認識論，對先秦以來盛行的譴告說作了批判，「譴告於天道尤詭，故重論之」。〔註81〕他說：「夫天道，自然也，無為。如譴告人，是有為，非自然也。」〔註82〕他進一步以淺顯的科學常識來說明災異譴告不可信，「夫國之有災異也，猶家人之有變怪也。有災異，謂天譴告人君；有變怪，天復譴告家人乎？家人既明，人之身中，亦將可以喻。身中病，猶天有災異也。血脈不調，人生疾病；風氣不和，歲生災異。災異謂天譴告國政，疾病天復譴告人乎？」〔註83〕他還運用天文學知識，對日食月食與統治者失德、失道的感應論，也作了批判。《論衡・治期篇》：「在天之變，日月薄蝕。四十二月日一食，五六月月亦一食。食有常數，不在政治。百變千災，皆同一狀，未必人君政教所致。」

　　值得注意的是，王充還對譴告說的根源作出了思考與理論說明。《論衡・譴告篇》：「六經之文，聖人之語，動言天者，欲化無道，懼愚者。之言非獨吾心，亦天意也。及其言天，猶以人心，非謂上天蒼蒼之體也。變復之家，見誣言天，災異時至，則生譴告之言矣。……上天之心，在聖人之胸，及其譴告，在聖人之口。不信聖人之言，反然災異之氣，求索上天之意，何其遠哉？」就漢代而言，象王充這樣從理論上、事實上系統地、科學地對神秘天人感應論展開一系列批判，恐怕並不多見。

　　思想家王符從宇宙本源來探討天乃「氣」，即「元氣」化生陰陽，陰陽生天地，天地和氣生人，人統理天地萬物。《潛夫論・本訓》：「上古之世，太素

---

〔註79〕《論衡・奇怪篇》。
〔註80〕《論衡・奇怪篇》。
〔註81〕《論衡・自然篇》。
〔註82〕《論衡・譴告篇》。
〔註83〕《論衡・譴告篇》。

之時，元氣窈冥，未有形兆，萬精合并，混而為一，莫制莫御。若斯久之，翻然自化，清濁分別，變成陰陽。陰陽有體，實生兩儀，天地壹郁，萬物化淳，和氣生人，以統理之。」這是一個非常嚴密的時空宇宙生成觀，形成了天、地、人的三位一體結構。

他不但認為「元氣」是萬物發生的根源，而且把「元氣」看作物質運動的基本力量。《潛夫論·本訓》:「天之以動，地之以靜，日之以光，月之以明，四時五行，鬼神人民，億兆醜類，變異吉凶，何非氣然？及其乖戾，天之尊也氣裂之，地之大也氣動之，山之重也氣徙之，水之流也氣絕之，日月神也氣蝕之，星辰虛也氣隕之。……莫不氣之所為也。」這說明，所有一切變動都是「元氣」所造成的。不過在他看來，這個「氣」祇是一個執行者，而它的根則在於「道」。他論道:「是故道德之用，莫大於氣。道者，氣之根也。氣者，道之使也。必有其根，其氣乃生；必有其使，變化乃成。」〔註 84〕與王充相比，這多少有些遜色。

「天道曰施，地道曰化，人道曰為」〔註 85〕這一認識，則是他的重要理論貢獻。這可釋為:「天之作用，如風霜雨露，滋潤大地，日月星辰，普照寰宇，都是一種『施惠』的表現。地之作用，如土壤田園，長養植物，川澤山野，涵育動物，都是一種『化育』的表現。人之作用，則在輔相天地，將天施地化之作用，廣為推動，以發揮積極主動之功能，進而統御萬物，宰制萬物，以謀求宇宙間的生生不息，積健不已，以完成『三才』的大用，這便是一種『作為』的表現。」〔註 86〕

王符依據「原本天人，參連相因」〔註 87〕的思想，認為在天、地、人三位一體結構中，人的作用與地位是最為突出的。人在天地人三道參合中起中和的作用，「是故天本諸陽，地本諸陰，人本中和。三才異務，相待而成，各循其道，和氣乃臻，機衡乃平。」〔註 88〕天地人三者各循其道，天本陽，地本陰，而人本陰陽之中和，但又相須而成，這樣才會出現和氣，萬物萬事才能和諧生存。因此，人在宇宙中的位置就是:「天呈其兆，人序其勳，《書》

---

〔註 84〕 《潛夫論·本訓》。
〔註 85〕 《潛夫論·本訓》。
〔註 86〕 胡楚生:《王符思想中的基本觀念「人道曰為」之解析》，轉引自黃盛雄:《王符思想研究》，(中國臺北) 文史哲出版社，1982 年，第 73 頁。
〔註 87〕 《潛夫論·敘錄》。
〔註 88〕 《潛夫論·本訓》。

故曰:『天功人其代之』。」〔註89〕這一點與班固的認識是一致的。

　　儘管王符思想中,保留了鬼神觀念,形式上有二元論傾向,在批判上也沒有王充尖銳;但他總能從人類的道德觀來補救其理論體系的矛盾。〔註90〕而且他「人道曰爲」之認識,「格外強調人道,賦予人道更積極、更主動的意義,一個『爲』字,實兼攝了天道與地道的精神,只有人道的『爲』才使三才的大用得以發揮。以往是藉天道以言人道,尚隔一層煙霧,如今是正面、直接談人道的價值,天道、地道反成虛位。『人道曰爲』一觀念之提出,實是天人思想之一大突破。」〔註91〕

　　思想家仲長統的天道觀「比王充、王符要更進步」,〔註92〕明確提出「人事爲本,天道爲末」〔註93〕的天人關係論。這就人事在社會歷史中的主體地位給予了明確說明與論證,標誌著兩漢時期以人爲本這一天人關係思想成就的最高峰,這也是漢代進步學人對歷史變動之因的根本性回答。

　　仲長統力主駁斥與強烈反對神秘天人感應與自然之符、吉凶之驗。他說:「唯人事之盡耳,無『天道』之學焉!然則王天下,作大臣者,不待於知『天道』矣。所貴乎用『天之道』者,則指星辰以授民事,順四時而興功業;其大略吉凶之祥,又何取焉?故知天道而無人略者,是巫醫卜祝之伍,下愚不齒之民也;信『天道』而背人事者,是昏亂迷惑之主,復國亡家之臣也!」〔註94〕這裏的「天道」與「天之道」,正是仲長統思想中的閃光點。他明確認識到「天道」這一神秘感應學說的荒謬,而「天之道」這一自然規律對於人們生產、生活的重要。可以說,「他的惟盡人事不守『天道』的命題,在漢代是破天荒的卓見。」〔註95〕

## 六、人力與歷史變動

　　兩漢時期,在探討「天人關係」與社會歷史變動時,已體現出重人事的導向。沿著重人事的路子,兩漢學者從各個角度來努力探索人爲在社會歷史

---

〔註89〕　《潛夫論‧本訓》。
〔註90〕　侯外廬主編:《中國思想通史》第二卷,人民出版社,1957年,第428頁。
〔註91〕　黃盛雄:《王符思想研究》,(中國臺北)文史哲出版社,1982年,第73～74頁。
〔註92〕　侯外廬主編:《中國思想通史》第二卷,人民出版社,1957年,第442頁。
〔註93〕　《群書治要》引《昌言》佚篇,中華書局,1985年。
〔註94〕　《群書治要》引《昌言》佚篇。
〔註95〕　侯外廬主編:《中國思想通史》第二卷,人民出版社,1957年,第443頁。

變動中的表現，努力突出人謀、人事在歷史變動中的重要地位與作用，為以人為本這一思想成果注入新鮮血液與活力。

司馬遷對人謀在社會歷史重大變動中所產生與發揮的作用，給予高度重視與明確指出。如對陳涉首事之功的肯定，「陳勝雖已死，其所置遣侯王將相竟亡秦，由涉首事也。」〔註96〕借高祖劉邦之言，對人謀因素在漢興中的重要性給予了明確說明，「夫運籌策帷帳之中，決勝於千里之外，吾不如子房。鎮國家，撫百姓，給餽饟，不絕糧道，吾不如蕭何。連百萬之軍，戰必勝，攻必取，吾不如韓信。此三者，皆人傑也，吾能用之，此吾所以取天下也。項羽有一范增而不能用，此其所以為我擒也。」〔註97〕司馬遷記載蕭何、曹參、張良等這些功臣的進計獻策，贊揚劉敬定都關中之策，乃「建萬世之安」，〔註98〕論周勃「匡國家難，復之乎正」〔註99〕的重大歷史功績，這樣的事例很多。他之所以更多地記載劉邦重人任賢和群臣盡職顯能的事迹，就是為了突顯人力在秦亡漢興這一歷史劇變中的重大作用。

又如《史記‧孝景本紀‧後論》曰：「漢興，孝文施大德，天下懷安。至孝景，不復憂異姓，而晁錯刻削諸侯，遂使七國俱起，合從而西鄉，以諸侯太盛，而錯為之不以漸也。及主父偃言之，而諸侯以弱，卒以安。安危之機，豈不以謀哉？」這裏雖對晁錯的評價有待探討，但他明確道出了人謀對於社會安危的重要性，這一點是不容置疑的。

司馬遷對此也有理論總結，他在《史記‧楚元王世家》後論中說道：「國之將興，必有禎祥，君子用而小人退。國之將亡，賢人隱，亂臣貴。……甚矣，『安危在出令，存亡在所任』，誠哉是言也！」這是從秦亡漢興歷史經驗教訓中總結出來的變理，充分展示了司馬遷對任賢與國家興亡有著密切關係的深刻認識。

同時，他也對人為在社會變動中的作用進行了具體分析，認為並不是一切的人謀都能對歷史進程產生積極作用，有的恰恰相反。他引用賈誼《過秦論》對秦二世任用趙高為相，以及趙高的指鹿為馬的陰險謀劃進行了強烈的批判，指出這是導致秦亡的一個不可忽視的因素。這說明，不僅善是推動社會歷史變動的重要因素，惡同樣是社會歷史變動的因素。這一點，司馬遷未

---

〔註96〕 《史記》卷四八《陳涉世家》。
〔註97〕 《史記》卷八《高祖本紀》。
〔註98〕 《史記》卷九九《劉敬叔孫通列傳》後論。
〔註99〕 《史記》卷五七《絳侯周勃世家》後論。

必有自覺意識，但却有客觀體現。

可以說，「司馬遷關於人在歷史進程中的作用，繼承和發展了先秦時期的人本主義思想的萌芽和傳統，大大豐富了對於人自身的力量、智慧、作用的認識。從這個意義上說，《史記》一書是歷史之成爲人的歷史、史學之成爲史家對於歷史的理性認識的標誌。這一點，對中國古代後來的史學有重大的影響，成爲中國史學的一個優良傳統。」〔註100〕

班固繼承了這一史學傳統，並專就西漢皇朝歷史進行總結，彰顯人力在社會歷史變動中的重要位置。

班固在《漢書》中對劉邦興漢這一歷史變動，儘管作了「漢承堯運」的解釋，但他充分關注劉邦任賢使能與群臣積極發揮智慧的表現。他說道：「高祖不修文學，而性明達，好謀，能聽，自監門戍卒，見之如舊。初順民心作三章之約。天下既定，命蕭何次律令，韓信申軍法，張蒼定章程，叔孫通製禮儀，陸賈造《新語》。又與功臣剖符作誓，丹書鐵契，金匱石室，藏之宗廟。雖日不暇給，規摹弘遠矣。」他又引當時羣臣言：「帝起細微，撥亂世反之正，平定天下，爲漢太祖，功最高。」〔註101〕他也對劉邦總結歷史、大談用人敗楚的話語進行了記載，這是對司馬遷思想的直接繼承。

更爲重要的是，班固對西漢一代歷史盛衰作了以人（當然主要是以帝王爲中心）爲中心的評述。《漢書‧景帝紀》贊曰：「漢興，掃除煩苛，與民休息。至於孝文，加之以恭儉，孝景遵業，五六十載之間，至於移風易俗，黎民醇厚。周云成、康，漢言文、景，美矣！」武帝大膽進行改革，「卓然罷黜百家，表章《六經》。遂疇咨海內，舉其俊茂，與之立功。興太學，修郊祀，改正朔，定曆數，協音律，作詩樂，建封禪，禮百神，紹周後，號令文章，煥焉可述。後嗣得遵洪業，而有三代之風。如武帝之雄材大略，不改文、景之恭儉以濟斯民，雖《詩》、《書》所稱何有加焉！」〔註102〕這說明，班固對於西漢盛世的評述，完全是以人力與社會的關係爲立足點的。他對西漢衰落的記述同樣具有這樣的特色，「而上牽制文義，優游不斷，孝宣之業衰焉」〔註103〕、「然湛於酒色，趙氏亂內，外家擅朝」〔註104〕、「至乎變異見於上，民怨於下，莽亦不能文也。」

〔註100〕瞿林東：《中國簡明史學史》，上海人民出版社，2005年，第241頁。

〔註101〕《漢書》卷一《高帝紀下》。

〔註102〕《漢書》卷六《武帝紀》贊。

〔註103〕《漢書》卷九《元帝紀》贊。

〔註104〕《漢書》卷一〇《成帝紀》贊。

〔註105〕

　　班固也贊揚西漢一些群臣對漢興盛的歷史功績。如蕭何、曹參，「天下既定，因民之疾秦法，順流與之更始，二人同心，遂安海內」；〔註106〕張良，劉邦「常用其策」，記錄了張良九次立功的歷史事實，「高祖數離困阨，良常有力，豈可謂非天乎！」；陳平所言「臣進奇謀之士，顧其計誠足以利國家耳」，更是道破了人謀的作用，「及呂太后崩，平與太尉勃合謀，卒誅諸呂，立文帝，平本謀也」；周勃「匡國家難，誅諸呂，立孝文，爲漢伊、周，何其盛也！」；〔註107〕「及誅呂氏，立孝文，賈頗有力」；「劉敬脫輓輅而建金城之安，叔孫通舍枹鼓而立一王之儀」〔註108〕等等。同時，他也充分肯定輔政大臣霍光「處廢置之際，臨大節而不可奪，遂匡國家，安社稷。擁昭立宣，光爲師保，雖周公、阿衡，何以加此！」〔註109〕的安定社稷之功勞；表揚那些爲開發西域，爲民族融合做出重大貢獻的志士英雄，「張騫始通西域，至于地節，鄭吉建都護之號，訖王莽世，凡十八人，皆以勇略選，然其有功迹者具此」〔註110〕；認眞總結爲漢匈關係作出積極努力的群臣，「故自漢興，忠言嘉謀之臣曷嘗不運籌策相與爭於廟堂之上乎？高祖時則劉敬，呂后時樊噲、季布，孝文時賈誼、朝錯，孝武時王恢、韓安國、朱買臣、公孫弘、董仲舒。」〔註111〕

　　這些評述都體現了《漢書》在敍述社會歷史變動中以人爲中心的人本主義史學傳統。這些都不是關乎他們個人的命運得失問題，而是記述與國家興亡息息相關的事迹，「所與從容言天下事甚衆，非天下所以存亡，故不著。」〔註112〕《漢書・公孫弘卜式兒寬傳》贊對此作了總結：

　　　　漢之得人，於茲爲盛。儒雅則公孫弘、董仲舒、兒寬，篤行則石建、
　　　　石慶，質直則汲黯、卜式，推賢則韓安國、鄭當時，定令則趙禹、
　　　　張湯，文章則司馬遷、相如，滑稽則東方朔、枚皋，應對則嚴助、
　　　　朱買臣，曆數則唐都、洛下閎，協律則李延年，運籌則桑弘羊，奉
　　　　使則張騫、蘇武，將率則衛青、霍去病，受遺則霍光、金日磾，其

〔註105〕《漢書》卷一二《平帝紀》贊。
〔註106〕《漢書》卷三九《蕭何曹參傳》贊。
〔註107〕《漢書》卷四〇《張陳王周傳》。
〔註108〕《漢書》卷四三《酈陸朱劉叔孫傳》。
〔註109〕《漢書》卷六八《霍光金日磾傳》贊。
〔註110〕《漢書》卷七〇《傅常鄭甘陳段傳》贊。
〔註111〕《漢書》卷九四下《匈奴傳下》贊。
〔註112〕《漢書》卷四〇《張陳王周傳》。

餘不可勝紀。是以興造功業，制度遺文，後世莫及。孝宣承統，纂
修洪業，亦講論六藝，招選茂異，而蕭望之、梁丘賀、夏侯勝、韋
玄成、嚴彭祖、尹更始以儒術進，劉向、王褒以文章顯，將相則張
安世、趙充國、魏相、丙吉、于定國、杜延年，治民則黃霸、王成、
龔遂、鄭弘、召信臣、韓延壽、尹翁歸、趙廣漢、嚴延年、張敞之
屬，皆有功迹見述於世。

這是把對西漢盛世的描述與人才各儘其能的盛況緊密聯繫起來，進一步凸現
班固歷史理論中人本主義的史學傳統，比之司馬遷更爲集中。

班固在《漢書》中，記錄了大量關於任賢使能與國家盛衰存亡的關係論
述，這在一定程度上也反映了他的這種認識。如借晁錯之語肯定「古之賢主
莫不求賢以爲輔翼」〔註113〕的道理，借賈山之言認識到「周之所以興也」是
由於「文王之時，豪俊之士皆得竭其智，芻蕘採薪之人皆得儘其力。」〔註114〕
再如借一些人之語，認識到賢士對國家存亡息息相關，「夫賢者，國家之器用
也」〔註115〕、「得士者彊，失士者亡」〔註116〕、「士者，國之重器；得士則重，
失士則輕」〔註117〕、「百萬之衆，不如一賢」〔註118〕等等。

除了《史記》、《漢書》這些重要史學著作中所反映出重人事的傳統外，
兩漢時期還有諸多思想著作關於任賢與國家存亡關係的理論論述，劉向就是
一個典型代表。

劉向對任賢與國家存亡這個關係問題，作了更爲全面的論述。他對三代
以來的歷史進行總結，強調任賢對於國家興亡的重要，說明人在歷史變動中
扮演了十分重要的角色。《新序‧雜事二》曰：「昔者，唐、虞崇舉九賢，布
之於位，而海內大康，要荒來賓，麟鳳在郊。商湯用伊尹，而文、武用太公、
閎夭，成王任周、邵，而海內大治，越裳重譯，祥瑞並降，遂安千載，皆由
任賢之功也。無賢臣，雖五帝三王，不能以興。」〔註119〕即使所謂的「無所
不能」的聖人也得靠賢臣來輔佐，才能使國家興盛和社會安定。這對於一些

---

〔註113〕《漢書》卷四九《晁錯傳》。
〔註114〕《漢書》卷五一《賈山傳》。
〔註115〕《漢書》卷六四《王褒傳》載王褒言。
〔註116〕《漢書》卷六五《東方朔傳》載東方朔言。
〔註117〕《漢書》卷六七《梅福傳》載梅福言。
〔註118〕《漢書》卷八二《王商師丹傅喜傳》載大司空何武、尚書令唐林言。
〔註119〕均引自劉向編著，石光瑛校釋，陳新整理《新序校釋》，中華書局，2001年。

人始終對五帝三王個人神化的崇拜是一個不小的衝擊。

他還列舉了大量春秋戰國時期各諸侯國任賢與其得失成敗的事例，從正反兩個方面給予總結：

> 齊桓公得管仲，有霸諸侯之榮；失管仲，而有危亂之辱。虞不用百里奚而亡，秦繆公用之而霸。楚不用伍子胥而破，吳王闔廬用之而霸。夫差非徒不用子胥也，又殺之，而國卒以亡。燕昭王用樂毅，推弱燕之兵，破彊齊之讎，屠七十城，而惠王廢樂毅，更代以騎劫，兵立破，亡七十餘城。此父用之，子不用，其事可見也。故闔廬用子胥以興，夫差殺之而以亡，昭王用樂毅以勝，惠王逐之而敗。此的的然若白黑也。〔註120〕

秦漢歷史也是如此，「秦不用叔孫通，項王不用陳平、韓信，而皆滅，漢用之而大興。此未遠也。夫失賢者其禍如彼，用賢者其福如此。」〔註121〕

劉向進一步探討那些任賢爲輔而國家仍然滅亡的深層原因。他認爲這是「賢者不賢也」，「人君莫不求賢以自輔，然而國以亂亡者，所謂賢者不賢也」。具體來說是指，「或使賢者爲之，與不肖者議之，使智者圖之，與愚者謀之。不肖嫉賢，愚者嫉智，是賢者之所以隔蔽也，所以千載不合者也。或不肯用賢，或用賢而不能久也，或久而不能終也；或不肖子廢賢父之忠臣，其禍敗難一二錄也，然其要在於己不明而聽眾口也。」〔註122〕這進一步指出任賢而賢者實際上並沒有發揮作用，原因是人君沒有獨斷之行，自身不明而聽信他人，使得佞人排擠賢臣。不過，劉向也認識到，輿論對人的判斷影響太大了，正所謂「眾口鑠金，積毀銷骨」，〔註123〕他舉了大量例子來說明這一點。

劉向在其著作中還列有《善謀上》與《善謀下》兩篇，專門來探討人謀在歷史社會變動中的重要位置。他認爲，「晉文公之命是也，卒成霸道，狐偃之謀也」；吳敗楚而稱霸，「子胥之謀也」；「秦日益彊富厚而制諸侯，司馬錯之謀也。」從秦孝公任用商鞅而遂霸西戎，但商鞅卻車裂而死的歷史教訓中，劉向認識到善謀乃仁恩之謀，「三代積德而王，齊桓繼絕而伯，秦、項嚴暴而亡，漢王垂仁而帝。故仁恩，謀之本也。」〔註124〕劉邦先入咸陽，「陳恢之謀

---

〔註120〕 《新序·雜事二》。
〔註121〕 《新序·雜事二》。
〔註122〕 《新序·雜事二》
〔註123〕 《新序·雜事二》。
〔註124〕 《新序·善謀上》。

也」、「定帝業，韓信之謀也」、「以破吳、楚，皆酈生之謀也」、「還倍畔之心，銷邪逆之謀，使國家安寧，累世無患者，張子房之謀也」、「國以永安，婁敬、張子房之謀也」、「國家以甯，繼嗣以定，從韓安國之本謀也」、「諸侯王遂以弱，而合從之事絕矣，主父偃之謀也。」〔註125〕

　　劉向所有這些認識，都是從具體的歷史事實中總結出來的經驗性、原理性認識結論，因此屬於歷史理論範疇。而且，他往往把這看作具有一定的普遍意義，如「國家之任賢而吉，任不肖而凶，案往世而視已事，其必然也如合符，此爲人君者不可以不愼也。」〔註126〕

　　除了劉向的理論分析外，還有諸如賈誼、王符等思想家對仁賢與國家存亡之關係提出了重要見識。

　　漢初思想家賈誼通過總結秦亡漢興的歷史經驗與教訓，得出「無賢佐俊士，能成功立名，安危繼絕者，未之有也。……故無常安之國，無宜治之民，得賢者顯昌，失賢者危亡。自古及今，未有不然者也。」〔註127〕這也是把任賢與否關係國家存亡盛衰看作一條古今普遍適用的歷史法則。

　　東漢末年王符對此也有所認識，《潛夫論・潛歎》曰：「凡有國之君，未嘗不欲治也，而治不世見者，所任不賢故也。世未嘗無賢也，而賢不得用者，羣臣妬也。主有索賢之心，而無得賢之術，臣有進賢之名，而無進賢之實，此以人君孤危於上，而道獨抑於下也。」又《潛夫論・實貢》曰：「國以賢興，以諂衰，君以忠安，以忌危。此古今之常論，而世所共知也。」這些都是基於總結殷商、秦亡的經驗教訓而得出來的重要認識。

　　上述在探討社會歷史變動中所體現出來的重人事的理論論述，不僅豐富了兩漢史學，而且對於兩漢政治、文化等有著重要的現實作用與借鑒價值，對後世也不無啓示與範式之意義。

## 七、時勢與社會歷史變動

　　歷史形勢的發展、歷史趨勢的要求、民心所嚮的渴望等，都是歷史發生變化、社會出現劇變的重要條件。就漢代來說，諸如「時勢」、「天時」、「命時」、「時」或「勢」、「天」等，都是對這些因素的表達。這是漢代「究天人

---

〔註125〕《新序・善謀下》。
〔註126〕《説苑・尊賢》。
〔註127〕《新書・胎教》。

之際」的深層思考。

總的來看，漢代人對時勢與歷史變動的認識，體現出深入性特點，主要有以下幾個方面：

第一，他們不僅對秦亡漢興這一歷史變動本身作出時勢作用的說明，而且還把此看作一種具有普遍意義的法理。武帝時期徐樂所提出的「天下之患在於土崩，不在瓦解，古今一也」，〔註128〕就是典型體現。

何謂「土崩」？徐樂曰：「秦之末世是也。陳涉無千乘之尊，尺土之地，身非王公大人名族之後，無鄉曲之譽，非有孔、曾、墨子之賢，陶朱、猗頓之富也，然起窮巷，奮棘矜，偏袒大呼，天下從風，此其故何也？由民困而主不恤，下怨而上不知，俗已亂而政不修，此三者陳涉之所以為資也。此之謂土崩。故曰天下之患在於土崩。」這就是說，如果統治者不順應民心，社會風氣不正，社會最大眾、最地層的民就會發生動搖，這些到了一定時刻，就成為一種不可逆轉的客觀趨勢，國家政權也就無法存在下去了。秦二世之時的情況正體現了這一點。

何謂瓦解？他也作了說明：「吳、楚、齊、趙之兵是也。七國謀為大逆，號皆稱萬乘之君，帶甲數十萬，威足以嚴其境內，財足以勸其士民，然不能西攘尺寸之地，而身為禽於中原者，此其故何也？非權輕於匹夫而兵弱於陳涉也，當是之時先帝之德未衰，而安土樂俗之民眾，故諸侯無竟外之助。此之謂瓦解。故曰天下之患不在瓦解。」這是從另一個角度再次強調民心嚮背的重要性。

吳、楚等七國叛亂，雖然在軍事力量、經濟實力等方面都遠遠超越陳涉，但無法動搖西漢皇朝的一統天下，反而被身禽而亡。緣由就是這時社會安定、民眾安樂，任何違背這一時勢的行為，是不會成功的。因此，「天下誠有土崩之勢，雖布衣窮處之士或首難而危海內，陳涉是也。況三晉之君或存乎？天下雖未治也，誠能無土崩之勢，雖有彊國勁兵，不得還踵而身為禽，吳、楚是也。況群臣百姓，能為亂乎？此二體者，安危之明要，賢主所留意而深察也。」〔註129〕

徐樂的這一歷史思考，「是對賈誼《過秦論》中民心嚮背的論點作了更具體的發揮，也為後人觀察社會動向提供了有價值的思想資料。」〔註130〕

---

〔註128〕《漢書》卷六四上《徐樂傳》。
〔註129〕以上均見《漢書》卷六四上《徐樂傳》。
〔註130〕陳其泰：《史學與中國文化傳統》，學苑出版社，1999年，第82頁。

第二，是從更廣闊的歷史視野與社會視野來看待時勢、民心問題。如武帝時期的嚴安就是從廣泛的歷史事實當中來看待時勢、民心與社會歷史盛衰興亡的關係。他說道：「臣聞周有天下，其治三百餘歲，成、康其隆也，刑錯四十餘年而不用。及其衰，亦三百餘年，故五伯更起。……五伯既沒，賢聖莫續，天子孤弱，號令不行。諸侯恣行，彊陵弱，衆暴寡。田常篡齊，六卿分晉，並爲戰國，此民之始苦也。於是彊國務攻，弱國修守，合從連衡，馳車轂擊，介冑生蟣蝨，民無所告愬。及至秦王，蠶食天下，并吞戰國，稱號曰皇帝，一海內之政，壞諸侯之城。……元元黎民得免於戰國，逢明天子，人人自以爲更生。鄉使秦緩刑罰，薄賦斂，省繇役，貴仁義，賤權利，上篤厚，下佞巧，變風易俗，化於海內，則世世必安矣。」而「秦不行是風，循其故俗……行十餘年，丁男被甲，丁女轉輸，苦不聊生，自經於道樹，死者相望。及秦皇帝崩，天下大畔。」陳勝等「應時而動，不謀而俱起，不約而同會，壤長地進，至於伯王，時教使然也。」所以得出，「故周失之弱，秦失之彊，不變之患也。」〔註 131〕這與他開篇即引鄒衍言「政教文質者，所以云救也，當時則用，過則舍之，有易則易之，故守一而不變者，未睹治之至也」〔註 132〕，是一致的。這一社會風氣而發，強調導民、愛民的重要性與必要性。這不僅把所探求的範圍擴展至周、秦、漢這段更長的歷史時期，而且還把時勢動因與通變思想相結合，從而對時勢與社會歷史變動作更深入認識。

第三，把時勢與其他因素相融合，來看待歷史變動張弛之故。司馬遷、揚雄就是突出的代表，他們不僅認識到時勢對歷史變動的重要作用，而且把時勢與人爲、地利條件等結合起來，探討歷史變動之因。

縱觀司馬遷的論述與分析，秦興主要有這麼幾個因素在起作用：歷史因素、地利條件、人爲作用以及所謂的「天」。周室衰微而諸侯爭霸的歷史演變過程，這是秦興起的歷史因素。具體來說，犬戎敗周幽王，周平王東遷洛陽，這爲秦進一步興起提供了有力條件。之後「海內爭於戰功」〔註 133〕，諸侯之間爭土奪利，互不信任，這又爲秦統一天下奠定了基礎。同時，秦統一天下也是經過歷代統治者的艱辛努力，「秦起襄公，章於文、繆、獻、孝之後，稍以蠶食六國，

〔註 131〕 《漢書》卷六四上《嚴安傳》。
〔註 132〕 《漢書》卷六四上《嚴安傳》。
〔註 133〕 《史記》卷一五《六國年表》序。

百有餘載，至始皇乃能并冠帶之倫。以德若彼，用力如此。」〔註134〕而秦「因雍州之固，四海迭興，更爲伯主」〔註135〕，則又表現出地利條件對社會歷史變動的影響。

那麼先秦以來的道德天命史觀是否仍在起根本作用呢？「秦之德義不如魯、衛之暴戾者」〔註136〕是對此看法的否定，況且周室衰微已證實了道德天命史觀無法解釋歷史變動，「非德不純，形勢弱也。」〔註137〕最後，司馬遷作了總結：「論秦之德義不如魯、衛之暴戾者，量秦之兵不如三晉之彊也，然卒并天下，非必險固便形埶利也，蓋若天所助焉。」〔註138〕這說明了德義、兵、地理形勢都不是秦興起而統一天下的最終決定因素，可能「天所助」才是最爲關鍵的變動因素。這個「天」到底具體指什麼，司馬遷也沒有明確闡釋。

他在論述魏被秦所滅時論道：「說者皆曰魏以不用信陵君故，國削弱至於亡。余以爲不然。天方令秦平海內，其業未成，魏雖得阿衡之佐，曷益乎？」〔註139〕在司馬遷看來，魏雖有賢臣輔佐，已無力扭轉客觀的統一趨勢，這是把客觀歷史趨勢置於人爲之上的一種認識，提示人們發揮主觀能動作用時，要遵循客觀歷史趨勢。可見，這裏的「天所助」，是指客觀的歷史趨勢或歷史形勢。

他在分析漢興之因時，同樣體現了這一點。他認爲秦統一之後所做的一些「禁事」恰恰爲漢興提供了歷史條件，「鄉秦之禁，適足以資賢者爲驅除難耳。」由此他得出，「故憤發其所爲天下雄，安在無土不王。此乃傳之所謂大聖乎？豈非天哉，豈非天哉！非大聖孰能當此受命而帝者乎？」〔註140〕這裏的「豈非天哉」，與他上面提到的「蓋若天所助焉」是一致的，都是司馬遷在分析了其他變動因素之後，進一步思考的體現。

司馬遷對秦漢興亡的變動原因分析，始終貫徹這樣一條主線：從歷史演變過程來入手，把究天人之際與通古今之變相結合，比之他人更有理性。他在用「天」解釋歷史變動之因時，往往先分析天作用的前提條件，似乎表現

---

〔註134〕《史記》卷一六《秦楚之際月表》序。

〔註135〕《史記》卷一四《十二諸侯年表》序。

〔註136〕《史記》卷一五《六國年表》序。

〔註137〕《史記》卷一七《漢興以來諸侯王年表》序。

〔註138〕《史記》卷一五《六國年表》序。

〔註139〕《史記》卷四四《魏世家》後論。

〔註140〕《史記》卷一六《秦楚之際月表》序。

出一種歷史客觀趨勢的因素在社會歷史變動中所佔有的突出位置。當然由於歷史條件的限制，他並不能象班固那樣得出「鑴金石者難爲功，摧枯朽者易爲力，其勢然也」〔註141〕的結論。但司馬遷的認識，正爲後人提出更爲合理而明確的解釋，奠定了很好的基礎。這種提示與啓發，也未嘗不是一種積極貢獻。因此，這裏的「天」的眞正意義，不如說是司馬遷賦予它一種更爲深刻的歷史動因解釋，這是司馬遷的一個進步。

兩漢之際的揚雄，受司馬遷等人的啓示，提出了更深層次的理論認識。他認爲秦成功的原因是具備了「時激」、「地保」、「人事」這三個條件，《法言・重黎》曰：「或問：『六國竝，其已久矣。一病一瘳，迄始皇三載而咸。時激，地保，人事乎？』曰：『具』。」這是明確從歷史形勢、地理條件、人爲因素等三個方面，較全面地分析了秦之所以統一天下的原因。在他之前，也有類似認識。〔註142〕

揚雄對天下三嬗變之因的探討，更能體現他的這種認識。有人問，「嬴政二十六載，天下擅秦。秦十五載而楚，楚五載而漢。五十載之際，而天下三擅，天邪？人邪？」揚雄答道：

> 周建子弟，列名城，班五爵，流之十二，當時雖欲漢，得乎？六國蚩蚩，爲嬴弱姬，卒之屛營，嬴擅其政，故天下擅秦。秦失其獸，罷侯置守，守失其微，天下孤睽。項氏暴強，改宰侯王，故天下擅楚。擅楚之月，有漢創業山南，發迹三秦，追項山東，故天下擅漢，天也。「人」？曰：「兼才尚權，右計左數，動謹於時，人也。天不人不因，人不天不成」〔註143〕

---

〔註141〕《漢書》卷一三《異姓諸侯王表》序。
〔註142〕當然，在他之前，晁錯在論述秦興亡時，也體現了這一點。首先，他認爲秦滅六國而並天下時，「其主不及三王，而臣不及其佐」，然而成功了，其原因就在於「地形便，山川利，財用足，民利戰」，這是從地利與人和兩方面來加以認識。其次，他從六國自身來作進一步分析，「其所與並者六國，六國者，臣主皆不肖，謀不輯，民不用，故當此之時，秦最富強。夫國富強而鄰國亂者，帝王之資也，故秦能兼六國，立爲天子。當此之時，三王之功不能進焉」（《漢書・晁錯傳》），這是認識到六國本身存在的問題、秦的富強等這些歷史條件（可以看作天時所指），對秦統一天下有著非常關鍵的作用。這就把天時、地利、人和三者統一起來，以此作爲秦興而統一天下的最重要原因，是很深的認識。其實，賈誼在其「過秦論」中也認識到了這一點。只不過是，揚雄明確把這三者統一起來分析秦成功的。
〔註143〕《法言・重黎》。

這裏的天就是指歷史條件，人是指人爲，如重用人才、注重權謀、隨時應變等。由此，他提出「天不人不因，人不天不成」〔註144〕的重要理論認識。〔註145〕在他看來，沒有人的參歟，天就發揮不了作用；沒有天這種歷史條件，人就不能有所作爲。這是把歷史條件與人爲作用統一起來，共同決定社會歷史變動，比司馬遷的分析，更爲集中而明確，也更有理論性。

第四，這種深入性還體現在，對時勢的認識已觸及到了歷史發展有其客觀必然性這一真理的邊緣。

東漢史學家班固通過歷史比較，進一步分析時勢等歷史條件在社會歷史變動中的重要影響與作用。他言：「周過其曆，秦不及期，國勢然也。」〔註146〕這是把周、秦興亡加以比較，得出歷史形勢對國家興亡、社會變動有著重大影響與作用。

他還認爲，時勢乃是漢興的最重要原因，「古世相革，皆承聖王之烈，今漢獨收孤秦之弊。鑱金石者難爲功，摧枯朽者易爲力，其勢然也」，這個「勢」就是「孤秦之弊」所造成的一種客觀趨勢。班固對此作了具體說明：

> 秦既稱帝，患周之敗，以爲起於處士橫議，諸侯力爭，四夷交侵，以弱見奪。於是削去五等，墮城銷刃，箝語燒書，內鋤雄俊，外攘胡、粵，用壹威權，爲萬世安。然十餘年間，猛敵橫發乎不虞，適戍彊於五伯，閭閻偪於戎狄，嚮應瘄於謗議，奮臂威於甲兵。鄉秦之禁，適所以資豪傑而速自斃也。是以漢亡尺土之階，繇一劍之任，五載而成帝業。書傳所記，未嘗有焉。〔註147〕

這裏完全把歷史依客觀條件而變化作爲論述問題的出發點，實際上已接近歷史發展有其必然性這一唯物認識論，是班固歷史思想進步的一個突出表現。

---

〔註144〕《法言‧重黎》。
〔註145〕汪榮寶案：《孟子‧充虞路問章》章指云：「聖賢興作，與天消息。天非人不因，人非天不成，是故知命者不憂不懼也。」《風俗通‧皇霸》引《尚書大傳》說云：「遂人以火紀。火，太陽也。陽尊，故託遂皇於天。伏羲以人事紀，故託戲皇於人。蓋天非人不因，人非天不成也。」然則此語乃《大傳》說，蓋古有是言也。此章之旨，在正史公之失。《秦楚之際月表》論秦、楚、漢五年三嬗之事云：「王迹之興，起於閭巷，安在無土不王？此乃傳之所謂大聖乎？豈非天哉，豈非天哉！」是史公以爲高祖之興專由天授，意存譏訕。子雲則以爲天命、人事兼而有之也。（參見汪榮寶《法言義疏‧重黎》，第360頁）
〔註146〕《漢書》卷一四《諸侯王表》序。
〔註147〕《漢書》卷一三《異姓諸侯王表》序。

當然，漢代也有時勢決定論的單一認識，其表現就是王充所提出的治亂興衰「皆在命時」的思想。《論衡・治期篇》：「教之行廢，國之安危，皆在命時，非人力也」，至於「賢不賢之君，明不明之政，無能損益。」〔註148〕歷史盛衰變動的決定力量是命時而不是聖賢，這是兩漢時勢論之極致也。而且這種時勢動因中又糅合了「命」這一複雜內涵，有時又與「天時」相應，「昌衰興廢，皆天時也」，故「世之治亂，在時不在政；國之安危，在數不在教」。〔註149〕這是王充理性批判思想影響下的動因論，易走向宿命論的怪圈。不過，在當時那種充滿神秘色彩的社會裏，也是有理論價值的。

縱觀整個漢代關於天人關係思想的論述，在理論形態上更進一步。雖然天人感應思想早已存在，但未有象董仲舒那樣作系統而嚴密的構建與論證。無論是反對者、宣揚者，還是折衷主義者，他們或通過歷史記述來闡釋自身的天人關係思想，或提出一套較為系統的理論學說來表達他們自己對天人關係的理論思考，呈現出一種天人感應與反天人感應的爭辨態勢。

當然，漢代究天人之際，也有進一步發揮與發展的空間。儘管他們提出了諸多理論認識，也具有樸素唯物主義特點，但就整體而言，仍缺乏嚴密的邏輯論證，且與歷史考察結合的程度仍有很大距離。這樣，易出現天命思想的殘留，多少會衝擊其具有真理性的理論認識成果。另外，經學主導史學發展的學術環境，不利於真正而全面地從歷史事實這一角度來考察天人關係的實質。

---

〔註148〕 《論衡・治期篇》。
〔註149〕 《論衡・治期篇》。

# 第二章　關於歷史演變過程及其趨向的探究

古今之變，歷來是思想家、史學家所關注與探究的重要內容。可以說，既有整體上的根本變動，又有歷史各層面的變化認識；既有感性意義上的變動觀，又有哲理性的歷史變化論。

對歷史演變過程及其趨向的探討，是漢代史學家與思想家構建歷史理論的又一重要內容。他們不僅對社會歷史變化的進程及趨向有所思考，有的側重循環的歷史演化模式探討，有的則關注歷史變化的客觀發展趨勢，當然也存有一定道德觀下的歷史倒退觀念。同時，他們對歷史變化的階段性特徵也作了分析。這些都是漢代學人關於歷史演變認識的重要理論成果，顯示出他們對社會歷史演變的理性把握。

## 一、「漢得天統」的系統論證

兩漢時期，關於漢皇朝政權的合法性論證，即所謂「漢得天統」，為整個智識界最為關注的重大歷史理論問題與現實政治問題，也是對歷史演變過程及趨向認識的出發點與終結點。

### （一）「五德終始相勝說」與漢初改制

春秋戰國以來，諸侯爭霸，戰事頻繁。周人的「敬德保民」思想受到衝擊，無法維持社會統治秩序，諸子各家紛紛尋求解決社會危機的方法。以孔孟為代表的儒家，積極奔走於「仁政」理想的推行，而以鄒衍為代表的陰陽家則從更廣闊的視野出發，為自然和社會所共同存在的宇宙系統作出理論構

想，探究人類社會歷史演變軌迹。

　　齊人鄒衍並沒有留下完整的學說體系，只散見於一些論著中。如《鹽鐵論・論鄒》曰：「鄒子疾晚世之儒墨，不知天地之弘，昭曠之道，將一曲而欲道九折，守一隅而欲知萬方，猶無準平而欲知高下，無規矩而欲知方圓也。於是推大聖終始之運，以喻王公。」《史記・孟子荀卿列傳》也載曰：「乃深觀陰陽消息而作怪迂之變，《終始》、《大聖》之篇十餘萬言。」《集解》引劉向《別錄》曰：「騶衍之所言五德終始，天地廣大，盡言天事，故曰『談天』。」另《文選・魏都賦》注引《七略》曰：「鄒子有終始五德，從所不勝：木德繼之，金德次之，火德次之，水德次之。」《文選・故陸昭王碑》注引《鄒子》曰：「五德從所不勝，虞土，夏木，殷金，周火。」

　　鄒衍的終始五德之運，有一個發展演變過程。五行說是中國古代重要的思維模式，顧頡剛稱之爲「中國人的思想律」。〔註1〕只不過，「五行說之與歷史發生關係者，則當首推鄒衍。」〔註2〕還有人認爲，「德之行五及終始二詞，實本於子思，而鄒氏擴大其義，以論朝代更易之德運」。〔註3〕

　　五行思想有兩種基本的變動原則，即五行相生與五行相勝。鄒衍運用的則是五行相勝原則。其所倡導的學說，實質是以五行相勝原則來說明朝代更替、政權轉移的合理性和統治的合法性，爲未來大一統社會的建立提供理論根據。

　　就以上所分析的理論結構來看，似乎還看不出「循環」、「正統」等思想，「他雖說『五德終始』，但第一次的終始中還缺了一德，哪裏說得到『終而復始』。」〔註4〕而且，「從現存記載鄒衍學說的文獻來看，他只說『五德終始』，也即五德始終，並沒有說終而復始，五德循環用事。說五德循環、終而復始是漢人的發揮。」〔註5〕

　　其實，中國古代循環思想早已存在，如孟子所說「五百年必有王者興」〔註6〕等。另外，五德循環思想在漢之前就已出現了。

〔註1〕　顧頡剛：《五德終始說下的政治和歷史》，見《顧頡剛古史論文集》第三冊，中華書局1996年，第254頁。

〔註2〕　魏應麒：《中國史學史》，重慶：商務印書館，1944年，第94頁。

〔註3〕　饒宗頤：《中國史學上之正統論》之三《五德終始新探》，上海遠東出版社，1996年，第12頁。

〔註4〕　顧頡剛：《五德終始說下的政治與歷史》，見《顧頡剛古史論文集》第三冊，中華書局，1996年，第270頁。

〔註5〕　趙瀟：《論五德終始說在秦的作用與影響》，《齊魯學刊》1994年第2期。

〔註6〕　《孟子・公孫丑章句下》，本文均引自十三經註疏本，中華書局，1980年。

《呂氏春秋・有始覽・應同篇》載曰：

> 凡帝王者之將興也，天必先見祥乎下民。黃帝之時，天先見大螾大
> 螻。黃帝曰：『土氣勝。』土氣勝，故其色尚黃，其事則土。及禹之
> 時，天先見草木秋冬不殺，禹曰：『木氣勝。』木氣勝，故其色尚青，
> 其事則木。及湯之時，天先見金刃生於水。湯曰：『金氣勝。』金氣
> 勝，故其色尚白，其事則金。及文王之時，天先見火赤鳥銜丹書集
> 於周社，文王曰：『火氣勝。』火氣勝，故其色尚赤，其事則火。代
> 火者必將水，天且先見水氣勝。水氣勝，故其色尚黑，其事則水。
> 水氣至而不知，數備將徙于土。

馬國翰根據《文選・魏都賦》注引《七略》，定篇首至此爲《鄒子》佚文。俞
樾雖同意這一認識，但認爲「水氣勝，故其色尚黑，其事則水」這十二字乃
衍文，不可能屬呂氏之意。許維遹在校釋《呂氏春秋》時，提出這段記述乃
陰陽家之說而散見於此。筆者認爲，《呂氏春秋》有關五德終始學說的記述，
其理論體系顯然已很完備，土、木、金、火、水五德已形成一個完整的循環
系統，每一德各自服色也亦明確，而且「徙於土」又預示下一輪循環的開始。
鄒衍的學說恐怕達不到如此成熟。再者「水氣至而不知，數備將徙於土」似
乎在提示天下一統趨向的把握勢在必行，這與呂不韋所在年代的政治形勢和
歷史趨向更加吻合。還有，《史記・封禪書》載：「及秦帝而齊人奏之，故始
皇採用之。」《漢書・郊祀志》也曰：「齊人鄒子之徒論著終始五德之運，故始
皇採用之。」這裏的「鄒衍之徒」、「秦帝而齊人」顯然不是指鄒衍本人，而
是鄒衍學說的傳承和發展者。因此，這段記述只能說是陰陽學家在鄒衍的基
礎上進一步完善了的五德終始學說之反映，爲秦始皇在政治上實踐五德終始
學說奠定了基礎。同時也說明，從鄒衍論終始五德之運（實際上只有四德，
故稱其爲五德終始學說的雛形），到《呂氏春秋》的五德終始學說，經過了一
個不斷補充、完善的學說演變過程。

　　鄒衍所開創的五德終始學說，對秦漢政治產生了重要影響。第一個接受
這一學說並運用於政治實踐的是秦始皇。有學者指出，「通過改造周人的德治
理論，鄒衍以五行相勝來闡釋社會運動的規律，在一定程度上爲秦人改朝換
代提供了理論依據。正是因爲這樣的緣故，秦人對五德終始說表現出前所未
有的政治熱情和宗教狂熱。」〔註7〕這是有道理的。當然，這其中不能忽略《呂

〔註7〕　張強：《司馬遷學術思想探源》，人民出版社，2004年，第10頁。

氏春秋》中所記述的陰陽家對鄒衍學說的發揮和發展。

我們看看秦始皇是怎麼運用的，《史記・秦始皇本紀》載曰：「始皇推終始五德之傳，以爲周得火德，秦代周德，從所不勝。方今水德之始，改年始，朝賀皆自十月朔。衣服旄旌節旗皆上黑。」秦始皇在運用中已對這一學說進行了一些改造，「五德終始」學說的理論體系有了一些變化：

第一，在堅持「五德轉移」與「從所不勝」原則下，增加了「改正朔」這項內容。單純運用曆法，是很尋常的；但與五德終始說相聯繫，則會表現出特殊的政治效應。這使鄒衍的「五德終始說」的內容更加豐富了，其理論效應也相應增加了，直接影響到漢初賈誼等人強烈倡導並要求進行「改正朔，易服色」的改制運動，以及對之後的封建王朝都有波及。正如有的學者所指出的，「始皇開這頭以後，後代帝王紛紛效法。凡一個新王朝的建立，都要根據五德確定本朝運用的曆法和崇尚的顏色，即『改正朔，易服色』。」〔註8〕

第二，首次體現出「水德」的具體屬性。秦始皇所認爲的「水德」應該是「剛毅戾深，事皆決於法，刻削毋仁恩和義，然後合五德之數。於是急法，久者不赦」〔註9〕這樣一種屬性。需要指出的是，秦始皇賦予「水德」以具體屬性，則是爲了配合自己所實行的法家思想而加以創立的，並不是鄒衍開創理論時就含有的。鄒衍創立此學說時，首要的是推崇「德治」思想；而秦始皇賦予「水德」的這一屬性，明顯體現了嚴刻的法治思想，是與「德政」相背的，這恐怕是鄒衍所不容許的。而且，《呂氏春秋》十二紀中的冬季是「助天地之閉藏」，是從農業生產活動來說的，並沒有體現法治觀念。

或許是秦始皇採用了陰陽五行思想，爲我所用。在陰陽學說中，水主陰，陰主刑殺。《索隱》曰：「水主陰，陰刑殺，故急法刻削，以合五德之數。」〔註10〕這又是一次理論發揮。所以他毫不顧忌地實行法家思想，製造秦朝江山永固的神話，「朕爲始皇帝。後世以計數，二世三世至於萬世，傳之無窮」。〔註11〕同時也說明，五德終始學說所謂的「土、木、金、火、水」五德，對他來說可能衹是符號而已。他利用的衹是陰陽五行思想的部分內容，而不是全部。

〔註8〕 鄧福田：《五德終始說簡論》，《河池師專學報》1993年第4期。
〔註9〕 《史記》卷六《秦始皇本紀》。
〔註10〕 《史記》卷六《秦始皇本紀》。
〔註11〕 《史記》卷六《秦始皇本紀》。

　　第三，經過這一改造，使得「循環」思想有了發揮的契機和可能。秦的統一，秦皇朝的建立，使得鄒衍學說中未來的「水德」，終於得到了體現。這時的「五德終始」說，無論在表述上，還是其古史系統，都發生了變化。「五德終始」學說中的「循環」思想，也隨著秦始皇改制的政治實踐而有所浮現，而之後的秦亡漢興的這一政治實踐，則使得這種可能完全變成了理論現實。

　　秦亡漢興之巨變，使得漢初君臣上下進行歷史反思，積極尋求一種理論來論證漢皇朝的合法性和統治的合理性。「漢德之爭」就是很好的體現。

　　《漢書‧郊祀志》贊曰：

> 漢興之初，庶事草創，唯一叔孫生略定朝廷之儀。若乃正朔、服色、郊望之事，數世猶未章焉。至於孝文，始以夏郊，而張倉據水德，公孫臣、賈誼更以為土德，卒不能明。孝武之世，文章為盛，太初改制，而兒寬、司馬遷等猶從臣、誼之言，服色數度，遂順黃德。
>
> 彼以五德之傳從所不勝，秦在水德，故謂漢據土而克之。

依據五德終始說「五德轉移」、「從所不勝」的基本理論原則，漢皇朝只能「回到」土德。這是賈誼、公孫臣，一直到武帝時期的兒寬、司馬遷等，都堅持這一改制運動，並最終採用了漢為土德的理論依據。而臣相張蒼堅決認為漢為水德。有學者認為這也是依據五德終始說，只不過它不承認秦在五德運序中的正統地位，而堅持漢為土德者則承認秦的正統運序。〔註 12〕筆者以為，這或許與漢承秦制也有關。

　　由於這種學說有著「相勝」的「循環」法則，使得朝代更替的必然與漢室統治的穩固相互矛盾。如何處理這一矛盾，漢武帝做出了很大的努力：一方面開始對外征伐匈奴，以強大的武力來證實漢皇朝的統治能力；另一方面利用以董仲舒為代表的一批文人學士，從思想統治上加強漢皇朝的穩固。於是，董仲舒吸收了五德終始學說的思想資料，形成了一種新的學說，即「三統」說。

## （二）董仲舒與「三統說」

　　顧頡剛言：「漢代人的思想骨幹，是陰陽五行。無論在宗教上，在政治上，在學術上，沒有不用這套方式的。」〔註 13〕「經學陰陽五行化，成為西漢今文經學的基本特點。」〔註 14〕董仲舒是最能體現這一時代特點的儒學大師，

〔註 12〕楊權：《新五德理論與兩漢政治》，中華書局，2006 年，第 50～51 頁。
〔註 13〕顧頡剛：《秦漢的方士與儒生》，上海古籍出版社，1978 年，第 1 頁。
〔註 14〕范文瀾：《中國通史簡編》修訂本第二編，人民出版社，1949 年第一版 1964

他創立了陰陽五行化了的今文經學,把以往的原始儒學一變成爲兼合百家的綜合性儒學,爲維護統治秩序與社會秩序而構建了一套理論體系,這是其最大的理論貢獻。

「三統」說作爲一種表述古今變易的歷史學說,它的創始人究竟是誰,現已無法確知。但把這種學說陰陽五行化,表現爲一種重要歷史演化模式,並構建起一種系統的理論學說,則是董仲舒所爲。他創立了一套系統的天人合一理論,來論證宇宙秩序的永恒性與漢代大一統政權及其社會的合理性。「道之大原出於天,天不變,道亦不變」〔註15〕,這是他的歷史理論之總綱,也是其「三統循環」論之指導思想。需要注意的是,「天不變」體現了他對歷史整體運動的一種「靜態」認識,即把漢帝國體制下的社會「永恒化」、「常態化」;而「天之道,終而復始」,〔註16〕則體現出他對這一「靜態」歷史內部社會運轉的理解,即通過改制這一方式來使社會「終而復始」地「循環」。

「三統」說是一個很龐雜的學說系統,它包括「三正」、「四法」等內容。不過,這裏面也是有邏輯關係的。「三統」是最高層次,它規定著帝王受命問題;「三正」是較低一層,它規範著正朔問題;「四法」是最低一層,它制約禮儀制度,是具體的社會變革內容。因此,統系是不能輕易變動的,只有「三正」、「四法」在統正的前提下,方可進行應時變革。他還推出一些具體的歷史演變法則,如「故王者有不易者(不改道),有再而復者(文質),有三而復者(正朔),有四而復者(一商一夏,一質一文),有五而復者(五帝),有九而復者(九皇)。」〔註17〕這都體現了「終而復始,窮而反本」的「循環」思想。

董仲舒在吸收五德終始學說的思想資料的基礎上所提出的「三統說」,彌補了鄒衍學說中「五德轉移,從所不勝」變動原則的一些不足。特別是,這種「三統說」沒有「五德終始說」的動力論之性質,祇是帝王受命改制的象徵而已,「黑、白、赤三者既非相勝、也非相生,三者祇是董仲舒用來表示朝代有別的『符號』而已」。〔註18〕對於這一點,馮友蘭給予了很好的說明:

年第四版,第 115 頁。
〔註15〕 《漢書》卷五六《董仲舒傳》。
〔註16〕 《春秋繁露‧陰陽終始》。
〔註17〕 《春秋繁露‧三代改制質文》。
〔註18〕 陳俊華:《論董仲舒的循環史觀》,載於《歷史學報》(中國臺灣)1996 年第24 期。

　　董仲舒的三統說的歷史觀，表明上類似於五德說的歷史觀，其實有根本的不同。五德說的歷史觀認爲五行以相克相勝爲原則，推動朝代的轉變。五行的相克相勝，是歷史轉變的動力。一個統治的朝代爲其以後的朝代所代替，是出於歷史的必然。這種必然是機械的，不以人的意志爲轉移。這種歷史觀，在地主階級爭取政權的時候，有其一定的積極作用。在地主階級已經取得政權以後，它不希望另一個階級以機械的必然來替代它的統治。『五德轉移』的說法對於它就不合適了。於是董仲舒代之以三統說。他所說的『三統』並不是歷史轉變的動力，祗是『新王受命』的一種標誌。『新王受命』完全是『天意』的決定；表現『天意』的道是永恒不變的。董仲舒吸收了五德說的歷史觀的一些思想資料，但加以改造，使之爲已居統治地位的地主階級服務。〔註19〕

侯外廬等在《中國思想通史》中也指出，「根據這種歷史觀，既然承認歷史變遷的形式並沒有改變其實質，那麼也就可以歸結到『凡是現實的都是合理的』之迎合權威的結論，所以它對於當時業經形成的中央集權的專制主義的漢代王室支配，自然具有著積極的鞏固作用。」〔註20〕

　　可以說，董仲舒的「三統循環」這一歷史演化模式，無論在構建體系上，還是在理論層次上，都是一個重大發展。儘管這一模式與客觀歷史運行規律仍有一定距離，但它所體現出來的改制思想、大一統思想等等，對漢代社會秩序的維護有著重要作用與意義。

### （三）「五德終始相生說」與「漢承堯運」

　　在「三統循環」的歷史觀中，漢王朝作爲其中的一統，當然可以順應天命而建立合法的西漢政權，但却無法爲漢朝的統治傳之無窮提供堅實的理論支撐。僅靠「改制」來挽救，是不可能永遠運行下去的。社會集弊一旦出現無法「改制」的時候，這一理論體系就會發生動搖。西漢後期出現的「漢再受命」思潮，就是這方面的體現。

　　早在昭帝年幼之時，霍光輔政期間，陰陽災異家眭弘就借用董仲舒的名義而發出漢帝禪讓的信號，《漢書·眭弘傳》曰：「先師董仲舒有言，雖有繼體守文之君，不害聖人之受命。漢家堯後，有傳國之運。漢帝宜誰差天下，求

---

〔註19〕馮友蘭：《中國哲學史新編》（中），人民出版社，1998年，第96頁。
〔註20〕侯外廬主編：《中國思想通史》第二卷，人民出版社，1957年，第109頁。

索賢人，禪以帝位，而退自封百里，如殷、周二王後，以承順天命。」〔註21〕
這是對董仲舒禪讓式「改統」的發揮，也是直接對其「存二王之後」的運用。
更為重要的是，眭弘提出了「漢家堯後」這一理論構想，直接為之後劉歆與
班固所構建的「漢承堯運」與「漢為火德」理論學說提供了思想土壤或理論
啟示。儘管眭弘遭誅殺，但這一思想火苗已點燃，後越燒越旺。

　　元帝時期，劉向就提出，「雖有堯、舜之聖，不能化丹朱之子；雖有禹、
湯之德，不能訓末孫之桀、紂。自古及今，未有不亡之國也。」相比眭弘，
劉向更加明確劉姓傳國的必要。他因而上疏元帝說：「王者必通三統，明天命
所授者博，非獨一姓也。」〔註22〕谷永也對成帝言：「垂三統，列三正，去無
道，開有德，不私一姓，明天下乃天下之天下，非一人之天下也。」〔註23〕

　　對西漢後期出現「漢再受命」思潮和「漢家堯後」理論構想，我們必須注
意這樣一個歷史事實：劉向等人儘管提出要通三統而傳國與天命轉移，但他們
祇是強調帝王這一個體的轉移或傳遞，即劉姓帝王禪讓他姓帝王而已，並沒有
要求秦漢大一統下的國家政治體制發生改變，其目的還是為了挽救和鞏固大一
統社會秩序與國家制度。這也就是說，天命所移的是宗統，而不是治統。

　　隨著西漢統治的惡化，「再受命」說被世人所廣泛接受，深刻地影響著當
時的政治生活和社會運轉。顧頡剛曾指出：「到了漢代，禪讓說已漸征服了整
個的智識界。」〔註24〕西漢末古文經學家劉歆正是抓住這一契機，提出了他
的「五德終始相生」說這一歷史演化模式。

　　關於「五德終始相生」學說的開創者，學術界爭議很大。目前主要有兩
種不同的看法：一種觀點認為該學說是劉歆所創而非劉向，如王葆玹說：「劉
向在漢成帝時一直激烈地反對王氏專權，主張杜絕王氏篡漢的可能，他大概
不會杜撰出這種循由『相生』之次的『五德終始說』，而只會提出一些與此有
關的見解。」〔註25〕汪高鑫也說：「新五德終始說是劉歆而非劉向的歷史學
說」，因為劉向「沒有倡導五行相生之五德終始說的思想根基」。〔註26〕另外

〔註21〕《漢書》卷七五《眭弘傳》。
〔註22〕《漢書》卷三六《楚元王傳》附《劉向傳》。
〔註23〕《漢書》卷八五《谷永傳》。
〔註24〕顧頡剛：《禪讓傳說起於墨家考》，見《古史辨》第七冊（下），上海古籍出版
　　　　社，1982年，第96頁。
〔註25〕王葆玹：《今古文經學新論》，中國社會科學出版社，1997年版，第435頁。
〔註26〕汪高鑫：《論劉歆的新五德終始歷史學說》，《中國歷史文化》2002年夏之卷。

一種說法是與此相對的認識，如楊權在其《新五德論與兩漢政治》一書中專就此問題作了大量分析，提出「歷史的真實應當是，劉向創立了新五德終始理論，而他的兒子劉歆對之進行了改造與發揮。」〔註 27〕作者還推演出劉向版帝德譜與劉歆版帝德譜。這在一定程度上是一種學術突破，具有很好的啓示意義。當然，書中有些地方仍需作出進一步探討。

筆者比較同意顧頡剛的分析，他說：「五行相生的五德終始說下的歷史系統，班固的《漢書》、荀悅的《漢紀》，都說爲『劉向父子』所立。……劉向固然可以創立相生的五德終始說，但決不能創立《世經》的歷史系統。因爲《世經》的歷史系統是從王莽的《自本》上出發的，其基礎實建築於王氏代劉氏上。劉向對於王鳳等的擅權已經痛哭流涕了，如何肯幫助王莽去取代漢的符應！何況成帝末年，向已死了，他又怎能豫爲王莽留下這代漢的符應！所以用了相生的五德終始說作成《世經》的歷史系統，這是劉向所不知道的，想不到的。」而且他還指出：「班固所謂劉向父子所創立的新學說即是《世經》的歷史系統。」〔註 28〕如從「禪讓說」乃是他們的共同思想目標進行思考的話，這個問題可能會更明白一些。漢代今古文經學並不是截然對立的，有其融合的地方。堯、舜、禹式的「禪讓說」，就是他們共同追求的目標之一。

《漢書·郊祀志》贊對該學說作了具體說明：

> 劉向父子以爲帝出於《震》，故包羲氏始受木德，其後以母傳子，終而復始，自神農、黃帝下歷唐、虞三代而漢得火焉。故高祖始起，神母夜號，著赤帝之符，旗章遂赤，自得天統矣。昔共工氏以水德間於木、火，與秦同運，非其次序，故皆不永。由是言之，祖宗之制蓋有自然之應，順時宜矣。究觀方士祠官之變，谷永之言，不亦正乎！

這種「五德終始」說與鄒衍等所構建的「五德終始」說最大不同，就是基本原則有了變化，即由五德相勝變爲五德相生了，相應的古史系統也作了很大調整。當然，這一學說的古史系統也是在以往基礎上形成的，正如有的學者所指出的，「劉歆以新五德終始說所構建的古史系統，是與鄒衍以來人們古史觀念的不斷變化緊密相連的。」〔註 29〕

---

〔註 27〕楊權：《新五德論與兩漢政治》，中華書局，2006 年，第 133～134 頁。

〔註 28〕顧頡剛：《五德終始說下的政治和歷史》，見《顧頡剛古史論文集》第三冊，中華書局，1996 年，第 439～440 頁。

〔註 29〕汪高鑫：《論劉歆的新五德終始歷史學說》，《中國歷史文化》2002 年夏之卷。

　　鄒衍的古史系統「只有黃帝、夏禹、商湯和周四代，而《呂氏春秋》和《史記》對古史的理解就比他豐富得多。《呂氏春秋・古樂》篇提以黃帝、顓頊、帝嚳、帝堯和帝舜爲『五帝』，《情欲》、《必己》、《離俗》、《上德》等篇把神農與黃帝連稱，顯然是說黃帝之前有神農；《用衆》、《孝行》等篇把『三皇』與『五帝』并稱，雖未確切說出三皇的名稱，但已明示他們在五帝之前。可是《呂氏春秋》在用五德終始理論解釋歷史時，並沒有將這些在作者看來也許還帶有傳說色彩的人物納入古史序列」。〔註30〕

　　漢初，一些人把神農與黃帝之序納入了他們的古史系統中，如陸賈所提到的先聖時期，就包括神農、黃帝、后稷、禹、奚仲與皋陶六個階段；〔註31〕在《淮南子・俶眞訓》中，作者提出了至德之世、伏羲氏、神農與黃帝之世、昆吾與夏后之世、周室之衰這五階段。董仲舒在闡釋三統說時，曾提出「五而復」、「九而復」，「這種見解，實際上也將古史從三代上溯了數代，即三代之前有五帝，五帝之前有九皇。」〔註32〕

　　從班固《漢書・律曆志》所載《世經》可知，劉歆的古史系統爲：太暭包羲－共工－炎帝－黃帝－少昊－顓頊－帝嚳－帝摯－帝堯－帝舜－禹－湯－武王－秦－漢，對應的德爲：木－火－土－金－水－木－火－土－金－水－木－火，而共工與秦則爲閏，故不能佔有一德。

　　從中也可看出，這裏出現了三次木，表示歷史以按照五德相生原則進行了兩次完整循環而開始了第三輪循環。同時也說明，五德終始相生說下的歷史並不是一個封閉的古史系統，而是一個動態的循環的歷史演化過程。它還顯示出堯與漢爲同德，這就進一步明確了西漢「漢再受命」思潮所透視出來的「漢爲堯後」思想。這樣，漢承堯運與漢爲火德合而爲一，從宗法之聖統與天道之治統論證了漢代大一統政權的合法性與合理性。這一點已有學者給予闡釋：

　　　　『漢家堯後』說的核心是要說明漢家天子在宗法的意義上具有紹述聖統的資格，『漢爲火德』說的核心是要說明漢家天子在天道的意義上具有紹述聖統的資格，兩個命題雖然在宣揚漢朝統治者的神聖性和權威性方面目標一致，但是命題本身是相互游離的。《世經》出現

〔註30〕楊權：《新五德理論與兩漢政治》，中華書局，2006年，第149～150頁。
〔註31〕《新語・道基》。
〔註32〕楊權：《新五德理論與兩漢政治》，中華書局，2006年，第150頁。

之後，堯漢同德獲得了證明，於是『漢家堯後』和『漢爲火德』兩
說便實現了合流，『堯後火德』這個復合命題由是產生。『漢家堯後』
說的產生與『漢爲火德』說的產生與劉歆都沒有關係，但是兩說匯
合成『堯後火德』說，卻是在劉歆這實現的。〔註33〕

劉歆的「新五德終始說」以「五德」言正閏，顯示出他具有濃厚的正統思想。
這表現在他對第一個大一統皇朝─秦皇朝的安排上。他把秦皇朝排列於歷史
王朝統系之外，認爲秦皇朝是以水德介於周、漢之間，故而未得五行相生之
序，只能屬於閏朝。《漢書·律曆志下》引《世經》曰：「《祭典》曰：『共工
氏伯九域。』言雖有水德，在火木之間，其非序也。任知刑以彊，故伯而不
王。秦以水德，在周、漢木火之間。」又顏師古注曰：「志言秦爲閏位，亦猶
共工不當五德之序。」這就在理論上更加完備了「五德終始說」的「正統」
思想。清代學者王夫之斷言「正統之論，始於五德」〔註34〕，現代學者也把
五德終始說稱爲「原始的正統理論」〔註35〕。蔣重躍更是把五德終始說與歷
史正統觀的關係作了深入闡釋，他說：「五德終始說具有某種爲現實的政治統
治提供合法依據的更爲直接的功能，也就是說，它實質上是關於統治的合法
性的學說，是一種正統觀，⋯⋯這是五德終始說的根本所在。」〔註36〕

　　其實，早在漢初張倉依據鄒衍等人構建的五德終始理論提出漢爲水德，
就已把秦這一統序排除在外，只不過這一思想在當時無法被社會所採納。董
仲舒等人「說《春秋》繼周實即是說漢繼周。換句話說，就是把秦踢出了三
統之外，不算它是一代。」〔註37〕這些都開啓了中國史學史上的正閏之辨，
對班固及其以後中國正統史學均產生了重要影響。

　　這種古史系統的構建及其折射出來的歷史循環變化論，對當時及後世也
產生了深遠影響。從政治上講，這種古史系統所呈現出來的「堯後火德」說
及其循環特徵，一方面對西漢後期以來所闡釋的「漢爲堯後」再受命思想，
作了進一步完善與理論論證，這就爲王莽篡漢提供了理論依據；另一方面，
東漢初它與讖緯的結合，又爲東漢中興的合理性與合法性之論證，奠定了堅

〔註33〕楊權：《新五德理論與兩漢政治》，中華書局，2006年，第160頁。
〔註34〕〔清〕王夫之：《讀通鑒論》卷一六《武帝七》，中華書局，1975年。
〔註35〕王東：《正統論與中國古代史學》，《學術界》1987年第5期。
〔註36〕蔣重躍：《五德終始說與歷史正統觀》，《南京大學學報》2004年第2期。
〔註37〕顧頡剛：《五德終始說下的政治與歷史》，見《顧頡剛古史論文集》第三冊，
　　　　中華書局，1996年，第294頁。

實的理論基礎。從學術上講，它對班固撰寫《漢書》、今古文之爭、王符等人的歷史認識有著重要影響。

東漢史學家班固對「堯後火德」說作了一定繼承與發揮，明確提出了「漢承堯運」的思想。班固在《典引篇》中構建了一個劉氏皇朝的天授系統：

> 肇命人主，五德初始，同於草昧，玄混之中。……若夫上稽乾則，
> 降承龍翼，而炳諸《典》、《謨》，以冠德卓蹤者，莫崇乎陶唐。陶唐
> 舍胤而禪有虞，虞亦命夏后，稷、契熙載，越成湯、武。股肱既周，
> 天乃歸功元首，將授漢劉。〔註38〕

他又在《漢書·高帝紀·贊》中，考出了一個具體而又系統的漢紹堯運的劉氏家族的世系來：

> 《春秋》晉史蔡墨有言，陶唐氏既衰，其後有劉累，學擾龍，事孔
> 甲，范氏其後也。……漢帝本系，出自唐帝。降及于周，在秦作劉。
> 涉魏而東，遂為豐公……由是推之，漢承堯運，德祚已盛，斷蛇著
> 符，旗幟上赤，協于火德，自然之應，得天統矣。

值得注意的是，班固的「漢承堯運」與眭弘、劉歆等人所言的「漢家堯後」、「堯後火德」相比，已有了變化。班固通過劉氏皇朝天授系統與劉姓家族承繫堯運而得天統這一體系，來論證東漢劉氏皇朝中興的合法性與合理性。這與劉向、谷永等人所言「不私一姓，明天下乃天下之天下，非一人之天下」是相悖的。但他們的終極目標又是一致的，即維護和鞏固秦漢大一統下的國家體制和社會根本秩序。只不過，在班固這裏，試圖實現劉姓天下與大一統天下的完美融合，這是他的理論體系高明之處。

古文經學家賈逵，為了讓古文經學立於學官，則提出《左傳》中有可證明「劉氏堯後火德」說的材料。《後漢書·賈逵傳》載曰：「又《五經》家皆無以證圖讖明劉氏為堯後者，而《左氏》獨有明文。《五經》家皆言顓頊代黃帝，而堯不得為火德。《左氏》以為少昊代黃帝，即圖讖所謂帝宣也。如令堯不得為火，則漢不得為赤。其所發明，補益實多。」

東漢末年王符在其《潛夫論·五德志》中，更是本著從太暤伏羲以來帝王血統關係演變來進一步說明「漢承堯運」與「漢為火德」說。與劉歆等不同的是，他是根據《五帝德》與《帝系》等文〔註39〕，以血統演變為線索，

---

〔註38〕《後漢書》卷四〇下《班彪列傳下》。
〔註39〕彭鐸按：《大戴禮》有《五帝德》、《帝繫》二篇，此文本之，皆上古興亡史也。

對這些帝王傳承作了立體式的考察。他敍述了其作《五德志》的旨趣：

> 自古在昔，天地開闢，三皇迭制，各樹號諡，以紀其世。天命五代，正朔三復。神明感生，爰興有國。亡於嫚以，滅於積惡。神微精以，天命罔極。或皇馮依，或繼體育。太皞以前尚矣。迪斯以來，頗可紀錄。雖一精思，議而復誤。故撰古訓，著《五德志》。

接著他又說道：

> 世傳三皇五帝，多以爲伏羲、神農爲二皇；其一者或曰燧人，或曰祝融，或曰女媧。其是與非，未可知也。我聞古有天皇、地皇、人皇，以爲或及此謂，亦不敢明。凡斯數，其於五經，皆無正文。故略依《易繫》，記伏羲以來，以遺後賢。雖多未必獲正，然罕可以浮游博觀，共求厥眞。〔註40〕

這體現出一種求實而嚴謹的史學態度。顯然，比之他人又前進了一步，他所構建的古史系統，也比劉歆的更接近歷史。清代學者錢大昕曾言：「太史公《三代世表》謂堯、舜、禹、稷、契皆出黃帝。稷、契與堯同父，堯不能用，至舜始舉之。舜娶堯二女，乃是曾祖姑。此皆昔人所疑。惟《潛夫論·五德篇》謂帝嚳爲伏羲之後，其後爲后稷；堯爲神農之後，舜爲黃帝後，禹爲少昊後，契爲顓頊後。少昊、顓頊不出於黃帝，堯不出於嚳，則舜無娶同姓之嫌，而稷、契之不爲堯所知，亦無足怪。於情事似近之。又考《春秋命歷序》稱黃帝傳十世二千五百二十歲，少昊傳八世五百歲，顓頊傳二十世三百五十歲，帝嚳傳十世四百歲。然則顓頊非黃帝孫，堯亦非帝嚳子。可以正《史記》之謬，與《潛夫論》亦相合。」清代學者俞樾也言：「今依《潛夫》說，則舜無娶曾祖姑之嫌，而稷、契皆非堯弟，故自舜始舉之，於理爲近也。」〔註41〕

## 二、「綜其終始」的歷史變動觀

司馬遷作爲生活在西漢皇朝下的一位史學家，他也有責任和義務來論證漢得天下的合法性與合理性，其明確言：「故漢興，承敝易變，使人不倦，得天統矣。」〔註42〕司馬遷認爲，西漢皇朝得「天統」是西漢皇朝「承敝易變，

---

〔註40〕 《潛夫論·五德志》。
〔註41〕 參見（清）汪繼培箋，彭鐸校正：《潛夫論箋校正》注釋，中華書局，1985年，第384～385頁。
〔註42〕 《史記》卷八《高祖本紀》後論。

使人不倦」的結果，並非所謂的漢家堯後或三統天命說。這就體現出他與董仲舒等人在論證漢得天下之合法性方面呈現不同的思想體系和方法體系。

司馬遷在《史記・三代世表》中，據《五帝繫諜》與《尚書》等文獻記載〔註43〕，羅列了自黃帝以來訖共和的古史系統，對三代各自的帝系敍述詳盡。他並不認同五德終始之古史系統，因其所記乖異。他之所以寫通史，就是要突出歷史盛衰治亂的變化發展觀念，似乎並不在如何沿著一個古史系統而延續之後的歷史演變過程，這就意味著他要從另外一種路徑來認識客觀歷史演變過程。

司馬遷在《史記・五帝本紀》中，曾提及「軒轅之時，神農氏世衰」與「而諸侯咸尊軒轅爲天子，代神農氏，是爲黃帝」，並不否認黃帝之前有一個神農氏，但它並不占居帝系之列。「有土德之瑞，故號黃帝」〔註44〕，多少顯露出五德終始的影子。但從整體上看，司馬遷在《史記》開篇《五帝本紀》中，就爲《史記》打下了一個變化發展思想的基調。從黃帝統一各部落，開始任賢治民，播百穀種草木，經過顓頊、帝嚳等發展；到堯舜時代，堯在曆法、生產、治政方面又推進了一步，舜時開始禮義制度建設，這時國家建制初具規模。五帝的記述，反映了司馬遷對國家產生及發展的一個初步認識。

在《夏本紀》、《殷本紀》、《周本紀》中，司馬遷仍敍述了每代各自帝系的傳播情況。而在記述共和以來的歷史演變過程時，他則完全表現出歷史治亂盛衰的變動觀。尤其《史記》十表，是最大限度地集中表述司馬遷古今之變思想。白壽彝言：

> 司馬遷寫每一個表，就是要寫這個歷史時期的特點，寫它在『古今之變』的長河中變了些什麼。把這十個表總起來看，却又是要寫宗周晚年以來悠久的歷史時期內所經歷的變化——由封國建侯走到郡縣制度，由地方分權走到中央集權。這跟本紀、世家、列傳之寫漢初的風雲人物由布衣而帝王將相，同樣顯示了《史記》通古今之變的如椽的大筆。〔註45〕

〔註43〕 〔唐〕司馬貞《史記索隱》案：「《大戴禮》有《五帝德》及《帝繫》篇，蓋太史公取此二篇之諜及《尚書》，集而紀黃帝以來爲系表也。」〔唐〕張守節《史記正義》云：「言代者，以五帝久古，傳記少見，夏、殷以來，乃有《尚書》略有年月，比於五帝事迹易明，故舉三代爲首表。」

〔註44〕 《史記》卷一《五帝本紀》。

〔註45〕 白壽彝：《白壽彝史學論集》（下），北京師範大學出版社，1994 年，第 732

司馬遷對共和以來的盛衰變化之歷史進程作了著重闡述。如對春秋時期的歷史變動之描述，「幽、厲之後，周室衰微，諸侯專政，《春秋》有所不紀；而譜牒經略，五霸更盛衰，欲睹周世相先後之意，作《十二諸侯年表》第二」〔註46〕。他在《史記·十二諸侯年表》序中闡述了周室衰微之後周道缺及其所出現的一系列變動現象，批評他人不去關注歷史盛衰特徵，不去原始察終，而是依據義辭神運，「儒者斷其義，馳說者騁其辭，不務綜其終始；曆人取其年月，數家隆於神運，譜諜獨記世諡，其辭略，欲一觀諸要難。於是譜十二諸侯，自共和訖孔子，表見《春秋》、《國語》，學者所譏盛衰大指著于篇，為成學治古文者要刪焉。」李長之對此作了很好的概括：「前者是哲學家、文學家的看法，只有他之『綜其終始』總是一個歷史家的看法。」〔註47〕

對戰國至秦統一天下的歷史記述，「春秋之後，陪臣秉政，彊國相王；以至于秦，卒并諸夏，滅封地，擅其號。作《六國年表》第三。」〔註48〕他又在《史記·六國年表》序中闡述了秦統一前後的歷史盛衰情況，批評一些學者不察其終始而否定秦的統一，進一步道出他關注歷史盛衰的變動觀，「秦取天下多暴，然世異變，成功大。傳曰『法後王』，何也？以其近己而俗變相類，議卑而易行也。學者牽於所聞，見秦在帝位日淺，不察其終始，因舉而笑之，不敢道，此與以耳食無異。悲夫！余於是因《秦記》，踵《春秋》之後，起周元王，表六國時事，訖二世，凡二百七十年，著諸所聞興壞之端。後有君子，以覽觀焉。」

而對秦漢之際的歷史劇變之認識是最為突出的。他說道：「初作難，發於陳涉；虐戾滅秦，自項氏；撥亂誅暴，平定海內，卒踐帝祚，成於漢家。五年之間，號令三嬗。自生民以來，未始有受命若斯之亟也。」〔註49〕這是從天人之際來看古今變化之大勢，顯示出司馬遷努力把握歷史變化進程及其特點的理論勇氣。他在《史記·太史公自序》中再次強調了這一理論認識：「秦既暴虐，楚人發難，項氏遂亂，漢乃扶義征伐；八年之間，天下三嬗，事繁變眾，故詳著《秦楚之際月表》第四。」

此外，在《史記·漢興以來諸侯王年表》序中，他通過對周以來分封制

---

　　頁。

〔註46〕《史記》卷一三〇《太史公自序》。

〔註47〕李長之：《司馬遷之人格與風格》，開明書店，1948年，第234頁。

〔註48〕《史記》卷一三〇《太史公自序》。

〔註49〕《史記》卷一六《秦楚之際月表》序。

度的演變過程，著重闡述了對漢初以來社會變動的認識，「臣遷謹記高祖以來至太初諸侯，譜其下益損之時，令後世得覽。」這就抓住了漢代歷史變動的重要內容，即由分封到郡縣再到郡縣與分封兼而施之，這一內容也最能表達漢代社會歷史變動。在《史記·高祖功臣侯者年表》序中，以漢初以來功臣分封變化為主，進一步考察漢初以來社會歷史的變動，「觀所以得尊寵及所以廢辱，亦當世得失之林也，何必舊聞？於是謹其終始，表其文，頗有所不盡本末；著其明，疑者闕之。後有君子，欲推而列之，得以覽焉。」再如，「咸表始終，當世仁義成功之著者也。」〔註50〕

　　特別是武帝盛世的建立和人們的親身體驗，更能讓人感受到社會進步了、發展了，很大一部分人已不再留戀上古的聖賢之道所籠罩下的「寧靜」生活。司馬遷在《貨殖列傳》和《平準書》中，從經濟角度分析了古今發展這一社會歷史變化，對老子所宣揚的那種純樸生活不再向往，理性地對其作了分析。《史記·貨殖列傳》載曰：「《老子》曰：『至治之極，鄰國相望，雞狗之聲相聞，民各甘其食，美其服，安其俗，樂其業，至老死不相往來。』必用此為務，輓近世塗民耳目，則幾無行矣。」司馬遷認為老子所追求的那種「安樂」生活，早已不可能實行了，晚近世的社會現實與之相差甚遠，社會不可能回頭，只能向前走。

　　從對五帝到夏、商、周的轉變，春秋戰國到秦始皇統一六國而建立大一統政權，秦亡漢興到武帝的盛世規模的開創等一系列歷史演變過程的描述，都體現出司馬遷大一統意義上的發展觀。

　　他還把敘述古今變化、認識古今變化作為史學旨趣來看待。如「維三代之禮，所損益各殊務，然要以近性情，通王道，故禮因人質為之節文，略協古今之變，作《禮書》第一」〔註51〕、「是以物盛而衰，時極而轉，一質一文，終始之變也」、「物盛而衰，故其變也」〔註52〕、「作《平準書》，以觀事變」〔註53〕、「為天數者，必通三五，終始古今，深觀時變，察其精粗，則天官備矣」〔註54〕與「切近世，極人變。作《律書》第三」〔註55〕等。

---

〔註50〕　《史記》卷一九《惠景間侯者年表》序。
〔註51〕　《史記》卷一三○《太史公自序》。
〔註52〕　《史記》卷三○《平準書》。
〔註53〕　《史記·太史公自序》。
〔註54〕　《史記》卷二七《天官書》。
〔註55〕　《史記》卷一三○《太史公自序》。

可以說，「謹其終始」、「察其終始」、「綜其終始」，是司馬遷治亂盛衰歷史變動觀的最爲集中而明確的表達，「網羅天下放失舊聞，王跡所興。原始察綜，見盛觀衰。」〔註56〕如學者指出，「『謹』、『察』、『綜』三字的含義，一層深入一層。『謹其終始』是記其文，把事件的終始得失都記載下來，也就是『咸表終始』；『察其終始』是察其跡，觀察事情的演變發展；『綜其終始』是得其理，通過對事件整體的綜合考察，而從其中尋出演變的規律，看出歷史的意義。」〔註57〕同時，「司馬遷更爲突出的見解還在於『見盛觀衰』，他不僅注意到古今的終始變化，而且能在事物的發展變化的興盛階段，觀察出事物必然衰敗的迹象。」〔註58〕

司馬遷通過歷史記述，以歷史事實爲依據，向人們很好地展現了人類社會歷史的前進與發展，對於人們認識歷史與探究未來，把握現實生活之運轉，都有一種理性啓示與教益。雖然他受董仲舒「三統循環」的影響，而有循環思想的痕迹。但二者在歷史變化認識上所體現出來的內涵，則有根本區別。正如白壽彝所指出的，「董仲舒在歷史觀上，有他自成體系的理論，對於後來的正宗史學有很久的影響。司馬遷曾從董仲舒問春秋公羊學，他也擁護漢的統一，尊重孔子在歷史上的成就，也有歷史循環論的觀點，但他的歷史觀中有不少的唯物主義因素和樸素的辯證觀點，這跟董仲舒的唯心主義和形而上學是有區別的。在維護漢家統治利益上，兩人是一致的，而在如何維護這一具體問題上兩人有很不同的看法。董仲舒和司馬遷的思想分歧，決定了二人在史學發展上的不同地位。但從漢武帝控制思想的效果說，在這兩人身上都取得了一定的成功。」〔註59〕當然，從對歷史變化認識的層次上講，二者又都是試圖探究帶有規律性歷史變動法則的結果，表現出一定的繼承性與連續性。

司馬遷對歷史變化的自覺認識，逐漸形成了中國古代史學關注歷史盛衰變化的自覺意識之優良傳統。就漢代史學本身而言，這一傳統就已顯露出來。

班固雖然努力從邏輯體系來論證「漢得天統」，從宗統上構建了新的「漢承堯運」思想系統，這是與司馬遷最大的不同；但作爲一位史學家，他又必

〔註56〕《史記》卷一三〇《太史公自序》。
〔註57〕阮芝生：《試論司馬遷所說的「通古今之變」》，見《中國史學史論文選集》，（中國臺北）華世出版社，1976年，第191頁。
〔註58〕楊燕起：《司馬遷的歷史思想》，見劉乃和主編《司馬遷和史記》，北京出版社，1987年，第46頁。
〔註59〕白壽彝：《中國史學史》第一冊，上海人民出版社，1986年，第54～55頁。

然會遵循司馬遷所開創的史學體系來論證「漢得天統」。他之所以要單獨撰寫西漢一代歷史（這裏主要是指歷史發展進程），就是想從史學體系來充實他的「漢承堯運」理論學說。這又是與董仲舒、劉歆等人不同的地方。

《漢書・敘傳》載曰：

> 固以為唐、虞、三代，《詩》、《書》所及，世有典籍，故雖堯、舜之盛，必有典謨之篇，然後揚名於後世，冠德於百王，故曰：『巍巍乎其有成功，煥乎其有文章也！』漢紹堯運，以建帝業，至於六世，史臣乃追述功德，私作本紀，編於百王之末，廁於秦、項之列。太初以後，闕而不錄，故探纂前記，綴輯所聞，以述《漢書》。

既然堯舜之盛都必須有史官來記載、傳承，把他們的德行發揚於後世，而漢代的「歷史傳統」那麼久遠，以往的史臣却沒有在著述中給予應有的地位，甚至有的闕而不錄，這是違背了史家責任意識的。由此，他要在前人的基礎上單獨給予西漢一代之歷史作記述，突顯西漢的盛世成就和在歷史演變中的重要位置。同時這也是對當時諸多儒生「不知秦漢事」〔註60〕這一學術風氣的批判與扭轉。從這個意義上講，班固所謂的「宣漢」就不僅僅是宣揚漢室統治者的功德，而更多的是從一個史家責任意識和實錄精神出發，來肯定漢代的進步。

班固提出了「列其行事，以傳世變」〔註61〕、「究其彊弱終始之變」〔註62〕、「通古今，備溫故知新之義」〔註63〕的撰述要求與任務，力圖把歷史看作一個發展變化的過程來論述研究。

《漢書》「十志」，更集中表達了班固對歷史各個層面的變動認識。《食貨志》是較全面反映歷代經濟變化發展過程，以及國家經濟職能的得失利弊；《地理志》詳述古今地理沿革、行政區劃及各地物產風俗等演變情況，為國家因地制宜實施統治提供了很好的理論依據與現實基礎；《禮樂志》與《刑法志》反映了班固對秦漢以來禮樂刑法制度的變化之理性思考。因此，《漢書》十志「集中闡釋古今歷史變化，這是它取得巨大成就的根本原因，後史書志在立意上就沒有班固的通識，這從根本上決定了它們的差距。」〔註64〕

---

〔註60〕參見《論衡・效力篇》、《論衡・宣漢篇》。
〔註61〕《漢書》卷九一《貨殖傳》。
〔註62〕《漢書》卷一四《諸侯王表》序。
〔註63〕《漢書》卷一九上《百官公卿表》序。
〔註64〕許殿才：《〈漢書〉寫歷史變化》，《求是學刊》1999年第2期。

荀悅也有「達於變化之數」與「通古今」的類似表述，如「上古已來，書籍所載，未嘗有也」〔註65〕、「大數之極雖不變，然人事之變者亦衆矣」。〔註66〕他還認識到歷史的複雜性就在於其變化這個特性，「變化錯於其中矣。是故參差難得而均矣。天地人物之理，莫不同之。」〔註67〕這些都是史學家對歷史變化的根本性認識與思考。

## 三、「今勝於古」的宣漢發展觀

尊古卑今的古今觀存在於兩漢始終。如《淮南子‧脩務訓》曰：「世俗之人，多尊古而賤今，故爲道者必託之於神農、黃帝而後能入說。亂世闇主，高遠其所從來，因而貴之。爲學者，蔽於論而尊其所聞，相與危坐而稱之，正領而誦之。」漢宣帝曾批評道：「俗儒不達時宜，好是古非今，使人眩於名實，不知所守，何足委任？」〔註68〕東漢初年，這種古今觀仍存在。王充對此作了較爲系統而全面的批判，提出了他的「今勝於古」的歷史發展觀。

王充論道：「俗好褒遠稱古，講瑞上世爲美，論治則古王爲賢，睹奇於今，終不信然。」〔註69〕他對那些專爲章句之學，不通古今的俗儒，以及那些喧鬧於朝堂之上，大肆宣揚自己的世俗之論的文吏，進行了大量批判，「是以世俗學問者，不肯竟經明學，深知古今，急欲成一家章句。……徇今不顧古，趨讎不存志，競進不案禮，廢經不念學。是以古經廢而不修，舊學闇而不明，儒者寂於空室，文吏譁於朝堂。」〔註70〕

他進一步指出，「夫知古不知今，謂之陸沉，然則儒生，所謂陸沉者也」與「夫知今不知古，謂之盲瞽」〔註71〕是儒者的兩種弊病；而對秦漢以來的歷史不知，更爲愚蔽者，「然則儒生不能知漢事，世之愚蔽人也」。〔註72〕社會需要博達疏通的人才，「故博達疏通，儒生之力也」，〔註73〕否則只會知古而不知今或知今而不知古，會嚴重影響漢代人們認識歷史和探知未來。實際

〔註65〕《漢紀》卷四《高祖皇帝紀》。
〔註66〕《漢紀》卷六《高后紀》。
〔註67〕《漢紀》卷六《高后紀》。
〔註68〕《漢書》卷九《元帝紀》。
〔註69〕《論衡‧宣漢篇》。
〔註70〕《論衡‧程材篇》。
〔註71〕《論衡‧謝短篇》。
〔註72〕《論衡‧謝短篇》。
〔註73〕《論衡‧效力篇》。

上，這是在強調史學彰往察來之功能，「諸生能傳百萬言，不能覽古今，守信師法，雖辭說多，終不爲博。殷、周以前，頗載六經，儒生所能說也〔註74〕。秦、漢之事，儒生不見，力劣不能覽也。周監二代，漢監周、秦，周、秦以來，儒生不知；漢欲觀覽，儒生無力。使儒生博觀覽，則爲文儒。」〔註75〕

當然，我們在分析漢代古今觀理論體系構建時，要把尊古卑今的俗論與借古喻今而法古的古今觀區分開。特別是東漢後期，這種借古喻今之風很濃，目的是批判統治者的腐敗和皇帝的昏庸，並倡言改革和改制，故這種思維方式又具有明顯的積極意義。〔註76〕

王充不但認爲尊古卑今是不對的，也是不符合歷史事實的。他指出，歷史演變趨向不是俗儒所言今不如古的倒退，而恰恰相反是越來越向前發展的、今勝於古的。

首先，他以「太平」與否來評判社會是否進步與發展。他對「太平」作了解釋：「夫太平以治定爲效，百姓以安樂爲符。」〔註77〕他引用孔子的話來進一步說明，「百姓安者，太平之驗也。」〔註78〕這就是說，所謂的歷史發展與否就是要看政治穩定與百姓安樂程度如何。如果漢興之後，政治更加穩定，百姓富裕安康，那就表示社會發展了、前進了。

他認爲當今天下是安定太平的，即使祥瑞未具備，但也無害於這太平盛世。判斷太平的標準是社會事實，而不是瑞應，「夫治人以人爲主。百姓安，而陰陽和；陰陽和，則萬物育；萬物育，則奇瑞出。視今天下，安乎？危乎？安則平矣，瑞雖未具，無害於平。故夫王道定事以驗，立實以傚，效驗不彰，實誠不見。時或實然，證驗不具。是故王道立事以實，不必具驗。聖主治世，期於平安，不須符瑞。」〔註79〕

在他看來，文帝時已太平，後世只不過是繼續沿著這一太平路線前進，「夫文帝之時，固已平矣，歷世持平矣。」即使西漢滅亡，王莽篡位，但東漢中興仍使得這一太平保持下去，「至平帝時，前漢已滅，光武中興，復致太平。」

---

〔註74〕黃暉注：「『儒生所不能說』，當作『儒生所能說』。『不』字蓋涉上下文衍。此言儒生通經，經載殷、周前事，故儒生能說。秦、漢之事，未見於經，故不能覽。」（《論衡校釋》，第580頁）

〔註75〕《論衡・效力篇》。

〔註76〕晉文：《漢代的古今觀及其理論的構建》，《南京大學學報》2001年第6期。

〔註77〕《論衡・宣漢篇》。

〔註78〕《論衡・宣漢篇》。

〔註79〕《論衡・宣漢篇》。

〔註80〕這就有力地駁斥了一些儒者的虛妄之俗論。

其次，他從社會物質方面的發展變化來批駁「上世質樸，下世文薄」〔註81〕的尊古卑今之俗論。他言：「俱懷五常之道，共稟一氣而生，上世何以質樸？下世何以文薄？彼見上世之民，飲血茹毛，無五穀之食，後世穿地為井，耕土種穀，飲井食粟，有水火之調；又見上古巖居穴處，衣禽獸之皮，後世易以宮室，有布帛之飾，則謂上世質樸，下世文薄矣。」〔註82〕這是明確以物質進步來評判社會發展的樸素唯物主義思想，也是今勝於古的有目共睹的事實。這比以往從道德仁義上來看待古今變化要進步的多。

最後，王充提出了「實商優劣，周不如漢」的重要命題。他從受命、瑞應、民樂治安、民族融合等方面來證實這一命題：

> 實商優劣，周不如漢。何以驗之？周之受命者，文、武也，漢則高祖、光武也。文、武受命之降怪，不及高祖、光武初起之祐。孝宣、孝明之瑞，美於周之成、康、宣王。孝宣、孝明符瑞，唐、虞以來，可謂盛矣。今上即命，奉成持滿，四海混一，天下定寧。物瑞已極，人應訂隆。唐世黎民雍熙，今亦天下修仁，歲遭運氣，穀頗不登，迥路無絕道之憂，深幽無屯聚之姦。周家越常獻白雉，方今匈奴、善鄯、哀牢貢獻牛馬。周時僅治五千里內，漢氏廓土，收荒服之外。牛馬珍於白雉，近屬不若遠物。古之戎狄，今為中國；古之躶人，今被朝服；古之露首，今冠章甫；古之跣跗，今履商舄。以盤石為沃田，以桀暴為良民，夷坎坷為平均，化不賓為齊民，非太平而何？〔註83〕

王充把漢與周作了一個全面的對比，很自然地得出：「夫實德化則周不能過漢，論符瑞則漢盛於周，度土境則周狹於漢，漢何以不如周？」〔註84〕他理直氣壯地宣佈今勝於周。而且，他更要恢論漢代之盛世，「《宣漢》之篇，高漢於周，擬漢過周，論者未極也。恢而極之，彌見漢奇。夫經熟講者，要妙乃見；國極論者，恢奇彌出。恢論漢國，在百代之上，審矣。」〔註85〕這就

〔註80〕《論衡·宣漢篇》。
〔註81〕《論衡·齊世篇》。
〔註82〕《論衡·齊世篇》。
〔註83〕《論衡·宣漢篇》。
〔註84〕《論衡·宣漢篇》。
〔註85〕《論衡·恢國篇》。

把漢盛於周之觀念大大推進了，認爲漢代盛於以往的任何時期。

　　經過這樣細緻對比，王充旗幟鮮明地提出「今勝於古」這一進步古今發展觀。對於俗論所謂尊古卑今之思想，有著不容辯駁的批判力量，這也使得他的宣漢有充分的事實支援。而且王充聲明了自己的原則：「非以身生漢世，可褒增頌歎，以求媚稱也。核事理之情，定說者之實也。」〔註 86〕他並不是因生在漢世而褒頌漢盛，以求得媚稱；而是堅持一種實事求是的理性精神來看待社會歷史的演變發展。這是王充思想之所以有那麼久遠魅力的重要因素。後人稱他爲「晚漢思想界之陳涉」〔註87〕，是有道理的。

　　相比其他史學家和思想家，王充的歷史發展觀有三個特點：一是，他明確運用自己關於歷史發展與否的評判標準，來充分展示自己的歷史認識；二是他的歷史發展觀有著鮮明的理論特色，雖也有對歷史知識的運用，但整體上較爲集中、系統，具有一定的哲理性；三是，他的這種歷史發展觀與一些儒者之俗論形成了爭辯之態勢，具有鮮明的批判色彩。

## 四、治亂周復的人文歷史觀

　　歷史每前進一步，特別是帶有轉折性的一步，就會給史學家與思想家提出新的課題。隨著東漢社會的衰落，整個漢室政權與大一統社會秩序面臨崩潰的命運。一些人遂產生了悲觀之歷史情緒，似乎覺得歷史仍是按照治亂周復在循環、運轉。這就是東漢末年社會批判思潮的承繼者仲長統，所提出的歷史演變論。

　　他認爲，歷史上每一個朝代都經過了三個過程或三種狀態：以武力兼併天下而建立政權的開創時期，人心思安、社會穩定的過渡時期，衰世出現而天下大亂的結束時期。歷史就是遵循這樣三種狀態而循環演變的，「存亡以之迭伐，政亂從此周復，天道常然之大數也。」這樣的歷史如何又是一個盡頭呢？仲長統無法作出回答，只能發出：「悲夫！不及五百年，大難三起，中間之亂，尚不數焉。變而彌猜，下而加酷，推此以往，可及於盡矣。嗟乎！不知來世聖人救此之道，將何用也？又不知天若窮此之數，欲何至邪？」〔註88〕

　　雖說思想家仲長統祇是作出與以往「一治一亂」相類似的認識，但他的

---

〔註86〕《論衡·宣漢篇》。
〔註87〕余英時：《士與中國文化》，上海人民出版社，1987 年，第 325 頁。
〔註88〕以上均見《後漢書》卷四九《仲長統傳》引《昌言·理亂篇》。

這種認識却是建立在他所提出的「人事爲本，天道爲末」〔註89〕的樸素唯物主義的天人關係論上，是「用人文主義的歷史治亂說同三統循環的神意史觀相對抗，更表現出他歷史觀的珍貴思想價值」〔註90〕，也是東漢社會衰落帶給他的一種特殊思考。因此，這種歷史演化模式依然是兩漢思想家關於歷史演變進程及趨向的一種認識成果。

## 五、關於歷史變化階段的多元認識

對歷史變化進程及趨向問題更深一層的探討，反映在人們對歷史演變過程的分期觀念中。如《商君書・開塞》篇中把歷史劃分爲上世、中世和下世，即：「上世親親而愛私，中世上賢而說仁，下世貴貴而尊官。」這是從思想觀念和社會行爲方面講各時期的不同。《韓非子》則提出上古之世、中古之世與近古之世，這是按照社會歷史不斷髮展，物質條件不斷改善而劃分的。這一認識較符合當時歷史發展的眞實情況，可以說是先秦時期對歷史階段性認識的重要成果。

漢初陸賈依據「聖人成之」歷史觀，提出先聖、中聖與後聖的「三聖說」。〔註91〕在他看來，先聖時期是一個適應自然與人類社會不斷需要而創製物質文明的過程，它包括神農、黃帝、后稷、禹、奚仲與皐陶等在衣食住行方面的逐步發展與豐富過程。中聖時期是進行禮義制度建設的時期，即仁義之道的開創。後禮義不行，綱紀無法維持，於是後聖乃再次進行禮樂制度修正和維護。

陸賈通過對先聖、中聖、後聖的描述，主旨在表達他的「聖人成之」的仁義史觀，試圖從以往的歷史演變中總結出一些帶有規律性特點，從而更好地認識歷史、展望未來，避免重蹈秦亡的覆轍。他的這種理論思考，對漢初政權的穩固作出了理論貢獻。特別是他在認識過程中所總結出來的聖人「統物通變」，後發展成爲一條重要的歷史應對法則，這對兩漢學人對歷史演變趨向的把握有重要啓示意義。

由劉安所主持編撰的《淮南子》，對歷史階段性把握呈現出多元特徵。如在《俶真訓》中，作者提出了至德之世、伏羲氏、神農與黃帝之世、昆吾與

〔註89〕《群書治要》引《昌言》佚篇，中華書局，1985 年影印本。
〔註90〕許殿才：《仲長統的歷史理論與社會批判思想》，《史學史研究》1992 年第 4 期。
〔註91〕《新語・道基》。

夏后之世、周室之衰的五階段論；在《覽冥訓》中，作者提出了往古之時、夏桀之時、晚世之時、當今之時四階段論。

在《淮南子‧本經訓》中，作者又把歷史劃分爲兩大階段，第一階段爲太清之治〔註92〕，這是一種純樸至靜而合道的社會時期〔註93〕；第二階段爲衰世階段，自然與社會不相協調，導致天道、地道、人道不能協調發展，破壞了它們的原有秩序，致使社會衰落下去。從這兩階段的內涵及其劃分標準來看，作者是以天道、地道、人道參合與否爲連接點，這與《俶眞訓》、《覽冥訓》的階段論相比，顯得更爲宏闊。

此外，《本經訓》還把歷史演變劃分爲四階段：第一階段是容成氏之時，即黃帝時期〔註94〕，這一時期，社會狀態爲「不知其所由然」，表現爲人類與自然是和諧生活；第二階段是堯之時，開始出現一些規則秩序；第三階段是舜之時，「萬民皆寧其性」；第四階段是晚世之時，即夏桀、商紂時代。這雖說是爲了說明「有賢聖之名者，必遭亂世之患也」的道理，但也體現出作者對歷史運行階段的一種認識。

《淮南子》從道德與人性標準出發對歷史階段作了多元劃分，似乎呈現出歷史倒退的感覺，但這恰恰反映了歷史是一個多面鏡。儘管有些劃分，不一定符合客觀歷史進程及其演變特點，但這種多元化的分期意識，對後世認識歷史演變特點有著重要的提示作用與借鑒價值。況且《淮南子》也有以衣食住行等物質條件不斷改善來反映古今之變化，體現出一種發展進步的思想。如在《氾論訓》中，作者從住行、穿衣、耕作工具、交通運輸等方面的古今變化發展，對歷史演變劃分爲古者與後世這兩大階段。這種以物質文明的進步與否作爲劃分歷史階段的理論，無疑是值得肯定的思想成果。說《淮南子》對歷史階段性認識有很豐富的內容，是可以成立的。

雖然司馬遷沒有關於歷史階段性認識的明確論述，但在其著述過程中却體現出很清晰的歷史分期觀念。對社會歷史演變，他往往能較準確把握歷史演變轉捩點，更接近客觀歷史演變過程。這是司馬遷的突出理論貢獻，至今仍影響著人們對歷史進程的認識。

〔註92〕原文爲「始」，據王念孫校改。參見劉文典《淮南鴻烈集解》卷八《本經訓》。
〔註93〕近人劉文典認爲，這種太清之治當指三皇之時，參見劉文典《淮南鴻烈集解》卷八《本經訓》。
〔註94〕劉文典認爲：「容成，黃帝時造曆術者」，參見劉文典《淮南鴻烈集解》卷八《本經訓》。

　　司馬遷著《史記》，有著較爲明確的斷限，「卒述陶唐以來，至於麟止，自黃帝始。」〔註95〕《史記》「十二本紀」〔註96〕，實際上就體現了他的一種歷史階段劃分意識。張大可把《史記》十二本紀分爲上古史、近古史、今世史三個階段，即《五帝本紀》、《夏本紀》、《殷本紀》、《周本紀》爲上古階段，《秦本紀》、《秦始皇本紀》、《項羽本紀》爲近古階段，《漢高祖本紀》等其他五個本紀爲今世階段〔註97〕。實際上，這三個階段又可劃分爲六個時期，《五帝本紀》爲第一個時期，《夏本紀》爲一個時期，《殷本紀》爲一個時期，《周本紀》爲一個時期，《秦本紀》、《秦始皇本紀》、《項羽本紀》爲一個大的時期，漢高祖及其以後的本紀爲一個時期，這是司馬遷對大一統社會的認識而體現出來的一種分期觀念，也體現了一種歷史發展的思想。

　　當然，司馬遷在《史記》十表中也有以社會倫理變化爲標準而進行的分期觀念，但比之陸賈、《淮南子》的道德仁義階段分期觀，它更符合客觀歷史演變過程。而且司馬遷是以大一統社會不斷形成的客觀歷史過程爲其根本著眼點，對這一社會倫理變化所反映的歷史盛衰變動作出認識。

　　這可歸爲三個階段五個時期，三個階段就是指《三代世表》與《十二諸侯年表》爲上古階段，《六國年表》與《秦楚之際月表》爲近古階段，《漢興以來諸侯王表》及其它爲今世階段。而第一階段又可分爲兩個時期：三代是一個時期，起黃帝，迄西周共和，表現爲積德累善得天下的古樸時代；《十二諸侯年表》是另一個時期，起共和迄孔子卒，表現爲王權衰落的霸政時代。第二階段也可分爲兩個時期：一個是《六國年表》，起周元王元年，迄秦二世之滅，表現爲暴力征伐天下的戰國時代；另一個是《秦楚之際月表》，起陳涉發難，迄劉邦稱帝，表現爲天下三嬗的劇變時代。第三個階段就是一個時期，表現爲大一統的今世時代。這似乎表現爲一種循環史觀，實則是一種以大一統爲更高發展階段的歷史發展觀。

　　漢代一些公羊學家，依據對《春秋》書法加以發揮，提出了形上邏輯之歷史階段性認識。這裏的形上是指依據抽象的邏輯式方法，通過對《春秋》

---

〔註95〕　《史記》卷一三○《太史公自序》。

〔註96〕　范文瀾：《正史考略》（北平文化書社，1931 年）中說司馬遷作十二本紀是效法《春秋》「十二世」而來。可能受此啓示，但司馬遷仍是遵循客觀歷史進程以及本紀體例要求等進行歷史階段劃分的。

〔註97〕　參見張大可：《史記體制義例簡論》，見《史記研究》，甘肅人民出版社，1985 年，第 215 頁。

書法的發揮而劃分歷史階段。

《公羊傳》曾先後三次講到「所見異辭，所聞異辭，所傳聞異辭」，分見於《公羊傳》隱西元年、桓公二年、哀公十四年。雖然「《公羊傳》上述說法還不能完全等同於『三世說』，而只能看作是『三世說』的雛型。『所見異辭』云云，主要還是書法問題，即根據時間上的遠近不同，史料上的來源不同，而用辭有所區別，褒貶尺度有所差異，詳近略遠，重內輕外。可是這種書法差異的存在，實際上又包含著歷史哲學的認識，即春秋時期 242 年的歷史並非凝固不變，而是有古、近、現代之分，是可以劃分爲不同的階段的。」〔註 98〕董仲舒正是發揮了這一點，初步提出了春秋十二世的分期觀。他把春秋分爲十二世，十二世又分爲有見、有聞、有傳聞三等，「《春秋》所載十二世可以明確區分爲三等，即有見、有聞、有傳聞」。雖說董仲舒的這種歷史階段劃分仍與《春秋》書法相關，但「董仲舒『張三世』論點的提出，已把《公羊傳》的說法大大推進了一步，並爲何休新『三世說』學說的形成提供了最直接、最翔實的思想依據。」〔註 99〕

何休吸收了董仲舒的思想而大加發揮《公羊傳》本身的書法問題，提出了「張三世」這一重要認識，首次系統地運用「衰亂世－升平世－太平世」來揭示歷史演化過程及其趨向。

何休「三世說」最集中體現在其《春秋公羊傳解詁》隱西元年對《公羊傳》義例「所見異辭，所聞異辭，所傳聞異辭」的詳細闡釋。從這段長文來看，何休繼承了董仲舒關於春秋「三世」的劃分方法，根據時代的遠近，關係的親疏，而確定書法上的詳略不同。在此基礎上，他提出了所傳聞之世對應的是衰亂之治，所聞之世對應的是升平之治，所見之世對應的是太平之治。而且這又與民族關係連接在一起，所傳聞之世：內其國而外諸夏，執行的統治職能則是先詳內而後治外；所聞之世：內諸夏而外夷狄；所見之世：天下遠近小大若一。這樣就呈現出一個發展變化的鏈條：衰亂世－升平世－太平世，所反映的民族關係也是一個不斷走向統一的歷史過程。

何休不僅把《公羊傳》中的書法與歷史中的民族關係聯繫起來，還把《春秋》當新王與今文經學家「三統說」結合起來。至此，何休終於把《公羊》學原先獨立存在、彼此不相統屬的重要書法義例創造性地熔爲一爐，爲自己

〔註 98〕黃樸民：《何休評傳》，南京大學出版社，1998 年，第 164～165 頁。
〔註 99〕以上均見黃樸民：《何休評傳》，南京大學出版社，1998 年，第 166 頁。

歷史理論的構建奠定了堅實的基礎。陳其泰對何休「三科九旨」所蘊涵的歷史演變的哲理認識給予了精到的理解與把握:「『三世說』的要旨,就是用形象化的、簡潔的語言,描述歷史變易進化的哲理。不僅『三世說』爲然,『三科九旨』也是從不同的角度講『變』的,而且互相聯繫、密不可分,故徐彥稱『何氏之意,以爲三科九旨,正是一物。』一科三旨『新周,故宋,以《春秋》當新王』,是把『通三統』與『三世說』直接聯繫起來,共同體現出《公羊》家歷史觀『變』的實質。『新周,故宋,以《春秋》當新王』主要是從總結以往的歷史講『變』;『所傳聞世,所聞世,所見世』本身是講春秋 242 年的『變』,從中引申、發揮的『據亂世、升平世、太平世』則是講包括未來在內的歷史全局的『變』。『二科六旨』在整個『三科九旨』中處於核心地位。『內其國而外諸夏,內諸夏而外夷狄』則是上述核心部分在民族關係上的體現。」〔註 100〕

　　在何休看來,歷史是一個由低級階段向高級階段發展的過程,人類社會總的趨勢是發展、前進,這是何休歷史理論中最爲精要的地方,更加豐富與發展了兩漢歷史理論,對世人追求進步,對生活充滿信心是一種理論鼓舞。可以說,「三世」說,是《公羊》學家考察和解釋社會歷史演變的基本理論依據,「不但有把握歷史運行法則,指示歷史進程的理論意義,而且成爲歷代改革家的思想武器,在中國歷史的重大轉折關頭產生了巨大推動作用。」〔註 101〕

---

〔註 100〕陳其泰《何休公羊學說的體系及其學術特色》,(中國臺灣)《中國文化月刊》
　　　　　第 196 期。
〔註 101〕許殿才《通變思想的理論特點》,《史學月刊》2004 年第 9 期。

# 第三章　關於歷史變理的總結

　　無論是對社會歷史變動原因的思考，還是對歷史演變過程及趨向的探討，其主旨之一就是要總結歷史變理，爲社會提供有益借鑒，至少主觀目的大都是這樣。且「由中國古代思想學說的根本特性決定，古代變理探討的核心問題是治亂安危之故。圍繞這一中心，人們展開了廣泛的歷史思考。」〔註1〕

　　就歷史變理的內容而言，主要有兩個層次：一是指關於歷史變化法則的探討，如順天應人、改制與通變等；二是指關於治亂盛衰之理的總結，如霸王道雜之、人心嚮背與以民爲本，以及室家之道。這些都是漢代學人在歷史認識過程中所尋求到的現實啓示。

## 一、關於歷史變化法則的探討

　　古今是變化的，變化中也有「不變」的法則存在。所謂「不變」的法則，就是「常」，也即漢代人所言的「古今通義」。它是古今關係的聯接點，是社會運轉的應對原則。如何認識與把握「變」與「常」，不同的人對其有不同的回答。這與他們所持有的天人觀，息息相關。這對兩漢社會政治、思想文化等方面均有重要影響，不僅豐富了漢代歷史理論，而且推動了中國古代關於歷史變化法則的探究。

### （一）「有改制之名，亡變道之實」

　　爲了鞏固西漢皇朝大一統政權及社會秩序，董仲舒根據春秋公羊學精神與歷史演變情況，積極尋求歷史變化之「常道」。

---

〔註1〕　許殿才：《通變思想的理論特點》，《史學月刊》2004 年第 9 期。

在董仲舒歷史演變理論中，「變」與「常」是很複雜的，二者之間又是有一定內在邏輯聯繫的。他所言的「道」就是「常」；而所謂的「更化」即為「變」。這集中體現在他關於改統與改制的分析與認識上。

董仲舒把改統的情況分為兩種：一是出於禪讓的改統，例如堯、舜、禹；一是出於征伐而改統，例如湯伐桀、周伐殷。而這兩個「改統」，都與「道」有關，「道」又反映所謂的「天命」轉移，「道之大原出於天，天不變，道亦不變」。禪讓之改統，主要是道無弊，雖意味著「天命」發生轉移，但這樣所改之統的治國原則與前統是一致的，「是以禹繼舜，舜繼堯，三聖相受而守一道，亡救弊之政也，故不言其所損益也。」〔註2〕而征伐之改統，則是道出現了問題，是有道伐無道，這乃天理，「夏無道而殷伐之，殷無道而周伐之，周無道而秦伐之，秦無道而漢伐之，有道伐無道，此天理也。」〔註3〕這樣，所改之統的治國原則與精神，則要按照「忠、敬、文」三道「循環」來損益了，「然夏上忠，殷上敬，周上文者，所繼之捄，當用此也。」所以說，「道者萬世亡弊，弊者道之失也。先王之道必有偏而不起之處，故政有眊而不行，舉其偏者以補其弊而已矣。三王之道所祖不同，非其相反，將以捄溢扶衰，所遭之變然也。……繼治世者其道同，繼亂世者其道變。今漢繼大亂之後，若宜少損周之文致，用夏之忠者。」〔註4〕既然漢代是伐無道之秦，那麼就要按照「忠、敬、文」三道「循環」來救秦之弊了。這就是董仲舒一再強調要實行更化思想的理論根據。他提出這套歷史演變理論，主觀目的是想推動武帝及其之後帝王能根據漢代社會現實而進行合理的糾弊與改制，從而更好地使漢代大一統政權永存下去。「繼治世者其道同，繼亂世者其道變」就是他改統理論的重要應對法則，也是他對「變」與「常」統一關係的重要闡釋。

西漢末年的「漢再受命」思潮，極力倡導堯、舜、禹式的「禪讓」之改統，試圖繼續遵循董仲舒所倡導的改制之理想。如劉向把四法與忠、敬、文三王之道聯繫起來，就是突出體現。《說苑·修文》曰：

> 是故文王始接民以仁，而天下莫不仁焉。文德之至也。德不至，則不能文。商者，常也。常者，質。質主天。夏者，大也。大者，文

---

〔註2〕 《漢書》卷五六《董仲舒傳》。
〔註3〕 《春秋繁露·堯舜不擅移、湯武不專殺》。
〔註4〕 《漢書》卷五六《董仲舒傳》。

也。文主地。故王者一商一夏，再而復者也。正色，三而復者也。
味尚甘，聲尚宮，一而復者。故三王術如循環。故夏后氏教以忠，
而君子忠矣，小人之失野。救野莫如敬，故殷人教以敬，而君子敬
矣，小人之失鬼。救鬼莫如文，故周人教以文，而君子文矣，小人
之失薄。救薄莫如忠，故聖人之與聖也，如矩之三雜，規之三雜。
周則又始，窮則反本也。

這把董仲舒的「三統說」之「損益觀」作了更為廣泛而複雜的發揮。直到東漢時期，這一思想仍被推崇，如《白虎通‧三教》曰：「王者設三教者何？承衰救弊，欲民反正道也。三正之有失，故立三教以相指受。夏人之王教以忠，其失野，救野之失莫如敬。殷人之王教以敬，其失鬼，救鬼之失莫如文。周人之王教以文，其失薄，救薄之失莫如忠。繼周尚黑，制與夏同。三者如順連環，周而復始，窮則反本。」可見，董仲舒關於歷史變化的深入理論思考，對兩漢影響至深。

董仲舒在天人與古今結合的基礎上，進一步對古今變化應對法則作思考，提出「有改制之名，亡變道之實」這一歷史認識。他在「天人三策」中論道：「改正朔，易服色，以順天命而已；其餘盡循堯道，何更為哉！故王者有改制之名，亡變道之實。」〔註5〕這是闡述禪讓之改統而得出來的改制原理，也是董仲舒積極努力通過這一改制之道，來使得大一統社會秩序穩固延續下去。《白虎統‧三正篇》亦曰：「王者有改道之文，無改道之實。如君南面，臣北面，皮牟素積，聲味不可變，哀戚不可改，百王不易之道也。」〔註6〕董仲舒又在《春秋繁露‧楚莊王》中再次指出：

今所謂新王必改制者，非改其道，非變其理，受命於天，易姓更王，
非繼前王而王也。若一因前制，修故業，而無有所改，是與繼前王
而王者無以別。……若夫大綱、人倫、道理、政治、教化、習俗、
文義盡如故，亦何改哉？故王者有改制之名，無易道之實。

這個「先王之遺道」就是「常」，是不能改變的。漢代以來的改制，祇是順應天命而改正朔、易服色，要因循這個「先王之道」，要「奉天法古」，因為它「古今通達」。所以，董仲舒提出「應天改制」與「應人作樂」的變理，「制

〔註5〕《漢書》卷五六《董仲舒傳》。
〔註6〕蘇輿案：《白虎統‧爵》亦作：「王者有改道之文」，疑本作「改制」，後人沿下文而誤改之。（見《春秋繁露義證》，第19頁。）

為應天改之，樂為應人作之」。〔註7〕

「應天改制」是指正朔與服色這些關係到政權合法性和正統性問題的改制；「應人作樂」則指社會禮樂制度等這些社會規範，它是應時而變，應人心而動，因為禮樂是人之性情所產生的，人的向往不同，那麼禮樂的內容與形式也會有所變化。二者又是統一的，「正朔、服色之改，受命應天製禮作樂之異，人心之動也。二者離而復合，所為一也。」〔註8〕

值得注意的是，董仲舒思想體系中的「道」，其衡量尺度之一是「利民」而「德治」。他認為，「利民」乃「常道」之體現，「故受祿之家，食祿而已，不與民爭業，然後利可均布，而民可家足。此上天之理，而亦太古之道，天子之所宜法以為制，大夫之所當循以為行也。」〔註9〕他對此作進一步解釋：「古者修教訓之官，務以德善化民，民已大化之後，天下常亡一人之獄矣。今世廢而不修，亡以化民，民以故棄行誼而死財利，是以犯法而罪多，一歲之獄以萬千數。以此見古之不可不用也，故《春秋》變古則譏之。」在他看來，「以德善化民」就是「常」，古今一樣，執行這個就是「有道」，反之則為「無道」，而且以《春秋》變古則譏之這一經學思想來加以強調。

「以德善化民」這一古今之驗，並不是重古卑今，而是尋找到了一個古今通義、古今關係的連接點，只不過董仲舒在論述時參雜了天人感應思想。他言：「是故王者上謹於承天意，以順命也；下務明教化民，以成性也；正法度之宜，別上下之序，以防欲也；修此三者，而大本舉矣。」〔註10〕

董仲舒的這些認識，也符合他對變與常的理解。他認為，變與常是《春秋》之道。《春秋繁露‧竹林》：「《春秋》之道，固有常有變，變用於變，常用於常，各止其科，非相妨也。」如禮就有經禮與變禮，「《春秋》有經禮，有變禮。為如安性平心者，經禮也。至有於性，雖不安，於心，雖不平，於道，無以易之，此變禮也。……天子三年然後稱王，經禮也。有故則未三年而稱王，變禮也。婦人無出境之事，經禮也。母為子娶婦，奔喪父母，變禮也。」〔註11〕所以要「明乎經變之事，然後知輕重之分，可與適權矣。」〔註12〕而且要明白，變是

〔註7〕《春秋繁露‧楚莊王》。
〔註8〕《春秋繁露‧楚莊王》。
〔註9〕《漢書》卷五六《董仲舒傳》。
〔註10〕《漢書》卷五六《董仲舒傳》。
〔註11〕《春秋繁露‧玉英》。
〔註12〕《春秋繁露‧玉英》。

在維護「常」這個前提下進行的，「夫權雖反經，亦必在可以然之域」，〔註13〕這個所謂的「可以然之域」當然是指他所堅持的「先王之道」。因此，「《春秋》固有常義，又有應變。」〔註14〕具體來說，就是「故有危而不專救，謂之不忠；無危而擅生事，是卑君也。故此二臣俱生事，《春秋》有是有非，其義然也。」〔註15〕

董仲舒把陰陽學說也納入到他對經與權的認識中，提出先經而後權，這與前面所述是一致的。他說道：「惡之屬盡爲陰，善之屬盡爲陽。陽爲德，陰爲刑。刑反德而順於德，亦權之類也。雖曰權，皆在權成。是故陽行於順，陰行於逆。逆行而順，順行而逆者，陰也。是故天以陰爲權，以陽爲經。陽出而南，陰出而北。經用於盛，權用於末。以此見天之顯經隱權，前德而後刑也。……是故陽常居實位而行於盛，陰常居空位而行於末。天之好仁而近，惡戾之變而遠，大德而小刑之意也。先經而後權，貴陽而賤陰也。」〔註16〕所以說，「天之道，有序而時，有度而節，變而有常。」〔註17〕

漢代諸多關於古今關係的爭辨，實際上就是對「變」與「常」理解不同而產生的。昭帝時所召開的鹽鐵會議，文學與大夫爲主的雙方在鹽鐵官營與漢匈關係方面展開激烈爭論。從理論上來說，這就是關於古今觀的一次爭辨，也是方今之急務與先王之道的辯論，體現了經學與政治、史學的一種融合過程。

由於武帝大規模征伐，社會弊端逐漸顯露，於是一些儒者對此提出批評，想通過「復古」來糾武帝之弊。如文學們指出，「當時之權，一切之術也，不可以久行而傳世，此非明王所以君國子民之道也」。〔註18〕而是應該「思所以安集百姓，致利除害，輔明主以仁義」。〔註19〕爲了維護自己的利益，他們積極倡導恢復先王之道。當然，這並不是簡單的「復古」或「師古」，而是沿著漢初以來儒者順時應變的思想傳統來陳述這一古今觀的，「夫舉規矩而知宜，吹律而知變，上也；因循而不作，以俟其人，次也。」〔註20〕實際上，這涉及到變與常的邏輯關係。文學認爲先有一個常來指導，然後再進行變革。

〔註13〕《春秋繁露・玉英》。
〔註14〕《春秋繁露・精華》。
〔註15〕《春秋繁露・精華》。
〔註16〕《春秋繁露・陽尊陰卑》。
〔註17〕《春秋繁露・天容》。
〔註18〕《鹽鐵論・復古》，本文均引自王利器：《鹽鐵論校注》，中華書局，1992年。
〔註19〕《鹽鐵論・復古》。
〔註20〕《鹽鐵論・刺復》。

　　而以桑弘羊爲代表的大夫，爲了繼續推進武帝的變革政策，同時也爲了維護他們的既得利益，反對地方豪強威脅中央集權，積極主張順時變革。大夫們認爲，文學們都是「信往而乖於今，道古而不合於世務」。〔註21〕他們進而對「信往疑今，非人自是」的俗儒進行了批判，堅持「夫道古者稽之今，言遠者合之近」〔註22〕、「夫善言天者合之人，善言古者考之今」〔註23〕的古今觀，這與漢初以來倡導的古今觀一致。

　　可以說，道與制問題是他們討論變與不變的實質：復古，尊道，不是倒退；今務，變革，不是卑古尊今。

　　雖然董仲舒對「變」與「常」的認識，是在努力尋求歷史演變過程中穩定的規則，便於更好地維護社會大一統秩序的和諧存在。但他是以自身那套系統天人感應論爲理論指導，這就使得他的「道之大原出於天，天不變，道亦不變」以及「有改制之名，亡變道之實」，易產生歷史不變之傾向與形而上之色彩。當然，他所總結的「繼治世者其道同，繼亂世者其道變」，仍是一條重要的歷史應對原則。這對兩漢史學有很深影響，對史學家的理論思考，也有啓示意義。

### （二）「通古今之變」

　　司馬遷雖然沒有把《史記》裏的歷史觀點概括成爲有體系的學說，然而這毫不足以損害《史記》所表現的有機聯繫著的歷史觀點。〔註24〕

　　司馬遷作爲一位史學大家，不僅對歷史變化有明確認識，而且對歷史進程中的「常」也有所把握。有的與董仲舒的看法相似，有的則表現出很大差異。差異之一，就是司馬遷的認識乃是歷史地把「變」與「常」相統一，提出「通古今之變」的卓識，強調「變」中有「常」與「常」中有「變」。可以說，「『通古今之變』是歷史發展的辯證法問題」〔註25〕，這是其史學特色。同時也說明，「全面整理歷史文化以究明人類的大道，史學較其他經子集諸學術更易爲功。」〔註26〕

　　關於司馬遷對「變」與「常」及其相互關係的認識，劉家和作了專文探

---

〔註21〕《鹽鐵論・刺復》。
〔註22〕《鹽鐵論・論菑》。
〔註23〕《鹽鐵論・詔聖》。
〔註24〕侯外廬主編：《中國思想通史》第二卷，人民出版社，1957年，第133頁。
〔註25〕金春峰：《兩漢思想史》，中國社會科學出版社，1997年修訂版，第274頁。
〔註26〕雷家驥：《兩漢至唐初的歷史觀念與意識》緒論，書目文獻出版社，1987年。

討。〔註27〕筆者不揣冒昧，試圖在此基礎上作具體闡述。

　　劉先生提出，司馬遷對於歷史上的常的論述，主要表現在兩個方面：一是發展經濟與致富是人們的恒常行動目標，如《史記・貨殖列傳》記：「人各任其能，竭其力，以得所欲。故物賤之徵貴，貴之徵賤，各勸其業，樂其事，若水之趨下，日夜無休時，不召而自來，不求而民出之。豈非道之所符，而自然之驗邪？」，以及「富者，人之情性，所不學而俱欲者也。」二是禮義作為社會倫理體系，是恒常的，是不能天天變的。《太史公自序》載曰：「夫《春秋》，上明三王之道，下辨人事之紀，別嫌疑，明是非，定猶豫，善善惡惡，賢賢賤不肖，存亡國，繼絕世，補敝起廢，王道之大者也。……故《春秋》者，禮儀之大宗也。」這一點，與董仲舒的「先王之遺道」相一致。他們都肯定與維護孔子所宣揚的儒家倫理綱常。

　　此外，「利民」、「德治」也是司馬遷所認為的「常」。他通過總結三代以來的歷史盛衰變動過程，得出「形勢雖彊，要之以仁義為本」；〔註28〕在《史記・商鞅列傳》中對商鞅改革「苟可以利民，不循其禮」思想的肯定；在《秦始皇本紀》後論中借賈誼之言強烈批駁秦朝背離「民本」之道，而不知攻守轉換也。這些都是司馬遷從歷史盛衰中總結出來的具體經驗與教訓，對統治者更有借鑒意義。

　　歷史是變化的，與此相應，人們的行為自然也要隨之改變、調整。但如何改變、調整，不同的人有不同的認識。漢代學人努力在變化中把握「常」，運用「常」來通變，從而努力達到變與常的統一。司馬遷所提出的「順時應變」與「承弊通變」，就是這一變化應對原則的突出成就。

　　司馬遷的「通古今之變」中的「通」，實際上有兩重涵義：一是指通曉古今變化的意思，二是指歷史過程的由變而通。〔註29〕「物盛而衰，固其變也」〔註30〕、「物盛而衰，時極而轉。一質一文，終始之變也」〔註31〕與「物極必反」等，均屬第一層內涵所指；至於司馬遷多次提及的「順時應變」以及「承敝通變」、「承敝易變」，均屬第二層內涵所指，是對「變」與「常」關係的理解。

---

〔註27〕　劉家和：《司馬遷史學思想中的變與常》，《北京師範大學學報》2000 年第 2 期。

〔註28〕　《史記》卷二二《漢興以來諸侯王年表》序。

〔註29〕　參見劉家和：《司馬遷史學思想中的變與常》，《北京師範大學學報》2000 年第 2 期。

〔註30〕　《史記》卷三〇《平準書》。

〔註31〕　《史記》卷三〇《平準書》。

所謂順時應變，一是要求人們根據歷史本身變化來調整政策措施和人們的行為，以適應歷史的新形勢；二是要求人們根據具體情況，決定對於前代遺產的取捨：對前代施行有效，至今仍有價值的東西要努力繼承，對於前代應用失敗或已過時的東西則應大膽更化。

在對人的行為與評價上，司馬遷稱讚叔孫通與時變化，給予這位漢家儒宗以高度評價，「叔孫通希世度務制禮，進退與時變化，卒為漢家儒宗」〔註32〕；稱道蕭何「順流與之更始」〔註33〕，曹參順應時變，出現所謂的蕭規曹隨，天下稱美，「參為漢相國，清靜極言合道。然百姓離秦之酷後，參與休息無為，故天下俱稱其美矣」〔註34〕；贊揚韓安國「智足以應近世之變，寬足用得人」〔註35〕的一生，而批判魏其侯竇嬰不知順時應變，遂成禍亂，「魏其、武安皆以外戚重，灌夫用一時決筴而名顯。魏其之舉以吳、楚，武安之貴在日月之際。然魏其誠不知時變，灌夫無術而不遜，兩人相翼，乃成禍亂。」〔註36〕

在生活實踐上，他強調要順時而行，順事應變，「故物賤之徵貴，貴之徵賤，各勸其業，樂其事，若水之趨下，日夜無休時，不召而自來，不求而民出之」。他引用計然的話說：「旱則資舟，水則資車，物之理也。」〔註37〕

在學術上，司馬遷肯定道家「與時遷移，應物變化，立俗施事，無所不宜，指約而易操，事少而功多」的思想，反對「守經事而不知其宜，遭變事而不知其權」〔註38〕的做法。

司馬遷特別指出了順時應變的一個原則問題：要以成功為最終評判尺度。他說：「居今之世，志古之道，所以自鏡也，未必盡同。帝王者各殊禮而異務，要以成功為統紀，豈可緄乎？觀所以得尊寵及所以廢辱，亦當世得失之林也，何必舊聞？於是謹其終始，表其文，頗有所不盡本末；著其明，疑者闕之。後有君子，欲推而列之，得以覽焉。」〔註39〕這要比漢初陸賈提出的「道近不必出於久遠，取其致要而有成」〔註40〕，更進一步。

---

〔註32〕《史記》卷九九《劉敬叔孫通列傳》。
〔註33〕《史記》卷五三《蕭相國世家》。
〔註34〕《史記》卷五四《曹相國世家》。
〔註35〕《史記》卷一三○《太史公自序》。
〔註36〕《史記》一○七《魏其武安侯列傳》。
〔註37〕《史記》卷一二九《貨殖列傳》。
〔註38〕《史記》卷一三○《太史公自序》。
〔註39〕《史記》卷一八《高祖功臣侯者年表》序。
〔註40〕《新語‧術事》。

　　陸賈根據「善言古者合之於今，能述遠者考之於近」〔註41〕的古今觀，認為：「《春秋》上不及五帝，下不至三王，述齊桓、晉文之小善，魯之十二公，至今之為政，足以知成敗之效，何必於三王？故古人之所行者，亦與今世同。立事者不離道德，調弦者不失宮商，天道調四時，人道治五常，周公與堯、舜合符瑞，二世與桀、紂同禍殃。文王生於東夷，大禹出於西羌，世殊而地絕，法合而度同。故聖賢與道合，愚者與禍同，懷德者應以福，挾惡者報以凶，德薄者位危，去道者身亡，萬世不易法，古今同紀綱。」〔註42〕因此，只要合「道」就可以借鑒，因時而權行，「故制事者因其則，服藥者因其良。書不必起仲尼之門，藥不必出扁鵲之方，合之者善，可以為法，因世而權行。」〔註43〕這就是說，只要符合「仁義之道」，再根據當時的實際情況，就可以效法運用了。這裏多少表示出順時應變的色彩，但陸賈強調的是「道」這一不易之「常」，只要符合「道」，就可以效法，不管古與今、遠與近的分界。〔註44〕《淮南子》提出「貴是而同今古」〔註45〕，也是類似認識。或許這些受漢初黃老思想影響，但與司馬遷「通古今之變」之順時應變，仍有距離。

　　司馬遷的這一順時應變之思想，在兩漢史學發展中遂形成了一種史學傳統。班固就繼承了司馬遷史觀中的進步因素，也提出了順時應變的思想。漢成帝曾有意大舉修訂刑法，但因「有司無仲山父將明之材，不能因時廣宣主恩，建立明制，為一代之法，而徒鉤摭微細，毛舉數事，以塞詔而已。是以大議不立」。班固對此深感遺憾，特別批駁了阻隔這一大事的「法難數變」的迂腐之論，一針見血地指出這是「庸人不達，疑塞治道」。他強烈批判漢初刑法違背時宜的做法，「今漢承衰周暴秦極敝之流，俗已薄於三代，而行堯、舜

〔註41〕 《新語・術事》。
〔註42〕 《新語・術事》。
〔註43〕 《新語・術事》。
〔註44〕 《荀子・性惡篇》：「故善言古者必有節於今，善言天者必有徵於人。」這是把古今與天人聯繫起來加以考察古今關係的思想認識。而陸賈則是從歷史變動中來加以總結古今關係而得出來的認識，顯然思想旨趣有了變化，所體現的時代特色也有了明顯不同。
〔註45〕 《淮南子・脩務訓》：「世俗之人，多尊古而賤今，故為道者必託之于神農、黃帝而後能入說。亂世闇主，高遠其所從來，因而貴之。為學者，蔽于論而尊其所聞，相與危坐而稱之，正領而誦之。此見是非之分不明。夫無規矩，雖奚仲不能以定方圓；無準繩，雖魯般不能定曲直。……故有符於中，則貴是而同今古；無以聽其說，則所從來者遠而貴之耳。」

之刑，是猶以韉而御駻突，違救時之宜矣。」〔註46〕對於桑弘羊提出的鹽鐵官營經濟政策，班固認爲這針對昭帝時期的社會現狀是行之有效的，於是以「據當世，合時變」〔註47〕，而予以積極的肯定。《漢書》看到了秦代在職官等政治制度上變革的正確性，因而充分肯定漢對此「因循而不革」是「明簡易，隨時宜也」。〔註48〕可以說，「《漢書》中順時應變的觀點給古代歷史思想注入了新鮮血液，爲後來的思想家、改革家提供了有益的啓示。」〔註49〕

荀悅也發揚了這一史學傳統，他指出，應對歷史變化的根本辦法就是「應變濟時」〔註50〕，或者叫作「損益盈虛，與時消息」〔註51〕。如何把握歷史變化之機，在重大歷史關頭穩操勝券，荀悅也給予積極探索。《漢紀》卷二《高祖皇帝紀二》論曰：「權不可預設，變不可先圖，與時遷移，應物變化，設策之機也。」可見他對歷史變化，也是有深刻理解，對人事與歷史形勢之關係，也有成熟思考。就是現在，能揭示出這些要素，也是需要有獨到眼光的，也是需要有很高理論素養的。從漢代整個史學發展進程來看，荀悅所作出的理論貢獻，不可磨滅。而且有些方面，荀悅並不遜色於馬、班，其理論性更爲突出。

司馬遷「通古今之變」的另一內容，就是所謂的「承弊通變」之歷史應對法則。它與順時應變有相似之處，但更關注國家政治制度層面。司馬遷在《史記·高祖本紀》中論道：

> 夏之政忠。忠之敝，小人以野，故殷人承之以敬。敬之敝，小人以鬼，故周人承之以文。文之敝，小人以僿，故救僿莫若以忠。三王之道若循環，終而復始。周、秦之間，可謂文敝矣。秦政不改，反酷刑法，豈不謬乎？故漢興，承敝易變，使人不倦，得天統矣。

這裏所表現出來的「循環」不是古今歷史本身的重演，而是忠、敬、文這三種政治統術在不斷更化，其實質則是救弊通變。正如劉家和所分析的，「當然，這樣的變化常規或法則的表述，是有其明顯的缺陷的。不過，只要看一看《高祖功臣年表序》中對三代封建與漢初的封建之間的異同所作的分析，我們就不會相信司馬遷是眞正的歷史循環論者了；因此，如果把上述忠、敬、文的

---

〔註46〕 以上均見《漢書》卷二三《刑法志》。
〔註47〕 《漢書》卷六六《公孫劉田王楊蔡陳鄭傳》贊。
〔註48〕 《漢書》卷一九《百官公卿表》序。
〔註49〕 許殿才：《〈漢書〉寫歷史變化》，《求是學刊》1999 年第 2 期。
〔註50〕 《漢紀》卷二二《孝元皇帝紀中》「荀悅曰」。
〔註51〕 《漢紀》卷一《高祖皇帝紀》序。

常規不解釋爲封閉的圓圈而解釋爲螺旋線，那也許會更爲準確一些。」〔註52〕董仲舒也曾提出「忠、敬、文」政治統術之循環論，但這是建立在他的系統天人感應理論之上的。而司馬遷所謂的「忠、敬、文」三王之道「若循環」，則是依據他對客觀歷史進行「原始察終」考察這一基礎，是他具有樸素唯物主義天道觀的產物。抓住了這一點，方可更準確地理解他們各自「循環」思想的實質之差別。

　　司馬遷之所以能在通變思想上「成一家之言」，就是因爲他從客觀歷史變化盛衰過程中加以總結，對於客觀的歷史過程有了一個通達的認識，完成了《史記》這一通史著述，即「能對於客觀的歷史之通有一個通曉，這就是司馬遷所要求的『通古今之變』，通曉了這樣的古今之通變，自然地成了一家之言。」〔註53〕這樣，司馬遷在歷史記述基礎上，通過原始察終、見盛觀衰的史學方法，提出「承弊通變」應對法則，較董仲舒等人的歷史應對法則更加理性，也更符合社會歷史變動特點。

　　司馬遷在其《史記》撰述思想上很好地貫徹了這一理論認識，「禮樂損益，律曆改易，兵權山川鬼神，天人之際，承敝通變，作八書。」〔註54〕這是從禮樂律曆等典章制度的發展演變，特別是經濟運行變化，來進一步突顯承弊通變思想對於客觀歷史進程的重大影響，這才是司馬遷思想中的重點。再如他在敍述古今經濟變遷時，指出「是以物盛則衰，時極而轉，一質一文，終始之變也。《禹貢》九州，各因其土地所宜，人民所多少而納職焉。湯、武承敝易變，使民不倦，各兢兢所以爲治，而稍陵遲衰微。」〔註55〕這是提示當時統治者要進行革弊承新，糾正社會所存在的一些弊端，使得西漢社會延續並發展下去。而且司馬遷是在總結經濟自身運行法則的基礎上，提出他的承弊通變思想，這就更帶有重要的社會實踐意義。

　　這一承弊通變思想對兩漢史學影響很大，貫徹於史家的認識當中。班固在《漢書》中就很好地繼承了司馬遷「承敝易變」這一史學傳統，在政治與社會層面上作了更大發揮。他雖然接受了劉向、歆父子的五德相生學說來解釋漢承堯運這一合法性問題，但對漢興之故的解釋，仍作了較客觀分析，「古

〔註52〕劉家和：《司馬遷史學思想中的變與常》，《北京師範大學學報》2000年第2期。
〔註53〕劉家和：《司馬遷史學思想中的變與常》，《北京師範大學學報》2000年第2期。
〔註54〕《史記》卷一三〇《太史公自序》。
〔註55〕《史記》卷三〇《平準書》後論。

世相革，皆承聖王之烈，今漢獨收孤秦之弊。」〔註56〕

班固「承弊通變」思想體現最為突出的，就是他對西漢一代歷史盛衰的敍述。在班固看來，西漢一代歷史就是承弊通變的過程。文景之治的出現，就是漢承弊通變的反映，「周、秦之敝，罔密文峻，而姦軌不勝。漢興，掃除煩苛，與民休息。至於孝文，加之以恭儉，孝景遵業，五六十載之間，至於移風易俗，黎民醇厚。周云成、康，漢言文、景，美矣！」〔註57〕這一評論完全體現了班固通變思想中的「通變糾弊」之變理，也說明了漢初統治者在實行通變糾弊思想的政績所在。

在班固看來，武帝的突出歷史貢獻就是他繼續執行承弊通變的思想，在文化制度上作了大量的救弊工作，出現了西漢盛世的繁榮景象，「漢承百王之弊，高祖撥亂反正，文、景務在養民，至於稽古禮文之事，猶多闕焉。孝武初立，卓然罷黜百家，表章《六經》。遂疇咨海內，舉其俊茂，與之立功。興太學，修郊祀，改正朔，定曆數，協音律，作詩樂，建封禪，禮百神，紹周後，號令文章，煥焉可述。後嗣得遵洪業，而有三代之風。如武帝之雄材大略，不改文、景之恭儉以濟斯民，雖《詩》、《書》所稱何有加焉！」〔註58〕

昭帝時期大臣霍光輔政，應時通變，務以糾正武帝時期所留下的社會弊端，遂出現昭宣中興，「承孝武奢侈餘敝師旅之後，海內虛耗，戶口減半，光知時務之要，輕繇薄賦，與民休息。至始元、元鳳之間，匈奴和親，百姓充實。舉賢良文學，問民所疾苦，議鹽鐵而罷榷酤，尊號曰『昭』，不亦宜乎！」〔註59〕、「功光祖宗，業垂後嗣，可謂中興」〔註60〕。班固高度評價了這一歷史轉折階段，是由於「因其時」而進行糾弊通變，及時地轉變策略，知時務之要，與民休息，所以才出現百姓充實、匈奴和親的安定繁榮局面。這是漢代又一次成功地捍衛了劉氏皇朝的統治地位，再一次證明了通變糾弊思想的價值。

元帝時，由於執政者沒能把握好這一承弊通變思想，沒有執行霸王道雜之的政治策略，於是，開啓了西漢衰落的階段，「而上牽制文義，優游不斷，孝宣之業衰焉。」〔註61〕成帝更是「湛於酒色，趙氏亂內，外家擅朝」，「王

〔註56〕《漢書》卷一三《異姓諸侯王表》序。
〔註57〕《漢書》卷五《景帝紀》贊。
〔註58〕《漢書》卷六《武帝紀》贊。
〔註59〕《漢書》卷七《昭帝紀》贊。
〔註60〕《漢書》卷八《宣帝紀》贊。
〔註61〕《漢書》卷九《元帝紀》贊。

氏始執國命，哀、平短祚，莽遂篡位。」〔註62〕

　　史學家荀悅也強調「監前之弊，變而通之」〔註63〕，這些都是對司馬遷「承弊易變」這一思想主張的繼承。認真總結前代為政之失，進行適當的政策調整，直接關係到政權的長治久安。所以說，承弊通變這一古今之法則，是漢代所形成的重要史學認識。

### （三）順天應人

　　無論董仲舒宣揚的天人感應理論，還是司馬遷所言的究天人之際，他們都提出了順天應人這一歷史應對法則。當然，其內涵是不同的。前者的「順天應人」，強調順應天命而任以人事，達到天人合一；後者則強調順應四時等自然演變規律，達到人與自然的和諧統一。他們的這一應對法則，都對漢代大一統社會秩序的維護，起了重要作用。可以說，「歷史上反『天人感應』說的也不乏其人，但反『天人感應』不等於反『天人合一』，所以即使那些堅決反對董仲舒觀點的人，也堅持『天人合一』考察問題。」〔註64〕

　　古代聖賢較早從宇宙自然運行來認識人類社會歷史演變，《周易・繫辭下》載曰：「天垂象，見吉凶，聖人象之。」再如，「先聖乃仰觀天文，俯察地理，圖畫乾坤，以定人道。」〔註65〕

　　漢代學人們更把「究天人之際」作為社會重大問題與歷史理論重大問題來把握，在探究過程中所總結出來的天人之理甚為突出。他們對先民們以天觀人的經驗給予了重視與肯定，「自初生民以來，世主曷嘗不曆日月星辰？及至五家、三代，紹而明之，內冠帶，外夷狄，分中國為十有二州，仰則觀象於天，俯則法類於地。天則有日月，地則有陰陽。天有五星，地有五行。天則有列宿，地則有州域。三光者，陰陽之精，氣本在地，而聖人統理之。」〔註66〕因此，「聖人承天之明，正日月之行，錄星辰之度，因天地之利，等高下之宜，設山川之便，平四海，分九州，同好惡，一風俗。」〔註67〕

　　他們認為，人類應該上察天文、因地之利、下順人心，三者要相融合。

---

〔註62〕　《漢書》卷一○《成帝紀》贊。

〔註63〕　《漢紀》卷五《孝惠皇帝紀》「荀悅曰」。

〔註64〕　朱政惠：《「天人合一」思想對中國紀傳體史書發展的影響》，《社會科學》1995年第3期。

〔註65〕　《新語・道基》。

〔註66〕　《史記》卷二七《天官書》後論。

〔註67〕　《新語・明誠》。

陸賈論道：「若湯、武之君，伊、呂之臣，因天時而行罰，順陰陽而運動，上瞻天文，下察人心……齊天地，致鬼神……因是之道，寄之天地之間，豈非古之所謂得道者哉。」〔註68〕所以說，「故事不生於法度，道不本於天地，可言而不可行也，可聽而不可傳也，可瓾而不可大用也。」〔註69〕晁錯也提出：「上配天，下順地，中得人。」〔註70〕《淮南子》總結出「上因天時，下盡地財，中用人力」〔註71〕的天地人一統之理，而且把這一認識加以深化，提出了重要的參五之道。

《淮南子‧泰族訓》載曰：「昔者，五帝三王之蒞政施教，必用參五。何謂參五？仰取象於天，俯取度於地，中取法於人，乃立明堂之朝，行明堂之令，以調陰陽之氣，以和四時之節，以辟疾病之菑。……此治之綱紀也。然得其人則舉，失其人則廢。……明於天道，察於地理，通於人情。」這是把順天應人這一應對法則賦予了更高層次的意義，具有哲理性質。

揚雄更是指出了天地人的一體性，「通天、地、人曰儒，通天、地而不通人曰伎」。〔註72〕並把此與秦亡聯繫起來，認爲秦亡就是違背了這一法理，「秦之有司負秦之法度，秦之法度負聖人之法度，秦弘違天地之道，而天地違秦亦弘矣」〔註73〕，這樣得出來的變理更具有社會意義。

司馬遷也指出，如果不遵循順天應人這一法則，那麼就不能很好地治理社會與國家，「正不率天，又不由人，則凡事易壞而難成矣。王者易姓受命，必愼始初，改正朔，易服色，推本天元，順承厥意。」〔註74〕《史記‧扁鵲倉公列傳》中載扁鵲語曰：「與天地相應，參合於人」，《史記‧淮陰侯列傳》亦載曰：「蓋聞天與弗取，反受其咎；時至不行，反受其殃」等等，都是這一方面的重要體現。司馬遷肯定陰陽家順四時之大順就是這一思想的集中反映，「夫春生夏長，秋收冬藏，此天道之大經也，弗順則無以爲天下綱紀，故曰『四時之大順，不可失也。』」〔註75〕因此，他言：「天道恢恢，豈不大哉！」

---

〔註68〕《新語‧愼微》。
〔註69〕《新語‧懷慮》。
〔註70〕《漢書》卷四九《晁錯傳》。
〔註71〕《淮南子‧主術訓》，本文均引自劉文典：《淮南鴻烈集解》，中華書局，1989年。
〔註72〕《法言‧君子》。
〔註73〕《法言‧寡見》。
〔註74〕《史記》卷二六《曆書》序。
〔註75〕《史記》卷一三○《太史公自序》。

〔註76〕

　　班固在《漢書・貨殖傳》中提出「育之以時，而用之有節」，把順天應人這一盛衰之理運用於人們的經濟生活中。他指出：「所以順時宣氣，蕃阜庶物，稸足功用，如此之備也。然後四民因其土宜，各任智力，夙興夜寐，以治其業，相與通功易事，交利而俱贍，非有徵發期會，而遠近咸足。故《易》曰『后以財成輔相天地之宜，以左右民』，『備物致用，立成器以爲天下利，莫大乎聖人』，此之謂也。」〔註77〕這一論述的主旨「都是強調人應與天地相諧調」〔註78〕，是順天應人盛衰之理在經濟生活中的要求。他對於「財」這個概念的解釋也體現了這一點，「財者，帝王所以聚人守位，養成羣生，奉順天德，治國安民之本也。」〔註79〕

　　由於陰陽學說影響，「順天應人」論者也重視陰陽運行與人事變動之間的順應關係〔註80〕。他們認爲，「天地變化，必繇陰陽」〔註81〕，從而要「列人事而因以天時」。〔註82〕董仲舒提出君主要承天所爲而正其所爲，以求王道。他說：「臣謹案《春秋》之文，求王道之端，得之於正。正次王，王次春。春者，天之所爲也；正者，王之所爲也。其意曰，上承天之所爲，而下以正其所爲，正王道之端云爾。然則王者欲有所爲，宜求其端於天。天道之大者在陰陽。……王者承天意以從事，故任德教而不任刑。」又言，「故爲人君者，正心以正朝廷，正朝廷以正百官，正百官以正萬民，正萬民以正四方。四方正，遠近莫敢不壹於正，而亡有邪氣奸其間者。是以陰陽調而風雨時，羣生和而萬民殖，五穀孰而草木茂，天地之間被潤澤而大豐美，四海之內聞盛德而皆徠臣，諸福之物，

〔註76〕 《史記》卷一二六《滑稽列傳》序。
〔註77〕 《漢書》卷九一《貨殖傳》。此論有本於《禮記・王制》、《月令》、《呂氏春秋・十二紀》、《淮南子・時則訓》。
〔註78〕 鄭萬耕：《〈漢書〉中所反映的天人諧調論》，《齊魯學刊》2006年第3期。
〔註79〕 《漢書》卷二四《食貨志》。
〔註80〕 《漢書》卷五六《董仲舒傳》：「天道之大者在陰陽。」《漢書》卷七四《魏相傳》：「陰陽者，王事之本，羣生之命，自古賢聖未有不繇者也。」又云：「願陛下選明經通知陰陽者四人，各主一時。時至明言所職，以和陰陽。」《漢書》卷九《元帝紀》初元三年詔曰：「蓋聞安民之道，本由陰陽。」《漢書》卷一○《成帝紀》陽朔二年詔曰：「昔在帝堯立羲、和之官，命以四時之事，令不失其序。故《書》云：『黎民於蕃時雍』，明以陰陽爲本也。」《漢書》卷七二《鮑宣傳》：「天人同心，人心說，則天意解矣。」
〔註81〕 《漢書》卷七四《魏相傳》。
〔註82〕 《漢書》卷二一《律曆志》引劉歆《三統曆譜》。

可致之祥，莫不畢至，而王道終矣。」他所提出的更化思想，也是他順天應人思想的一種表達或要求，「爲政而宜於民者，固當受祿於天。」此外，應天改制與應人作樂，也是這方面的反映，「故《春秋》受命所先制者，改正朔，易服色，所以應天也。」所以，「聖人法天而立道」，「王者上謹於承天意，以順命也；下務明教化民，以成性也；正法度之宜，別上下之序，以防欲也；修此三者，而大本舉矣。」最後得出，「天人之徵，古今之道也」。〔註83〕

魏相曾上書漢宣帝曰：「臣聞《易》曰：『天地以順動，故日月不過，四時不忒；聖王以順動，故刑罰清而民服。』天地變化，必繇陰陽，陰陽之分，以日爲紀。日多夏至，則八風之序立，萬物之性成，各有常職，不得相干。……明王謹於尊天，愼於養人，故立羲和之官以乘四時，節授民事。君動靜以道，奉順陰陽，則日月光明，風雨時節，寒暑調和。……臣愚以爲陰陽者，王事之本，羣生之命，自古賢聖未有不繇者也。天子之義，必純取法天地，而觀於先聖。」〔註84〕這也是關於順陰陽天地變化而盡人力的一種表達。

## 二、關於治亂盛衰之理的總結

漢代人對於治亂盛衰之理的總結，有著一種很深的自覺意識。賈誼言：「野諺曰：『前事之不忘，後事之師也。』是以君子爲國，觀之上古，驗之當世，參以人事。察盛衰之理，審權勢之宜，去就有序，變化有時，故曠日長久而社稷安矣。」〔註85〕司馬遷著《史記》，把「稽其成敗興壞之理」〔註86〕當作其著述旨趣，表現出一種總結歷史治亂盛衰之理的自覺意識和責任意識。劉向認爲人君賢臣要察盛衰之理，明成敗之端，「賢人君子者，通乎盛衰之時，明乎成敗之端，察乎治亂之紀，審乎人情，知所去就。故雖窮不處亡國之勢，雖貧不受汙君之祿；是以太公年七十而不自達，孫叔敖三去相而不自悔。何則？不強合非其人也。」〔註87〕揚雄也指出：「聖人之法，未嘗不關盛衰焉。」〔註88〕班固更明確提出「備其變理，爲世典式」〔註89〕的著述宗旨。

〔註83〕以上均見《漢書》卷五六《董仲舒傳》。
〔註84〕《漢書》卷七四《魏相傳》。
〔註85〕《史記·秦始皇本紀》後論。
〔註86〕《漢書》卷六二《司馬遷傳》。
〔註87〕《說苑·雜言》。
〔註88〕《法言·先知》。
〔註89〕《漢書》卷一〇〇下《敘傳下》。

### （一）霸王道雜之

在中國古代治國方略中，王道與霸道是根本安邦之策。兩漢時期施行的是霸王道雜之的治國安邦方略。諸多思想家、史學家根據對歷史的考察與分析，從國家盛衰治亂這一層面來認識與總結這一變理。

### 1、德與刑

兩漢時期，「德」的內涵非常繁雜。陸賈提出「治以道德爲上，行以仁義爲本」，稱贊孔子「欲匡帝王之道」，認爲孔子的行仁義，乃「天道之所立，大義之所行也。」〔註90〕這裏的「德」就是先聖之「道德」，與仁義是有區別的，要高於仁義之行。

賈誼對「德」作了進一步論述，《新書・道術》：「施行得理謂之德，反德爲怨。」這是從事物法則來說的，即順應自然之理則爲德，反之則爲怨、爲亂。他又言：「德有六理，何謂六理？道、德、性、神、明、命，此六者德之理也。」〔註91〕又《新書・道德說》：「德有六美，何謂六美？有道、有仁、有義、有忠、有信、有密，此六者德之美也。道者，德之本也；仁者，德之出也；義者，德之理也；忠者，德之厚也；信者，德之固也；密者，德之高也。六理、六美，德之所以生陰陽、天地、人與萬物也。固爲所生者法也。故曰：道此之謂道，德此之謂德，行此之謂行。所謂行此者，德也。」

在賈誼看來，「道」乃「德」之本，「仁」由「德」引發，「義」則是「德」的內在法則，「忠」是「德」的積累，「信」是「德」的維護，「密」是「德」的集中與提高。這一宏闊視野之考察，就把德與道、仁、義、忠、信、密之間的內在邏輯關係說得很明白，「德」的內涵更爲豐富。

《淮南子》則從道家思想出發，賦予「德」以自然性，「與萬物始終，是謂至德。……是故清靜者，德之至也。」〔註92〕作者認爲，道是天地之最高境界，德則是道散而現的，而仁義的產生意味著道德的廢棄，「閉九竅，藏心志，棄聰明，反無識，芒然仿佯于塵埃之外，而消搖于無事之業，含陰吐陽，而萬物和同者，德也。是故道散而爲德，德溢而爲仁義，仁義立而道德廢矣。」〔註93〕道是萬物的規則，德是人性的歸屬，「道者，物之所導也；德者，性之

---

〔註90〕《新語・本行》。
〔註91〕《新書・六術》。
〔註92〕《淮南子・原道訓》。
〔註93〕《淮南子・俶真訓》。

所扶也；仁者，積恩之見證也；義者，比於人心而合於衆適者也。故道滅而德用，德衰而仁義生。故上世體道而不德，中世守德而弗壞也，末世繩繩乎唯恐失仁義。」〔註94〕這把人類社會以道、德、仁義的逐次下降，劃分爲上世、中世與下世三個階段。在作者觀念中，道、德、仁義似乎反映出人類社會在治道方面的一種由高往低的走向。作者還把德、義、強看作依次逐遞的君主之道，「地以德廣，君以德尊，上也；地以義廣，君以義尊，次也；地以強廣，君以強尊，下也。」〔註95〕因此，「率性而行謂之道，得其天性謂之德。性失然後貴仁，道失然後貴義。是故仁義立而道德遷矣，禮樂飾則純樸散矣，是非形則百姓眩矣，珠玉尊則天下爭矣。」〔註96〕

董仲舒曾言：「國之所以爲國者德也，君之所以爲君者威也，故德不可共，威不可分。德共則失恩，威分則失權。失權則君賤，失恩則民散。民散則國亂，君賤則臣叛。是故爲人君者，固守其德，以附其民；固執其權，以正其臣。」〔註97〕這把「德」賦予爲國家存在的必要條件，行德就是使民歸心，威權則是正臣，突出「德」的根本地位與作用。他又把「德」與其天命思想相聯，「故天子命無常，唯命是德慶」〔註98〕、「至德以受命」〔註99〕、「天德施，地德化，人德義」〔註100〕、「中者，天地之所終始也，而和者，天地之所生成也。夫德莫大於和，而道莫正於中。中者，天地之美達理也」〔註101〕，這些都是把「德」看作最高的人間之道。

揚雄指出德乃人之天性，「夫道以導之，德以得之，仁以人之，義以宜之，禮以體之，天也。」〔註102〕這體現出道、德、仁、義、禮各自的地位與功能是一個逐遞的內在關係。他又指出，「言天、地、人經，德也；否，愬也。」〔註103〕聖人「和同天人之際，使之無間也。」〔註104〕王符也指出，「人君之

---

〔註94〕《淮南子·繆稱訓》。

〔註95〕《淮南子·繆稱訓》。

〔註96〕《淮南子·齊俗訓》。

〔註97〕《春秋繁露·保位權》。

〔註98〕《春秋繁露·三代改制質文》。

〔註99〕《春秋繁露·觀德》。

〔註100〕《春秋繁露·人副天數》。

〔註101〕《春秋繁露·循天之道》。

〔註102〕《法言·問道》。

〔註103〕《法言·問神》。

〔註104〕《法言·問神》。

治，莫大於道，莫盛於德，莫美於教，莫神於化。道者所以持之也，德者所以苞之也，教者所以知之也，化者所以致之也。」〔註105〕這均把道德教化看作相互有內在層次與關聯的統一體。

對於刑的內涵，漢代學人也有所認識。他們指出，刑法祇是國家統治的工具，而不是禁暴安民的根本。如司馬遷對刑罰的內涵及其作用作了解釋，《史記·循吏列傳》序曰：「法令所以導民也，刑罰所以禁奸也。」這把法令與刑罰作了界定，法令的出臺乃是引導民眾走向更合理的社會生活，而刑罰則是起懲罰與禁絕罪惡行為，二者的內涵是有差別的。無論法令，還是刑罰，都祇是治理社會的工具而已，並不能起到治本清源的作用與價值。《史記·酷吏列傳》序曰：「法令者治之具，而非制治清濁之源也。」鹽鐵會議上，大夫與文學對於法令的內涵之認識較為一致，只不過在輕重上有差異而已。御史指出：「時世不同，輕重之務異也」，而文學們認為，「故令者教也，所以導民人；法者刑罰也，所以禁強暴也。二者，治亂之具，存亡之效也，在上所任。」〔註106〕大夫曰：「令者所以教民也，法者所以督奸也。」〔註107〕此外，《淮南子·泰族訓》亦曰：「故法者，治之具也，而非所以為治也。」這些都是漢代人關於刑法的理解。

在實際治國方略中，如何處理德刑關係，漢代學人對此很關注，給出了較系統的理論說明。董仲舒就對德刑關係作出系統探討，其特點就是德刑陰陽化。他據天道觀與陰陽學說之間的內在聯繫，提出「任德教而不任刑」的觀點。他認為，天道主要是由陰陽構成，而陽就是代表德，陰就代表刑；陽是主生的，刑是主殺的，所以天任德而不任刑。《漢書·董仲舒傳》載曰：「天道之大者在陰陽。陽為德，陰為刑；刑主殺而德主生。是故陽常居大夏，而以生育養長為事；陰常居大冬，而積於空虛不用之處。以此見天之任德不任刑也。」推此及人道，則亦如此，「王者承天意以從事，故任德教而不任刑」。〔註108〕他又認為，陽不能單一成就天道，必須得有陰的輔助，「天使陽出布施於上而主歲功，使陰入伏於下而時出佐陽；陽不得陰之助，亦不能獨成歲」。〔註109〕並把陰陽與他的經權這一經學思想聯繫起來，又提出「前德而後刑」的德刑觀。《春秋繁露·陽尊陰卑》載曰：

〔註105〕《潛夫論·德化》。
〔註106〕《鹽鐵論·詔聖》。
〔註107〕《鹽鐵論·刑德》。
〔註108〕《漢書》卷五六《董仲舒傳》。
〔註109〕《漢書》卷五六《董仲舒傳》。

陽爲德，陰爲刑，刑反德而順於德，亦權之類也。雖曰權，皆在權
成。是故陽行於順，陰行於逆；逆行而順，順行而逆者，陰也。是
故天以陰爲權，以陽爲經。陽出而南，陰出而北。經用於盛，權用
於末。以此見天之顯經隱權，前德而後刑也。

這把德、刑比作經與權的關係，德是常道，而刑則爲變道，這是他對「變」
與「常」理論認識的又一次運用。范文瀾曾言：「董仲舒對西漢統一事業的貢
獻，就在於他把戰國以來各家學說以及儒家各派在孔子名義下、在《春秋公
羊》學名義下統一起來。經董仲舒這個巨大的加工，向來被看作『不達時宜，
好是古非今』的儒學，一變而成爲『霸（黃、老刑名）王（儒）道雜之』，合
於漢家制度的儒學了。」〔註110〕這是很有道理的。

司馬遷對於德刑及其關係的認識，則是從通古今的角度來認識這一問
題。《史記》列有《循吏傳》、《酷吏傳》，司馬遷在其序中闡述了自己的見解。
他強調，官吏要奉職循理，不必事事都要威嚴懲罰，「奉職循理，亦可以爲治，
何必威嚴哉？」〔註111〕當然，社會不是不要嚴刑峻法，而是有它實施的社會
條件，即「昔天下之網嘗密矣，然姦僞萌起，其極也，上下相遁，至於不振。
當是之時，吏治若救火揚沸，非武健嚴酷，惡能勝其任而愉快乎！言道德者，
溺其職矣」〔註112〕，這也是他爲什麼對一些酷吏稱贊的理論根源。最後還得
靠教化與德義的執行，「形勢雖彊，要之以仁義爲本」〔註113〕。這是漢初「過
秦」思潮所倡導的治國主張，說明司馬遷也深受此影響。從長遠來看，統治
鞏固必須以仁義爲本，是有道理的。

那麼執行者如何處理教化與刑罰之關係？司馬遷也給出了答案，他說：「豈
與世儒闇於大較，不權輕重，猥云德化，不當用兵，大至君辱失守，小乃侵犯
削弱，遂執不移等哉！故教笞不可廢於家，刑罰不可捐於國，誅伐不可偃於天
下，用之有巧拙，行之有逆順耳。」〔註114〕他認爲，德與刑都不可廢，都關係
著社會歷史變動，只能小心敬愼處理它們的關係，要根據社會形勢而達到逆順
的適時轉變，這樣國家才能存在下去，社會才能安定，反之則亂。這就把順時

〔註110〕范文瀾：《中國通史簡編》修訂本第二編，人民出版社，1949年第一版1964
　　　　年第四版，第111～112頁。
〔註111〕《史記》卷一一九《循吏列傳》序。
〔註112〕《史記》卷一二二《酷吏列傳》序。
〔註113〕《史記》卷一七《漢興以來諸侯王年表》序。
〔註114〕《史記》卷二五《律書》序。

應變思想與德刑關係之認識聯繫起來，比前人深入了許多，也進步了許多。

司馬遷所提出德刑之道要順時應變的思想，遂成爲漢代突出的史學傳統或思想傳統。諸多學人對此作了呼應，如班固就延續司馬遷的看法，他提出「鞭扑不可弛於家，刑罰不可廢於國，征伐不可偃於天下。用之有本末，行之有逆順耳」〔註115〕的認識。班固在《禮樂志》之後，繼之以《刑法志》，重點敍述漢代的刑法。不過他依然提出「尙德而不尙刑」的思想，「孔子曰：『如有王者，必世而後仁；善人爲國百年，可以勝殘去殺矣。』言聖王承衰撥亂而起，被民以德教，變而化之，必世然後仁道成焉；至於善人，不入於室，然猶百年勝殘去殺矣。此爲國者之程式也。」況且，漢初以來刑法制度也不健全，「今漢承衰周暴秦極敝之流，俗已薄於三代，而行堯、舜之刑，是猶以轡而御駻突，違救時之宜矣。」〔註116〕

史學家荀悅對德刑關係作了較爲系統而全面的認識。他對以往的德刑論作出了評述，認爲人們關於德刑關係認識祇是抓住了其中一個方面，而沒有從其終始演變過程來看待。他說：「故凡世之論政治者，或稱教化，或稱刑法；或言先教而後刑，或言先刑而後教；或言教化宜詳，或曰教化宜簡；或曰刑法宜略，或曰刑法宜輕，或曰宜重：皆引爲政之一方，未究治體之終始。」他提出，德刑並用是最好的政策，「聖人之道，必則天地，制之以五行，以通其變，是以博而不泥。夫德刑並行，天地常道也。」這又是沿著陰陽五行之天道觀來爲其理論作出說明，使其德刑觀帶有形而上之色彩。但他畢竟是史學家，歷史考察還是其理論的主要方法。因此，他提出：「或先教化，或先刑法，所遇然也。」要依據「撥亂抑强則先刑法，扶弱綏新則先教化，安平之世則刑教並用」這個原則，同時也要考慮人們的承受能力，「設必違之教，不量民力之未能，是陷民於惡也，故謂之傷化；設必犯之法，不度民情之不堪，是陷民於罪也，故謂之害民。莫不興行，則毫毛之善可得而勸也，然後教備；莫不避罪，則纖芥之惡可得而禁也，然後刑密。」〔註117〕這樣的系統論證，在理論上又比司馬遷、班固等人更深一層，爲統治者提供了具體的治國方案。唐太宗曾高度評價《漢紀》：「敍致既明，論議深博，極爲治之體」〔註118〕，是有道理的。

〔註115〕《漢書》卷二三《刑法志》。
〔註116〕以上均見《漢書》卷二三《刑法志》。
〔註117〕《漢紀》卷二三《孝元皇帝紀下》「荀悅曰」。
〔註118〕《舊唐書》卷六二《李大亮傳》。

### 2、攻守轉換之道

漢初一些著名思想家在歷史反思過程中，得出一條重要的盛衰之理，那就是陸賈、賈誼等所總結出來的「攻守轉換之道」。

陸賈認眞總結秦亡漢興的經驗與教訓，初步提出「逆取而順守，文武並用」的道理，也就是後世皆知的「以馬上得之，不可以馬上守之」的思想。《史記・陸賈傳》對此作了記述：

> 陸生時時前說稱《詩》、《書》。高帝罵之曰：「迺公居馬上而得之，安事《詩》、《書》！」陸生曰：「居馬上得之，寧可以馬上治之乎？且湯、武逆取而以順守之，文武並用，長久之術也。昔者吳王夫差、智伯極武而亡；秦任刑法不變，卒滅趙氏。鄉使秦以并天下，行仁義，法先聖，陛下安得而有之？」高帝不懌而有慚色，迺謂陸生曰：「試爲我著秦所以失天下，吾所以得之者何，及古成敗之國。」陸生迺粗述存亡之徵，凡著十二篇。每奏一篇，高帝未嘗不稱善，左右呼萬歲，號其書曰「新語」。

班固在其《漢書》中把這段全部照錄下來，可見史學家對陸賈這一思想的關注程度。這裏的逆取與順守，既強調馬上得之而不可馬上治之的戰略轉變，更提示統治者要及時採取行仁義這一治國之道。這也是漢初「過秦」思潮的一大成果。

陸賈對秦任刑而亡這一歷史教訓非常關注，他指出：「德盛者威廣，力盛者驕衆。齊桓公尙德以霸，秦二世尙刑而亡。」〔註119〕由此得出，「統四海之權，主九州之衆，豈弱於武力哉？然功不能自存，而威不能自守，非貧弱也，乃道德不存乎身，仁義不加於下也。」〔註120〕他引用《穀梁傳》對此作進一步說明：「萬世不亂，仁義之所治也。」〔註121〕尙德而行仁義這一治國方略，在理論論證上，要比「馬上得之而不可馬上守之」更進一步。再加上該變理所產生的特殊政治環境，即直接得到漢高祖的贊賞與採納，又是陸賈在總結三代以來的歷史而得出的認識，顯然這種結論具有一定的普遍性，有突出的政治意義與歷史價值，對漢初大一統政權鞏固與社會經濟復蘇尤爲重要。他由此而著《新語》，專爲漢高祖劉邦總結秦亡漢興歷史經驗與教訓，顯然這又

---

〔註119〕 《新語・道基》。
〔註120〕 《新語・本行》。
〔註121〕 《新語・道基》。

帶有學術意義，易引起後來的史學家、思想家的共同關注。

賈誼在陸賈認識的基礎上，提出了「仁義不施而攻守之勢異也」〔註122〕的重要論斷。他認爲，秦統一後應該安定民心，進行攻守轉換，革除周以來的弊政，「既元元之民冀得安其性命，莫不虛心而仰上，當此之時，守威定功，安危之本在於此矣。」但秦皇朝統治者却「不親士民，廢王道，立私權，禁文書而酷刑法，先詐力而後仁義，以暴虐爲天下始」，故短暫而亡。於是，賈誼得出：「夫幷兼者高詐力，安危者貴順權。此言取與守不同術也。秦離戰國而王天下，其道不易，其政不改，是其所以取之守之者『無』異也。孤獨而有之，故其亡可立而待也。」〔註123〕

雖然陸賈與賈誼都強調「攻守轉換之道」，但二者已有了變化。年少而盛氣的賈誼，非常敏銳地覺察出漢初社會存有「危機因素」，「進言者皆曰天下已安已治矣，臣獨以爲未也」，這也是他向漢文帝上「治安策」的主要緣由。他是爲大一統專制政治尋求一條長治久安的道路，考慮得更爲長遠。這使得他在繼承陸賈「過秦」思想基礎上，更有了「戒漢」的特點，「賈誼『過秦』更突出了『戒漢』的用意」。〔註124〕他批駁秦沒有及時革除以往及自身所存在的弊端，不懂得「仁義不施，而攻守之勢異也」這一法理，實際上就是告誡漢皇朝統治者必須進行改革。之後，處於盛世當中的董仲舒，也繼續提倡改制與更化思想，這或許是漢代思想家們共同的心聲。

賈誼還試圖通過國家制度的各個層面來踐行他的這一變理，如提出太子教化策略，想從君主本身來杜絕亡國的根源。這些都表明，在「攻守轉換之道」變理上，賈誼又進了一步。之後，《淮南子》所提出的「夫憂，所以爲昌也；而喜，所以爲亡也。勝非其難也，持之者其難也」〔註125〕與「爲存政者，雖小必存；爲亡政者，雖大必亡」〔註126〕，也是這方面的重要理論成果。

隨著社會的發展與理論認識的深入，逐漸由攻守轉換這一變理轉向討論王道與霸道關係問題。他們對此問題的探究，既有深層的理論思考，同時也夾雜著繁復的爭辯。

---

〔註122〕《史記》卷六《秦始皇本紀》引賈誼「過秦論」。
〔註123〕以上均見《史記》卷六《秦始皇本紀》引賈誼「過秦論」。
〔註124〕陳其泰：《史學與中國文化傳統》，學苑出版社，1999年，第78頁。
〔註125〕《淮南子·道應訓》。
〔註126〕《淮南子·兵略訓》。

### 3、霸王道雜之

最初，王與霸是指一種稱號或爵位的高低，與皇、帝一樣，祇是一種地位象徵。後來人們逐漸把王、霸看作兩種主要的治國之道。東漢思想家桓譚對此作了闡釋，《新論·王霸》載曰：

> 夫上古稱三皇、五帝，而次有三王、五霸，此皆天下君之冠首也。
> 故言三皇以道治，而五帝用德化；三王由仁義，五霸用權智。其說
> 之曰：無制令刑罰，謂之皇；有制令而無刑罰，謂之帝；賞善誅惡，
> 諸侯朝事，謂之王；興兵眾，約盟誓，以信義矯世，謂之霸。王者，
> 往也，言其惠澤優游，天下歸往也。五帝以上久遠，經傳無事，唯
> 王霸二盛之美，以定古今之理焉。夫王道之治，先除人害，而足其
> 衣食，然後教以禮儀，而威以刑誅，使知好惡去就，是故大化四湊，
> 天下安樂，此王者之術。霸功之大者，尊君卑臣，權統由一，政不
> 二門，賞罰必信，法令著明，百官修理，威令必行，此霸者之術。
> 王道純粹，其德如彼；霸道駁雜，其功如此；俱有天下，而君萬民，
> 垂統子孫，其實一也。〔註127〕

這是說，上古以來經歷了三皇、五帝、三王、五霸這麼幾個歷史階段，所謂的三皇、五帝、三王、五霸，皆是天下君主的尊稱。後來人們遂把三皇看作道治的代表，五帝是德化的代表，三王是仁義之代表，五霸則是權智的代表。由於三皇、五帝歷時久遠，經傳又無詳載，因此人們就把王、霸定為古今治國之道。

桓譚所言的王道，是指為民興利除害而足其衣食，然後進行禮樂教化，再配以刑誅加以約束和防範，使得人們好善而去惡，達到社會和諧與繁榮。而霸道則指一種中央集權統治，尊君卑臣、權統於君主，賞罰分明，法令嚴謹，威令必行。他認為，王、霸在大一統下是一致的，「王道純粹，其德如彼；霸道駁雜，其功如此；俱有天下，而君萬民，垂統子孫，其實一也」。這是從歷史演變過程來看王霸觀念的產生及其演變，體現了桓譚的卓識。而且，這裏的王道與霸道，與漢代人們常談的德與刑，是不能完全等同的。王道中既有德化又有刑罰，強調為民興利除害；霸道則強調中央集權的威嚴統治。

現代學者嵇文甫則從學術發展來談王霸觀念的演變，他指出：

> 王、霸本來不是兩種治法，兩種主義，而祇是地位上的區別。王即
> 天子，霸即伯，指諸侯之長說。春秋時代，只講霸諸侯，不講王天

---

〔註127〕《新論·王霸》，本文均引自桓譚《新論》，上海人民出版社，1977年。

下。孔子對於霸者並沒有菲薄的意思，他也並沒有標榜出與霸道對
立的王道。到孟子就不然了。他一方面爲當時大一統的趨勢所激刺，
而主張『定於一』，故只講王天下，不講霸諸侯；只教人帝制自爲，
不教人當什麼諸侯之長，這和孔子的思想已顯有差異。另一方面他
把王霸二字賦予一種新意義，不從地位上區別，而從性質上區別，
王道霸道，判然兩途，於是在中國政治思想史上占中心地位的王霸
論遂出現了。〔註128〕

這就從學術上把王霸之道的淵源講情楚了。

　　更爲重要的是，班固提出「霸王道雜之」乃漢代治國的總方針、總綱要。
他借用宣帝的話道出了這一認識，《漢書‧元帝紀》載宣帝言：「漢家自有制
度，本以霸王道雜之，奈何純任德教，用周政乎！且俗儒不達時宜，好是古
非今，使人眩於名實，不知所守，何足委任！」又宣帝歎曰：「亂我家者，太
子也！」《漢書‧元帝紀》贊亦曰：

　　臣外祖兄弟爲元帝侍中，語臣曰元帝多材藝，善史書。鼓琴瑟，吹
　　洞簫，自度曲，被歌聲，分刌節度，窮極幼眇。少而好儒，及即位，
　　徵用儒生，委之以政，貢、薛、韋、匡迭爲宰相。而上牽制文義，
　　優游不斷，孝宣之業衰焉。然寬弘盡下，出於恭儉，號令溫雅，有
　　古之風烈。

東漢末年思想家崔寔不僅對霸王道雜之給予明確，而且從理論方面進行了系
統闡釋，提出霸王道參之的認識。他說：

　　量力度德，《春秋》之義。今既不能純法八代，故宜參以霸政，則宜
　　重賞深罰以御之，明著法術以檢之。自非上德，嚴之則理，寬之則
　　亂。何以明其然也？近孝宣皇帝明於君人之道，審於爲政之理，故
　　嚴刑峻法，破姦軌之膽，海內清肅，天下密如。薦勳祖廟，享號中
　　宗。籌計見效，優於孝文。及元帝即位，多行寬政，卒以墮損，威
　　權始奪，遂爲漢室基禍之主。政道得失，於斯可監。昔孔子作《春
　　秋》，褒齊桓，懿晉文，歎管仲之功。夫豈不美文、武之道哉？誠達
　　權救敝之理也。故聖人能與世推移，而俗士苦不知變，以爲結繩之
　　約，可復理亂秦之緒，《干戚》之舞，足以解平城之圍。〔註129〕

〔註128〕見《嵇文甫文集》，河南人民出版社，1985年，第182頁。
〔註129〕《後漢書》卷五二《崔駰列傳》附《崔寔傳》引崔寔《政論》。

這是通過《春秋》之義以及對西漢歷史盛衰的考察，而得出來的理論認識，可謂深刻。同時，他又延續了司馬遷所倡導的順時應變之歷史應對法則，提出「達權救蔽之理」，最終得出「霸王道參之」的盛衰變理。這與漢宣帝道出的「漢家自有制度，本以霸王道雜之」，是一脈相承的。只不過，他在理論論證上要比班固深入的多。這些說明，他們抓住了漢代治國的根本。正如學者所言：「漢宣之所謂『雜』，即崔寔之所謂『參』也。這一個『雜』字，道出了問題關鍵之所在。」〔註130〕後世對此也多有同感，如唐代著名史學家吳兢在《貞觀政要》中載封德彝等對太宗言：「秦任法律，漢雜霸道。」〔註131〕唐高宗李治問令狐德棻曰：「何者爲王道、霸道？又孰爲先後？」令狐德棻對曰：「王道任德，霸道任刑。自三王已上，皆行王道；唯秦任霸術，漢則雜而行之；魏、晉已下，王霸俱失。」〔註132〕

桓譚也提出順時應變的霸王之道，「蓋善政者，視俗而施教，察失而立防，威德更興，文武迭用，然後政調於時，而躁人可定。」〔註133〕王符對此更作了明確論述，批評了世俗之人不知變通之理。《潛夫論・衰制》：「議者必將以爲刑殺當不用，而德化可獨任。此非變通者之論也，非叔世者之言也。……故政令必行，憲禁必從，而國不治者，未嘗有也。此一弛一張，以今行古，以輕重尊卑之術也。」這些都是人們關於德刑關係方面很重要的理論成果，要比董仲舒利用天道陰陽學說所宣揚的前德後刑之變理，易於人們接受與操作，表現出更爲有效的社會價值與歷史價值。

從整個漢代關於霸王道這一重要治國方略的探討來說，主要有三個特徵：一是層層推進，從漢初陸賈、賈誼提出「攻守轉換之道」，到司馬遷把順時應變與德刑方略聯繫起來加以把握，再到班固、崔寔的「霸王道雜之」，層層深入，力圖對這一治國之道作更好的理論把握；二是天人、古今相結合，不僅有董仲舒、荀悅從天人之道、陰陽五行之說來論證德刑關係，而且還產生了諸多象司馬遷一樣的史學家與思想家，更從古今歷史盛衰過程來總結這一變理；三是抽象理論與具體方案相配套，他們所探討的王道與霸道及其關係，既有抽象的理論思考，又有具體的操作方案，這體現了理論與方法的很

---

〔註130〕 參見王利器校注《鹽鐵論校注》前言。
〔註131〕 《貞觀政要》卷一《政體》，上海古籍出版社，1978年。
〔註132〕 《舊唐書》卷七三《令狐德棻傳》，中華書局，1975年。
〔註133〕 《後漢書》卷二八《桓譚列傳》。

好結合。這些理論認識對漢代政治與社會有影響。

　　漢代統治者的一些正確轉換也得到了史家們的充分肯定。如「孝惠皇帝、高后之時，黎民得離戰國之苦，君臣俱欲休息乎無爲，故惠帝垂拱，高后女主稱制，政不出房戶，天下晏然。刑罰罕用，罪人是希。民務稼穡，衣食滋殖」〔註134〕、「漢興，高祖躬神武之材，行寬仁之厚，總擥英雄，以誅秦、項。任蕭、曹之文，用良、平之謀，騁陸、酈之辯，明叔孫通之儀，文武相配，大略舉焉。」〔註135〕劉向充分肯定劉敬建議劉邦都關中這一重要策略，「昔高皇帝既滅秦，將都雒陽，感寤劉敬之言，自以德不及周，而賢於秦，遂徙都關中，依周之德，因秦之阻。世之長短，以德爲效，故常戰粟，不敢諱亡。」〔註136〕再如宣帝時期，漢武帝遭到賈捐之、貢禹、蓋寬饒、蕭望之等人的詆毀，而且還出現一些儒生（如夏侯勝等）主張不爲武帝立廟的事。宣帝則採取了果斷的措施，「尊孝武廟爲世宗廟，奏《盛德》、《文始》、《五行》之舞，天子世世獻納。」〔註137〕這是他「霸王道雜之」的實踐運用。這些都體現了人們的思想認識對統治者的決策行爲有著重要的影響與作用，反映了思想家與史學家所總結出來的盛衰之理的一種社會效果。

## （二）人心嚮背與以民爲本

　　《管子·牧民》曰：「政之所興，在順民心；政之所廢，在逆民心。」《左傳·莊公三十二年》亦曰：「國將興，聽於民；將亡，聽於神。」孟子也談：「今夫天下之人牧，未有不嗜殺人者也；如有不嗜殺人者，則天下之民皆引領而望之矣。」〔註138〕荀子更強調：「君者，舟也；庶人者，水也。水則載舟，水則覆舟。」〔註139〕這些都是先秦時期人們從歷史與現實社會中總結出來的盛衰之理，即民爲國家興治之本，民心嚮背關係國家治亂、安危以及歷史盛衰。

　　秦亡漢興的歷史劇變，把人們對人心嚮背與歷史盛衰這一變理的認識，推向一個高峰。

　　漢初思想家賈誼，通過探究秦興亡的歷史經驗與教訓，明確而系統地總結出人心嚮背關係國家盛衰治亂的重要變理。

〔註134〕《史記》卷九《呂太后本紀》。
〔註135〕《漢書》卷二三《刑法志》。
〔註136〕《漢書》卷三六《楚元王傳》。
〔註137〕《漢書》卷七五《夏侯勝傳》。
〔註138〕《孟子·梁惠王上》。
〔註139〕《荀子·王制》，本文均引自王先謙《荀子集解》，中華書局，1988年。

　　賈誼認識到，秦吞併六國而統一天下後，「天下之士斐然鄉風」，因爲「近古之無王者久矣。周室卑微，五霸既歿，令不行於天下，是以諸侯力政，彊強侵弱，衆暴寡，兵革不休，士民罷敝。今秦南面而王天下，是上有天子也。既元元之民冀得安其性命，莫不虛心而仰上」。也就是說，秦的統一是順應了民心所嚮。那麼，秦就應該採取安民、利民的政策，「當此之時，守威定功，安危之本在於此矣」。但秦却沒有這麼做，「不親士民」，也不改其政。這樣，「自君卿以下至於衆庶，人懷自危之心，親處窮苦之實，咸不安其位，故易動也。」身爲布衣的陳涉揭竿而起，天下回應，爲什麼？「其民危也」。於是，賈誼指出：「故先王見終始之變，知存亡之機，是以牧民之道，務在安之而已。天下雖有逆行之臣，必無響應之助矣。故曰：『安民可與行義，而危民易與爲非。』此之謂也。」〔註140〕

　　他結合三代歷史進一步說明這一道理：「桀、紂所謂暴亂之君也，士民苦之，皆即位十年而滅，士民猶以爲大久也。故夫諸侯者，士民皆愛之，則其國必興矣；士民皆苦之，則國必亡矣。故夫士民者，國家之所樹而諸侯之本也，不可輕也。嗚呼！輕本不祥，實爲身殃。戒之哉！戒之哉！」因此，「故自古至於今，與民爲仇者，有遲有速，而民必勝之」。〔註141〕

　　值得注意的是，賈誼由人心嚮背這一變理進一步提出了他的民本思想。「民無不爲本、民無不爲命、民無不爲功、民無不爲力」，是他這一思想體系的集中概括。他論道：

　　　聞之於政也，民無不爲本也。國以爲本，君以爲本，吏以爲本。故國以民爲安危，君以民爲威侮，吏以民爲貴賤。此之謂民無不爲本也。聞之於政也，民無不爲命也。國以爲命，君以爲命，吏以爲命。故國以民爲存亡，君以民爲盲明，吏以民爲賢不肖。此之謂民無不爲命也。聞之於政也，民無不爲功也。故國以爲功，君以爲功，吏以爲功。國以民爲興壞，君以民爲強弱，吏以民爲能不能。此之謂民無不爲功也。聞之於政也，民無不爲力也，故國以爲力，君以爲力，吏以爲力。故夫戰之勝也，民欲勝也；攻之得也，民欲得也；守之存也，民欲存也。故率民而守，而民不欲存，則莫能以存矣；故率民而攻，民不欲得，則莫能以得矣；故率民而戰，民不欲勝，

〔註140〕以上均見《史記》卷六《秦始皇本紀》後論引賈誼「過秦論」。
〔註141〕《新書・大政上》。

則莫能以勝矣；故其民之爲其上也，接敵而喜，進而不可止，敵人必駭，戰由此勝也。夫民之於其上也，接而懼，必走去，戰由此敗也。故夫菑與福也，非粹在天也，又在士民也。嗚呼，戒之！戒之！夫士民之志，不可不要也。嗚呼，戒之！戒之！〔註142〕

賈誼的民本思想，內涵非常廣泛。國以民爲本，即民關係到國家安危；君以民爲本，即民關係到君之執政地位；吏以民爲本，即民關係到吏之功名成敗。這就是所謂的民無不爲本也。民無不爲命，是指國、君、吏都以民爲命，國以民爲命，表現爲民關係到國家存亡；君以民爲命，表現爲民關係到君之盲明；吏以民爲命，表現爲民關係到吏之賢佞。這就是所謂的民無不爲命也。民無不爲功，是指國、君、吏都以民爲功，國以民爲功，表現爲民關係到國家興壞；君以民爲功，表現爲民關係到君之強弱；吏以民爲功，表現爲民關係到吏之能與不能。這就是所謂的民無不爲功也。民無不爲力，是指國、君、吏都以民爲力，表現爲民欲勝，戰爭才能勝；民欲存，國家才能存；民欲得，攻擊才能成。這就是所謂的民無不爲力也。最後得出：「夫民者，萬世之本也，不可欺。」〔註143〕可以說，中國古代民本思想的產生淵源已久，但如此嚴密而系統的理論論述，恐怕在他之前未曾有過。

這些論述雖有重復，但體現了賈誼對此的重視程度。他一再強調君、臣、民三者的紐帶邏輯關係：有明君，才有賢吏，有賢吏才有治民；愛民、利民、富民，無不以民爲本。賈誼進一步深入思考這三者之間的關係，他論道：「夫民者，諸侯之本也；教者，政之本也；道者，教之本也。有道，然後教也；有教，然後政治也；政治，然後民勸之；民勸之，然後國豐富也。故國豐且富，然後君樂也。忠，臣之功也；臣之忠者，君之明也。臣忠君明，此之謂政之綱也。」〔註144〕這是把道看作政治之本，有道然後教化，有教化然後政治也，政治然後民行善好樂，民行善好樂然後國家富強。臣忠君明，這才是政之綱紀。

賈誼又言「故夫菑與福也，非粹在天也，又在士民也」，這體現出一定的樸素唯物主義思想傾向。他對此作進一步闡釋：「故受天之福者，天不攻焉。被天之菑，則亦毋怨天矣，行自爲取之也。知善而弗行，謂之不明；知惡而弗改，必受天殃。天有常福，必與有德；天有常菑，必與奪民時。故夫民者，

---

〔註142〕《新書・大政上》。
〔註143〕《新書・大政上》。
〔註144〕《新書・大政下》。

至賤而不可簡也，至愚而不可欺也。」〔註145〕再如，「凡居於上位者，簡士苦民者是謂愚，敬士愛民者是謂智。夫愚智者，士民命之也。故夫民者，大族也，民不可不畏也。故夫民者，多力而不可適也。嗚呼，戒之哉，戒之哉！與民爲敵者，民必勝之。」〔註146〕這樣反覆強調君不可實行愚民政策，要安民、利民、愛民。這是吸取秦亡教訓的認識。他認爲，秦始皇統一天下後很快滅亡，與其採取法家愚民政策是有內在聯繫的，「以愚黔首……以弱黔首之民……其民危也。」他從中總結出一條歷史法則：「故先王見始終之變，知存亡之機，是以牧民之道，務在安之而已。」〔註147〕之所以得出這樣的認識結果，一是漢初天人感應理論不健全，二是思想家們更多關注與總結秦亡漢興經驗與教訓，重視人本身的變動因素。

史學家司馬遷對人心嚮背這一變理，作了更爲深入的分析。他通過「原始察終」與「見盛觀衰」的方法，較系統而全面地審視上古以來至武帝時的人心嚮背與歷史盛衰的內在關係。他認識到，民心歸向是國家治亂興亡的關鍵力量。這可從他對秦興亡、楚漢戰爭之過程及其結局，以及漢初以來的社會運轉，來說明這一點。

他在《秦始皇·本紀》後論載賈誼「過秦論」來作爲他對秦興亡的集中評述，可見他是認同賈誼對人心嚮背與秦興亡之關係的分析。他對項羽在滅秦的過程中所起的作用，是稱贊的；但對其背信棄義、違背人心的做法却提出了批評。記高祖劉邦與秦民「約法三章」後，「秦人大喜，爭持牛羊酒食獻饗軍士」，高祖謙讓而不受，「人又益喜，唯恐沛公不爲秦王」。〔註148〕又對高祖在戰爭中安民、利民的行爲，多加贊頌。而項王，「所過無不殘滅者，天下多怨，百姓不親附，特劫於威彊耳。」〔註149〕這樣鮮明的對比，更用歷史事實突出了人心嚮背與歷史盛衰、戰爭成敗的內在聯繫。

他對漢初以來一些帝王順應人心的做法作了肯定，如「漢興，承敝易變，使人不倦，得天統矣」〔註150〕、「孝惠皇帝、高后之時，黎民得離戰國之苦，君臣俱欲休息乎無爲，故惠帝垂拱，高后女主稱制，政不出房戶，天下晏然。

---

〔註145〕《新書·大政上》。
〔註146〕《新書·大政上》。
〔註147〕以上見《史記》卷六《秦始皇本紀》引賈誼「過秦論」。
〔註148〕《史記》卷八《高祖本紀》。
〔註149〕《史記》卷九二《淮陰侯列傳》。
〔註150〕《史記》卷八《高祖本紀》。

刑罰罕用，罪人是希。民務稼穡，衣食滋殖」〔註151〕、「孝文施大德，天下懷安」。〔註152〕

　　班固也認識道人心關乎國家盛衰，把重民、安民看作國家長治久安的根本大計。這是班固從秦漢興亡、西漢一代歷史盛衰，以及王莽敗亡而東漢中興的歷史中總結出來的帶有規律性的認識。

　　班固繼承了司馬遷分析秦漢興亡和楚漢成敗，與人心嚮背的關係。如「民又益喜，唯恐沛公不爲秦王」，而項羽「所過無不殘滅，秦民大失望」，〔註153〕前後的待民態度完全不同。他也引用賈誼《過秦論》來分析秦興亡與人心相背的內在聯繫，相比司馬遷，更進一步。對賈誼關於秦亡漢興的理論思考，他引用劉向的話給予了很高的評價：「劉向稱『賈誼言三代與秦治亂之意，其論甚美，通達國體，雖古之伊、管未能遠過也。使時見用，功化必盛。爲庸臣所害，甚可悼痛。』」〔註154〕值得注意的是，班固去掉了賈誼《過秦論》中「向使嬰有庸主之才，僅得中佐，山東雖亂，秦之地可全而有，宗廟之祀未當絕也」這一條。他認爲秦在子嬰即位時，秦的滅亡已成定勢，無法改變，「秦之積衰，天下土崩瓦解，雖有周旦之材，無所復陳其巧。」而賈誼、司馬遷仍在責備一個孤立無援的子嬰，是不當的，「而以責一日之孤，誤哉！」〔註155〕班固認爲，這種認識就是一種不通時變的表現，「俗傳秦始皇起罪惡，胡亥極，得其理矣。復責小子，云秦地可全，所謂不通時變者也。」這就把人心嚮背的決定性意義說的更爲明確，這是班固的突出思想成就。

　　此外，班固還引用了諸多關於歷史盛衰與人心嚮背的論述，使自己的認識更爲充實。如他引賈山《至言》對周、秦興亡作了比較，得出人心嚮背的眞正意義。賈山論道：

　　　　昔者，周蓋千八百國，以九州之民養千八百國之君，用民之力不過歲三日，什一而籍，君有餘財，民有餘力，而頌聲作。秦皇帝以千八百國之民自養，力罷不能勝其役，財盡不能勝其求。一君之身耳，

〔註151〕《史記》卷九《呂太后本紀》。
〔註152〕《史記》卷一一《孝景本紀》。
〔註153〕《漢書》卷一《高帝紀上》。
〔註154〕《漢書》卷四八《賈誼傳》贊。
〔註155〕後漢明帝永平十七年，東漢明帝下詔問班固：「太史遷贊語中寧有非邪？」班固上書作了回答，在這個書裏，他提出了自己的認識。現存《史記》卷六《秦始皇本紀》附錄了這個書的具體內容，班固的《典引篇》也對此有所記述。

　　所以自養者馳騁弋獵之娛，天下弗能供也。勞罷者不得休息，飢寒

　　者不得衣食，亡罪而死刑者無所告訴，人與之爲怨，家與之爲雠，

　　故天下壞也。〔註156〕

人怨不但是亡國之因，而且是天下崩潰的重要因素。

　　班固還以利民、安民與否，作爲評價西漢一代歷史盛衰之重要標準之一。他稱贊漢文帝、漢景帝，「有不便，輒弛以利民」、「專務以德化民，是以海內殷富，興於禮義，斷獄數百，幾致刑措。嗚呼，仁哉！」〔註 157〕、「漢興，掃除煩苛，與民休息。至於孝文，加之以恭儉，孝景遵業，五六十載之間，至於移風易俗，黎民醇厚。周云成、康，漢言文、景，美矣！」〔註 158〕，遂形成了漢代文景之治的初步盛況，得出「文、景務在養民」〔註 159〕的論斷。雖對武帝統治時期「外事四夷之功，內盛耳目之好，徵發煩數，百姓貧耗，窮民犯法，酷吏擊斷，奸軌不勝」〔註 160〕等社會弊病有所揭露，但總體上還是肯定武帝遵循漢初以來帝王爲民的傳統，「如武帝之雄材大略，不改文、景之恭儉以濟斯民。雖《詩、《書》所稱何有加焉！。」〔註 161〕他也積極稱贊輔政大臣霍光能與民休息、問民疾苦，「光知時務之要，輕繇薄賦，與民休息。至始元、元鳳之間，匈奴和親，百姓充實。舉賢良文學，問民所疾苦，議鹽鐵而罷榷酤，尊號曰『昭』，不亦宜乎！」〔註 162〕；肯定宣帝「民安其業也」而「功光祖宗，業垂後嗣，可謂中興，侔德殷宗、周宣矣！」〔註 163〕這些穩定與繁盛，都與統治者認識到民心嚮背與社會安定、國家興衰有著密不可分的聯繫有關。而西漢衰落，雖有諸如外家擅權的發生，但也與帝王逐漸丟掉以民爲本的傳統不無關係，「而上牽制文義，優游不斷，孝宣之業衰焉」〔註 164〕、「然湛於酒色，趙氏亂內，外家擅朝」〔註 165〕。

　　漢代學人爲了限制君權，維護社會秩序，又把天意與民心相聯繫。民乃

---

〔註 156〕《漢書》卷五一《賈山傳》。
〔註 157〕《漢書》卷四《文帝紀》贊。
〔註 158〕《漢書》卷五《景帝紀》贊。
〔註 159〕《漢書》卷六《武帝紀》贊。
〔註 160〕《漢書》卷二三《刑法志》。
〔註 161〕《漢書》卷六《武帝紀》贊。
〔註 162〕《漢書》卷七《昭帝紀》贊。
〔註 163〕《漢書》卷八《宣帝紀》贊。
〔註 164〕《漢書》卷九《元帝紀》贊。
〔註 165〕《漢書》卷十《成帝紀》。

效天所爲，也即民是代表天意的，「天以民爲心」。〔註166〕

董仲舒指出：「性而瞑之未覺，天所爲也；效天所爲，爲之起號，故謂之民。民之爲言，固猶瞑也，隨其名號以入其理，則得之矣。」〔註167〕因此，「是故王者上謹於承天意，以順命也；下務明教化民，以成性也；正法度之宜，別上下之序，以防欲也：修此三者，而大本舉矣。」〔註168〕他往往把這一思想賦予一定天人感應色彩，「天下之人同心歸之，若歸父母，故天瑞應誠而至。」〔註169〕這一觀念甚爲普遍。

劉向、匡衡等直接繼承並發展了董仲舒的這一「民本思想」，其中的災異色彩甚爲濃厚。如劉向強調「知所以安利萬民，則海內必定矣」〔註170〕；谷永更言，君主統民、化民，是代表天來進行的，「臣聞天生蒸民，不能相治，爲立王者以統理之，方制海內非爲天子，列土封疆非爲諸侯，皆以爲民也」〔註171〕。

東漢時期，特別是中後期，陰陽五行下的「民本思想」較爲盛行。如「夫民所怨者，天所去也；民所思者，天所與也。舉大事必當下順民心，上合天意，功乃可成。若負強恃勇，觸情恣欲，雖得天下，必復失之。以秦、項之執，尚至夷覆，況今布衣相聚草澤？以此行之，滅亡之道也。」〔註172〕史學家荀悅把這種一體關係上升爲國家存亡的位置，「人主承天命以養民者也。民存則社稷存。民亡則社稷亡。故重民者。所以重社稷而承天命也。」〔註173〕

思想家王符進一步把天、陰陽、民、食與君主、國家治亂安危聯繫起來，進行系統論證。他說：

> 凡人君之治，莫大於和陰陽。陰陽者，以天爲本。天心順則陰陽和，天心逆則陰陽乖。天以民爲心，民安樂則天心順，民愁苦則天心逆。民以君爲統，君政善則民和治，君政惡則民冤亂。君以恤民爲本，臣忠良則君政善，臣奸枉則君政惡。以選爲本，選舉實則忠賢進，選虛僞則邪黨貢。選以法令爲本，法令正則選舉實，法令詐則選虛僞。法以君爲主，君信法則法順行，君欺法則法委棄。君臣法令之

---

〔註166〕《潛夫論·本政》。
〔註167〕《春秋繁露·深察名號》。
〔註168〕《漢書》卷五六《董仲舒傳》。
〔註169〕《漢書》卷五六《董仲舒傳》。
〔註170〕《說苑·談叢》。
〔註171〕《漢書》卷八五《谷永傳》。
〔註172〕《後漢書》卷一五《王常傳》。
〔註173〕《申鑒·雜言上》，上海古籍出版社，1990年。

功，必效於民。故君臣法令善則民安樂，民安樂則天心慰，天心慰
則陰陽和，陰陽和則五穀豐，五穀豐而民眉壽，民眉壽則興於義，
興於義而無姦行，無姦行則世平，而國家寧、社稷安，而君尊榮矣。
是故天心陰陽、君臣、民氓、善惡相輔至而代相微也。〔註174〕

這裏的邏輯線索是：天乃陰陽之本，天心即為民意，君又以恤民為本；而君
政惡則民亂，民亂則天心逆，天心逆則陰陽乖，陰陽乖則社稷危。反過來說，
國家治理的好，那麼民安樂，民安樂則天心順，天心順則陰陽和，陰陽和則
生產旺盛，生產好則民安樂，民安樂則行仁義，仁義行則社會安定，這樣國
家就太平。這裏既反映一種民本思想，又呈現一種社會發展的系統性鏈條。

他在《潛夫論·愛日》篇中對此作了進一步闡釋。他說：「國之所以為國
者，以有民也；民之所以為民者，以有穀也；穀之所以豐殖者，以有人功也；
功之所以能建者，以日力也。治國之日舒以長，故其民閒暇而力有餘；亂國
之日促以短，故其民困務而力不足。」這就明確把食、民、國三者的邏輯關
係與國家治亂盛衰聯繫起來加以認識，從而最大限度地達到君臣民三者的和
諧統一，實現國家富強與社會發展、進步。這一點是王符治國理論中最重要
的成就，也是漢代陰陽學說對社會學術思想文化深遠影響的重要體現。

儘管陰陽五行學說下的「民本思想」有其神秘的色彩，但他們主觀目的
又都是「利用陰陽災異思想對黑暗現實展開深刻批判，勸諫君主採取措施順
應民心，革除弊政，緩和社會矛盾」〔註175〕。況且，「在他們的各種奇說異論
中，都流注著他們真實的精神，並且都是以現實社會中人民的悲慘運命，為
他們想象的基點。所以他們表現在現實政治社會上的大是大非，都是符合人
民生存的要求的大是大非。」〔註176〕

此外，其他一些著作對人心嚮背與以民為本這一變理作了論述，如《淮
南子·泰族訓》載：「國主之有民也，猶城之有基，木之有根。根深則本固，
基美則上寧。」《淮南子·主術訓》也曰：「食者，民之本也。民者，國之本
也。國者，君之本也。」故「治國有常，而利民為本」〔註177〕。這一民本思
想，也是作者從歷史盛衰治亂中總結出來的變理，《淮南子·泰族訓》載曰：

---

〔註174〕《潛夫論·本政》。
〔註175〕參見龐天佑：《秦漢歷史哲學思想研究》，中國社會科學出版社，2002年，第
80頁。
〔註176〕徐復觀：《兩漢思想史》第三卷，華東師範大學出版社，2001年，第312頁。
〔註177〕《淮南子·氾論訓》。

「紂有南面之名，而無一人之德，此失天下也。故桀、紂不爲王，湯、武不爲放。周處酆、鎬之地，方不過百里，而誓紂牧之野，入據殷國，朝成湯之廟，表商容之閭，封比干之墓，解箕子之囚，乃折枹毀鼓，偃五兵，縱牛馬，播笏而朝天下，百姓謌謳而樂之，諸侯執禽而朝之，得民心也。……楚國山川不變，土地不易，民性不殊，昭王則相率而殉之，靈王則倍畔而去之，得民之與失民也。」諸如「王者以民爲基，民以財爲本，財竭則下畔，下畔則上亡。是以明王愛養基本，不敢窮極，使民如承大祭」〔註178〕，更是漢代諸多大臣常說的勸諫之言了。

### （三）室家之道

所謂室家之道，指君主處理外戚與宦官問題的治國之道。由於兩漢社會的自身特點與中國古代社會的內在法則，使得這種特殊的君臣關係被賦予了重要社會位置，對國家盛衰有重大影響。

兩漢史學家都對外戚這一特殊的群體作了記述，《史記》列有《外戚世家》、《漢書》列有《外戚傳》，而《漢紀》則散見於各個帝紀中。不僅對這一特殊群體進行記載，還對其作評論，寄寓了史學家深邃的史識。

司馬遷在通古今之變的史學思想指導下，他記述了外戚這一政治特殊現象的歷史演變過程，揭示出外戚對於國家存亡、社會治亂有重要影響與作用，且是雙重的。他在《史記·外戚世家》序中言：「自古受命帝王及繼體守文之君，非獨內德茂也，蓋亦有外戚之助焉。夏之興也以塗山，而桀之放也以末喜。殷之興也以有娀，紂之殺也嬖妲己。周之興也以姜原及大任，而幽王之禽也淫於襃姒。……夫婦之際，人道之大倫也。禮之用，唯婚姻爲兢兢。夫樂調而四時和，陰陽之變，萬物之統也。可不慎與？」至於出現這種現象的原因何在，司馬遷還一時無法說清楚，不過他提出要通古今來認識這一重大政治問題，則是對後世的一個重要提示，「人能弘道，無如命何。甚哉，妃匹之愛，君不能得之於臣，父不能得之於子，況卑下乎！既驩合矣，或不能成子姓；能成子姓矣，或不能要其終：豈非命也哉？孔子罕稱命，蓋難言之也。非通幽明之變，惡能識乎性命哉？」〔註179〕

班固在《漢書·外戚傳上》中全文探錄了司馬遷的《史記·外戚世家》序言，說明二者有共識。不同的是，班固更有條件來審視西漢整個外戚命運

〔註178〕《漢書》卷八五《谷永傳》。
〔註179〕《史記》卷四九《外戚世家》序。

演變發展情況。他在《漢書·外戚傳》贊中說道：

> 夫女寵之興，繇至微而體至尊，窮富貴而不以功，此固道家所畏，
> 禍福之宗也。序自漢興，終于孝平，外戚後庭色寵著聞二十有餘人，
> 然其保位全家者，唯文、景、武帝太后及邛成后四人而已。至如史
> 良娣、王悼后、許恭哀后身皆夭折不辜，而家依託舊恩，不敢縱恣，
> 是以能全。其餘大者夷滅，小者放流，烏呼！鑒茲行事，變亦備矣。

這是把西漢一代外戚女寵的命運清晰地展現出來，目的就是爲了「鑒茲行事，
變亦備矣」，讓後世以此爲鑒誡，這是他「通古今」、「備其變理，爲世典式」
史學旨趣的一個重要體現。

班固之父班彪對此早有所認識，《漢書·元后傳》後論言：「三代以來，《春
秋》所記，王公國君，與其失世，稀不以女寵。漢興，后妃之家呂、霍、上
官，幾危國者數矣。及王莽之興，由孝元后歷漢四世爲天下母，饗國六十餘
載，羣弟世權，更持國柄，五將十侯，卒成新都。位號已移於天下，而元后
卷卷猶握一璽，不欲以授莽，婦人之仁，悲夫！」對元后的批評，體現出班
彪對后妃之家與國家存亡之關係的認識，這多少影響了班固的一些思考。

班固不但自己對此作了直接評論，而且還在《漢書》中記載了諸多大臣
及士人對外戚問題的種種認識，主要是以奏疏或文章的形式出現。如《漢書·
楚元王傳》附《劉向傳》載劉向《極諫用外戚封事》〔註180〕這一重要奏疏，
敍述了春秋戰國以來的外戚大臣秉權用事的盛衰之過程，突出強調君主要謹
防外戚大臣的專橫霸權現象出現。《漢書·杜周傳》附《杜欽傳》載杜欽《復
說王鳳》、《戒王鳳》兩篇關於外戚問題的重要文章，班固對此作了很高的評
價，「（杜）欽浮沈當世，好謀而成，以建始之初深陳女戒，終如其言，庶幾
乎《關雎》之見微，非夫浮華博習之徒所能規也。」〔註181〕又《漢書·谷永
傳》載谷永所上《建始三年舉方正對策》與《黑龍見東萊對》等文，班固對
此評價爲：「善言災異，前後所上四十餘事，略相反覆，專攻上身與後宮而已」，
〔註182〕且「永陳三七之戒，斯爲忠焉。」〔註183〕

又《漢書·匡衡傳》載匡衡所上《言治性正家》與《戒妃匹勸經學威儀

---

〔註180〕《漢書》卷三六《楚元王傳》附《劉向傳》。
〔註181〕《漢書》卷六○《杜周傳》附《杜欽傳》。
〔註182〕《漢書》卷八五《谷永傳》。
〔註183〕《漢書》卷八五《谷永傳》贊。

之則》兩篇，更是難得的有關室家之道的表述。匡衡直接提出：「室家之道修，則天下之理得。」他又言：「福之興莫不本乎室家。道之衰莫不始乎梱內。故聖王必慎妃后之際，別適長之位。禮之於內也。卑不踰尊，新不先故，所以統人情而理陰氣也。」故「得其序，則海內自修，百姓從化」；反之，則危害國家存亡，「如當親者疏，當尊者卑，則佞巧之姦因時而動，以亂國家。故聖人慎防其端，禁於未然，不以私恩害公義。」匡衡還認爲，夫婦之際、婚姻之禮乃是「綱紀之首，王教之端也」，歷代事實說明室家之道關乎國家治亂盛衰，「自上世已來，三代興廢，未有不由此者也」，故他勸諫元帝以史爲鑒，以禮來約束規範自身，「願陛下詳覽得失盛衰之效以定大基，采有德，戒聲色，近嚴敬，遠技能」。他也勸后妃們修學尊經，以《六經》來回歸本性，行天人之正道，「故審《六藝》之指，則天人之理可得而和，草木昆蟲可得而育，此永永不易之道也。」〔註184〕這不僅認識到外戚后妃與國家存亡的關係，而且還提出了一些具體的建議主張，具有重要意義。

正是基於西漢後期這些大臣們的勸諫，東漢初年的統治者確實在外戚問題上做到了以史爲鑒，一些外戚大臣時刻謹慎、小心，以西漢爲鑒戒。這樣的歷史反思，對於東漢光武中興起到了非常重要的作用。然而東漢後期卻上演了一幕幕外戚重權橫行的痛心場面，歷史又與時代開了一個很大的玩笑，這是東漢初年的君臣所沒有想到的，也是班固無法努力去探究的。

東漢和帝時崔駰在勸諫竇憲時，多少指出了外戚命運及其相關因素。他說：

> 生富貴而能不驕傲者，未之有也。……昔馮野王以外戚居位，稱爲賢臣；近陰衛尉克己復禮，終受多福。郯氏之宗，非不尊也；陽平之族，非不盛也。重侯累將，建天樞，執斗柄。其所以獲譏於時，垂愆於後者，何也？蓋在滿而不挹，位有餘而仁不足也。漢興以後，迄於哀、平，外家二十，保族全身，四人而已。《書》曰：『鑒於有殷。』可不慎哉！〔註185〕

桓帝時史弼也提出了對外戚專權之對策，「臣聞帝王之於親戚，愛雖隆，必示之以威；體雖貴，必禁之以度。如是，和睦之道興，骨肉之恩遂。」〔註186〕這也是漢代對外戚問題根源及其對策的思考。

〔註184〕《漢書》卷八一《匡衡傳》。
〔註185〕《後漢書》卷五二《崔駰列傳》。
〔註186〕《後漢書》卷六四《史弼傳》。

　　宦官問題是室家之道的又一重要內容，尤其是東漢出現宦官專權的政治現象，嚴重影響東漢政權存亡。史學家對此給予了高度關注，不斷思考與探討，總結出一些理論性認識，爲治國理政提供了有益借鑒。

　　司馬遷在《史記》中記載了寵臣與宦者的歷史演變過程，揭示出這些人就是靠與帝王君主的偶合而得勢的，漢興至文帝都存在這種現象。《史記‧佞幸列傳》載曰：

> 非獨女以色媚，而士宦亦有之。昔以色幸者多矣。至漢興，高祖至暴抗也，然籍孺以佞幸；孝惠時有閎孺。此兩人非有材能，徒以婉佞貴幸，與上臥起，公卿皆因關說。……孝文時中寵臣，士人則鄧通，宦者則趙同、北宮伯子。北宮伯子以愛人長者；而趙同以星氣幸，常爲文帝參乘；鄧通無伎能。

司馬遷提出，帝王對這些臣子要愛憎謹愼，「甚哉愛憎之時！彌子瑕之行，足以觀後人佞幸矣。雖百世可知也。」這已上升爲一種普遍法則，是司馬遷的思想貢獻。當然，外戚自身也要自明，「內寵嬖臣大底外戚之家，然不足數也。衛青、霍去病亦以外戚貴幸，然頗用材能自進」。〔註187〕

　　在司馬遷生活的時代，宦者問題還沒有突顯出太多的專橫傾向，故他不可能對此認識很深。到了班固撰寫《漢書》時，他能夠審視整個西漢一代的歷史，再加上東漢前期以史爲鑒的歷史反思，易得出更爲深刻的理論認識。

　　班固在《漢書‧佞幸傳》序言中繼承司馬遷的史學著述事業，把整個西漢一代的寵臣記述下來，補充了武帝之後的情況。他認識到，寵臣問題與西漢衰亡有著重要關係。這些寵臣權勢很重，危害很大，特別是對忠正大臣的打擊尤爲嚴厲。如元帝時石顯用事，出現「事無小大，因顯白決，貴幸傾朝，百僚皆敬事顯」的現象，蕭望之等大臣因上書建議帝王罷中書宦官而歸尙書百官之權，皆遭到不同的迫害，「望之領尙書事，知顯專權邪辟，建白以爲『尙書百官之本，國家樞機，宜以通明公正處之。武帝遊宴後庭，故用宦者，非古制也。宜罷中書宦官，應古不近刑人。』元帝不聽，緣是大與顯忤。後皆害焉，望之自殺，堪、更生廢錮，不得復進用」；成帝時的淳于長，「外交諸侯牧守，賂遺賞賜亦累鉅萬。多畜妻妾，淫於聲色，不奉法度」。故班固言：

> 柔曼之傾意，非獨女德，蓋亦有男色焉。觀籍、閎、鄧、韓之徒非一，而董賢之寵尤盛，父子並爲公卿，可謂貴重人臣無二矣。然進

〔註187〕《史記》卷一二五《佞幸列傳》後論。

不繇道，位過其任，莫能有終，所謂愛之適足以害之者也。漢世衰
於元、成，壞於哀、平。哀、平之際，國多釁矣。主疾無嗣，弄臣
爲輔，鼎足不彊，棟幹微橈。一朝帝崩，姦臣擅命，董賢縊死，丁、
傅流放，辜及母后，奪位幽廢，咎在親便嬖，所任非仁賢。故仲尼
著「損者三友」，王者不私人以官，殆爲此也。〔註188〕

這既指出了寵臣的命運是悲慘的，從而告誡後世的寵臣們以此爲戒；提示帝
王們應審視自己的行爲，一旦寵臣過於得到恩幸，就會威脅到國家存亡，西
漢末年的歷史史實就證明了這一點，希望不要再重蹈覆轍。可惜的是，東漢
末年恰恰又重演了這一歷史悲劇，甚至有過而無不及，黨錮之禍就是一個重
要的表現。

　　早在西漢末年，以劉向爲代表的一大批士人對宦者問題就有所認識。他
們意識到這種君臣關係是違背正常的君臣關係法則的，會對社會、國家政權
形成一種潛在的危險，一定時候就會爆發。劉向論道：「故治亂榮辱之端，在
所信任；信任既賢，在於堅固而不移。……今佞邪與賢臣並在交戟之內，合
黨共謀，違善依惡，……數設危險之言，欲以傾移主上。如忽然用之，此天
地之所以先戒，災異之所以重至者也。」因此，他建議帝王「考祥應之福，
省災異之禍，以揆當世之變，放遠佞邪之黨，壞散險詖之聚，杜閉羣枉之門，
廣開衆正之路，決斷狐疑，分別猶豫，使是非炳然可知，則百異消滅，而衆
祥並至，太平之基，萬世之利也。」〔註189〕

　　而東漢後期，由於外戚、宦官同時專權，並出現相互爭奪之政治鬥爭，
逐使一些大臣頻頻上書，指出宦官專權的危害。如桓帝時朱穆上疏曰：

案漢故事，中常侍參選士人。建武以後，乃悉用宦者。自延平以來，
浸益貴盛，假貂璫之飾，處常伯之任，天朝政事，一更其手，權傾
海內，寵貴無極，子弟親戚，並荷榮任，故放濫驕溢，莫能禁禦。
凶狡無行之徒，媚以求官，特執怙寵之輩，漁食百姓，窮破天下，
空竭小人。愚臣以爲可悉罷省，遵復往初，率由舊章，更選海內清
淳之士，明達國體者，以補其處。即陛下可爲堯、舜之君，衆僚皆
爲稷、契之臣，兆庶黎萌蒙被聖化矣。

帝不納。後穆因進見，口復陳曰：「臣聞漢家舊典，置侍中、中常侍各一人，

---

〔註188〕《漢書》卷九三《佞幸傳》贊。
〔註189〕《漢書》卷三六《楚元王傳》附《劉向傳》。

省尚書事，黃門侍郎一人，傳發書奏，皆用姓族。自和熹太后以女主稱制，不接公卿，乃以閹人爲常侍，小黃門通命兩宮。自此以來，權傾人主，窮困天下。宜皆罷遣，博選耆儒宿德，與參政事。」〔註190〕

以災異言宦官之危害者，非常之多，成爲一種最常見的勸諫方式。東漢能夠多歷年所，也是與此勸諫分不開的。靈帝光和元年，楊賜以災異論來勸諫帝王遠離這些佞臣與宦者，「國家休明，則鑒其德；邪闢昏亂，則視其禍。……方今內多嬖倖，外任小臣，上下並怨，謗讟盈路，是以災異屢見，前後丁寧。……殆哉之危，莫過於今。幸賴皇天垂象譴告。……惟陛下愼經典之誡，圖變復之道，斥遠佞巧之臣，速徵鶴鳴之士。」〔註191〕就連東漢著名科學家張衡也採用此勸諫方式進行上書，「災異示人，前後數矣，而未見所革，以復往悔。自非聖人，不能無過。願陛下思惟所以稽古率舊，勿令刑德八柄，不由天子。」〔註192〕

桓帝時黃瓊較全面地總結了西漢一代以及東漢中興以來的室家之道與歷史盛衰問題。他言：

> 昔高皇帝應天順民，奮劍而王，埽除秦、項，革命創制，降德流祚。至於哀、平，而帝道不綱，秕政日亂，遂使姦佞擅朝，外戚專恣。所寇不以仁義爲冕，所蹈不以賢佐爲力，終至顚蹶，滅絕漢祚。……光武以聖武天挺，繼統興業，創基冰泮之上，立足枳棘之林。擢賢於衆愚之中，畫功於無形之世。崇禮義於交爭，循道化於亂離。是自歷高而不傾，任力危而不跌，興復洪祚，開建中興，光被八極，垂名無窮。至於中葉，盛業漸衰。陛下初從藩國，爰升帝位，天下拭目，謂見太平。而即位以來，未有勝政。諸梁秉權，豎宦充朝，重封累職，傾動朝廷，卿校牧守之選，皆出其門，羽毛齒革、明珠南金之寶，殷滿其室，富擬王府，執回天地。言之者必族，附之者必榮。忠臣懼死而杜口，萬夫怖禍而木舌，塞陛下耳目之明，更爲聾瞽之主。故太尉李固、杜喬，忠以直言，德以輔政，念國妄身，隕歿爲報，而坐陳國議，遂見殘滅。賢愚切痛，海內傷懼。〔註193〕

---

〔註190〕《後漢書》卷四三《朱樂何列傳》。
〔註191〕《後漢書》卷五四《楊震列傳》。
〔註192〕《後漢書》卷五九《張衡列傳》。
〔註193〕《後漢書》卷六一《左周黃列傳》。

他認識到，室家之道能夠影響國家興亡盛衰，是因為帝道不綱、秕政日亂，二者相結合，遂使漢祚遭滅絕。而這一現象同樣出現在東漢時期，東漢中興的衰落與此也是密切相連的。這就把帝王勝政與否看作室家之道的前提與基礎，而不單單是外戚、宦官本身所導致的。它們之間是有一個邏輯聯繫的，這也提示後世君王要做到勝任國家朝政，這樣才可能避免室家之道的影響。

這些認識都體現出以史為鑒的盛衰之理。兩漢史學家與思想家都非常重視從歷史中吸取教訓與借鑒經驗，為社會的未來與現在之發展，作出一定的參考。因此，以史為鑒的變理，在漢代也很豐富。因文中內容多有涉及，故這裏暫不贅述。

### （四）順欲而應俗

司馬遷認識到，人性之欲望是自然存在的，追逐利欲也是很正常的。他說：「天下熙熙，皆為利來；天下攘攘，皆為利往。」〔註194〕而利欲的過度，却導致動亂的發生。司馬遷通過總結歷史盛衰治亂演變過程，得出仁義之道對國家治亂盛衰的作用很大。《史記‧禮書》序中言：「洋洋美德乎！宰制萬物，役使羣衆，豈人力也哉？余至大行禮官，觀三代損益，乃知緣人情而制禮，依人性而作儀，其所由來尚矣。」唐代張守節《史記正義》釋曰：「言天地宰制萬物，役使羣品，順四時而動，咸有成功，豈藉人力營為哉，是美善盛大却多之德也。」

司馬遷也倡導反性歸本，與《淮南子》不同的是，他提出順欲而導之，「故善者因之，其次利道之，其次教誨之，其次整齊之，最下者與之爭。……人各任其能，竭其力，以得所欲。」〔註195〕

兩漢之際史學家劉向、東漢末年思想家王符等，對此均有一定認識。劉向認為欲望產生爭奪，從而發生社會變動。《說苑‧反質》：「故耕漁與陶，非舜之事，而舜為之，以救敗也。民之性皆不勝其欲，去其實而歸之華，是以苦窳之器，爭鬪之患起。爭鬪之患起，則所以偷也。所以然者何也？由離誠就詐，棄樸而取偽也。追逐其末，而無所休止。聖人抑其文而抗其質，則天下反矣。」他進一步指出，利乃一切的根源，「凡人之性，莫不欲善其德，然而不能為善德者，利敗之也。故君子羞言利名。言利名尚羞之，況居而求利者也？」、「故天子好利則諸侯貪，諸侯貪則大夫鄙，大夫鄙則庶人盜。上之變下，猶風之靡草

〔註194〕《史記》卷一二九《貨殖列傳》。
〔註195〕《史記》卷一二九《貨殖列傳》。

也。故爲人君者，明貴德而賤利，以道下，下之爲惡尚不可止」。〔註196〕王符也認識到利欲乃社會變動的根源，《潛夫論·遏利》：「自古於今，上以天子，下至庶人，蔑有好利而不亡者，好義而不彰者也。」彭鐸按：「此篇論世人當明義利之辨，并歷舉前代好利而亡，好義而彰者以證之，故以『遏利』名篇。」〔註197〕這些都是漢代關於人性、欲望與社會歷史變動關係的集中論述。

班固在其《漢書·地理志》中對風與俗的內涵作了闡釋，所謂風就是指「民函五常之性，而其剛柔緩急，音聲不同，繫水土之風氣」，是與人所生存的自然環境息息相關；所謂俗則是指「好惡取舍，動靜亡常，隨君上之情欲」，這與統治者的導向相連，屬於價值與是非判斷的範疇。這就說明，社會倫常與自然之風有關，而人君情欲與俗相連。

風與俗是兩個不同的而又相互依存的概念，國家就是要把風與俗進行中和，這樣社會秩序就得到保障與維護，國家也就安定，「孔子曰：『移風易俗，莫善於樂。』言聖王在上，統理人倫，必移其本，而易其末，此混同天下一之虖中和，然後王教成也。」〔註198〕

班固在《漢書·賈誼傳》中，載賈誼「治安策」一文。賈誼在此文中，論述了社會風俗與國家興亡有著重要關係。賈誼曾引《管子》說道：「禮義廉恥，是謂四維；四維不張，國乃滅亡。」他認爲，秦短暫而亡與其社會風俗不正有著重要的關係，「秦滅四維而不張，故君臣乖亂，六親殃戮，姦人並起，萬民離叛，凡十三歲，社稷爲虛。」他認識到，漢初的社會風俗依舊沒有走上正軌，「今四維猶未備也，故姦人幾幸，而却心疑惑。」如果現在建立一套穩定的社會禮樂制度來規範社會風俗，那麼漢室政權就長久存在下去；反之，則一旦遇到社會動亂就會喪失統治地位，國家滅亡，社會混亂，「豈如今定經制，令君君臣臣，上下有差，父子六親各得其宜。姦人無所幾幸，而羣臣眾信，上不疑惑。此業一定，世世常安，而後有所持循矣。若夫經制不定，是猶渡江河亡維楫，中流而遇風波，舩必覆矣。可爲長太息者也。」〔註199〕因此，當朝的統治者要引以爲戒。雖然這不能把賈誼的認識完全等同於班固的看法，但在一定程度上也說明他們都有類似的思考。

---

〔註196〕《說苑·貴德》。
〔註197〕參見彭鐸《潛夫論箋校正》注釋，第25頁。
〔註198〕《漢書》卷二八下《地理志下》。
〔註199〕《漢書》卷四八《賈誼傳》。

　　班固還借王嘉之言論道:「言如此則逆尊卑之序,亂陰陽之統,而害及王者,其國極危。國人傾仄不正,民用僭差不壹,此君不由法度,上下失序之敗也。武王躬履此道,隆至成、康。自是以後,縱心恣欲,法度陵遲,至於臣弑君,子弑父。父子至親,失禮患生,何況異姓之臣?」〔註200〕這是以君臣秩序為基礎,論證上下失序就會導致亡國。又借師丹之語,從宇宙論這個廣闊的視野來強調尊卑秩序對於社會穩定的重要性。《漢書·師丹傳》載曰:「聖王制禮取法於天地,故尊卑之禮明則人倫之序正,人倫之序正則乾坤得其位而陰陽順其節,人主與萬民俱蒙祐福。尊卑者,所以正天地之位,不可亂也。」因此,班固得出「故上下序而民志定」〔註201〕的結論。這也是三代治國的重要歷史經驗,「此三代之所以直道而行,不嚴而治之大略也。」〔註202〕這裏強調經濟秩序與政治秩序(主要是政治結構內部的合理)是社會秩序維護的基礎。這就說明,社會秩序的維護要靠社會風俗來保障。

　　東漢史學家荀悅更是把社會風俗與治國聯繫起來,提出「惟察九風,以定國常」,分為治國之風、衰國之風、弱國之風、乖國之風、亂國之風、荒國之風、叛國之風、危國之風、亡國之風九大類。〔註203〕這樣的劃分,當屬首次。他指出,為國者必須體察國風民情,重視禮樂風俗的建設與導向。這是從理論上深入思考社會風俗與國家存亡盛衰的關係問題,顯示出荀悅獨特的眼光與見識。

　　其他諸如「禹以夏王,桀以夏亡;湯以殷王,紂以殷亡。非法度不存也,紀綱不張,風俗壞也」〔註204〕、「凡諸所譏,皆非民性,而競務者,亂政薄化使之然也。王者統世,觀民設教,乃能變風易俗,以致太平」〔註205〕等,都是這方面的重要論述。

　　漢代人已把社會風俗與國家治亂盛衰聯繫起來加以思考,國家或社會的穩定往往要靠它所存在的社會秩序來保障,而社會風俗又是維繫社會秩序的重要因素。雖然並未能象清代思想家王夫之那樣作出高度的理論概括〔註206〕,但他們的這些認識也是中國古代思考歷史治亂盛衰之理的重要組成部分。

---

〔註200〕《漢書》卷八六《王嘉傳》。
〔註201〕《漢書》卷九一《貨殖傳》。
〔註202〕《漢書》卷九一《貨殖傳》。
〔註203〕《申鑒·政體》。
〔註204〕《淮南子·泰族訓》。
〔註205〕《潛夫論·浮侈》。
〔註206〕王夫之提出:「風教之興廢,天人有道,則上司之;天下無道,則下存之;下亦去之而不存,而後風教永亡於天下。」(《讀通鑒論》卷一七《梁武帝》)

# 第四章　大一統理論與民族思想

## 一、大一統理論

　　隨著西漢皇朝的建立，先秦以來的統一觀念深入人心。為了維護和鞏固天下一統的社會秩序和政治制度，漢代學人對此進行了理論探索，形成了富有時代特色的大一統思想，這對人們認識自然、社會、歷史，有著重要的理論意義與現實意義，甚至規範著人們的認識觀念與實踐活動。因此，在探討中國古代歷史理論時，對這一思想的關注，顯得尤為重要。

### （一）關於「大一統」的理論闡釋

　　《春秋公羊傳》是一部闡述大一統思想的重要著作，此書在戰國時期就以口授方式相傳，至景帝時著於竹帛。《春秋》開篇寫道：「隱公元年，春，王正月。」《公羊傳》釋為：「元年者何？君之始年也。春者何？歲之始也。王者孰謂？謂文王也。曷為先言王而後言正月？王正月也。何言乎王正月？大一統也。」這是以正朔制度的形式來突顯「大一統」之內涵與實質。可以說，「大一統說實是《公羊傳》的理論綱領。」〔註1〕

　　隨著西漢皇朝一統社會秩序與政治制度的建立，公羊學的「大一統」思想更加備受關注，其豐富的社會土壤和時代需求推動了這一理論體系的不斷構建。儒學代表人物董仲舒就是重要的貢獻者。

　　《春秋繁露・三代改制質文》載：

　　　　《春秋》曰：『王正月』，《傳》曰：『王者孰謂？謂文王也。曷為先

---

〔註1〕　陳其泰：《清代公羊學》，東方出版社，1997 年，第 9 頁。

言王而後言正月？王正月也。』何以謂之王正月？曰：王者必受命而後王。王者必改正朔，易服色，制禮樂，一統於天下，所以明易姓，非繼人，通以己受之於天也。王者受命而王，制此月以應變，故作科以奉天地，故謂之王正月也。

從這段文字來看，顯然董仲舒對公羊學「大一統」思想作了理論發揮：

一是，「王者必受命而後王」，這把天命論引入「大一統」思想體系中，強調政權存在的合法性。從董仲舒的整個思想理論體系來看，其所闡釋「大一統」的天命因素，實質上是「統民爲天」與「一統尊君」的融合。董仲舒曾言：「且天之生民，非爲王也；而天立王，以爲民也。故其德足以安樂民者，天予之；其惡足以賊害民者，天奪之。」〔註2〕這是他「統民爲天」思想的理論基礎。他進一步提出：「有道伐無道，此天理也，所從來久矣。」〔註3〕這是把儒家人倫禮義文化制度所規範的受命問題，看作天理，即天道與王道的合一。

二是，董仲舒賦予公羊學「大一統」思想以更加務實的文化內涵，即改制而遵天命，也就是其所言的「作科以奉天地」及「上奉天施而下正人，然後可以爲王」〔註4〕，這才是「王正月」的核心內容。

董仲舒的這兩點理論發揮，不僅豐富了春秋公羊學「大一統」思想，而且突顯出這一思想體系的實踐性和目標性，即把儒家人倫禮制這一文化制度納入「大一統」理論體系中，這是董仲舒「大一統」思想的突出理論貢獻。蔣慶言：「大一統思想的精髓是以德統天下，以仁知宇內。」〔註5〕這是很有見地的。這一理論影響深遠，正如江媚所論：「在西漢時代，中國文化已經形成並確立了整合、通貫自我歷史發展變化的『本質同一性』即『統』，其實質內涵是儒家的人倫禮教。同時，人倫禮教亦成爲統合『中國』乃至包括『夷狄』在內的『天下』而爲·大文化共同體的精神內核。」〔註6〕

董仲舒不僅對春秋公羊學「大一統」有如此集中的論述，而且構建起一個全新的嚴密的理論體系。

「元」、「春」、「王」、「正」、「月」是春秋公羊學「大一統」思想的五大

---

〔註2〕 《春秋繁露·堯舜不擅移、湯武不專殺》。
〔註3〕 《春秋繁露·堯舜不擅移、湯武不專殺》。
〔註4〕 《春秋繁露·竹林》。
〔註5〕 蔣慶：《公羊學引論》，遼寧教育出版社，1995年，第294頁。
〔註6〕 江媚：《從「大一統」到「正統論」——論唐宋文化轉型中的歷史觀嬗變》，《史學理論研究》2004年第6期。

要素，即所謂的「五始」。《漢書·王褒傳》載：「記曰：『共惟《春秋》法五始之要，在乎審已正統而已。』」張晏注：「《春秋》稱『元年春王正月』，此五始也。」顏師古注：「元者氣之始，春者四時之始，王者受命之始，正月者政教之始，公即位者一國之始，是爲五始。」〔註7〕這些都是對《春秋公羊傳》「大一統」的理解，說明「五始」是其要旨。

對於這「五始」，董仲舒作了系統闡釋。《漢書·董仲舒傳》載曰：

> 臣謹案《春秋》謂一元之意，一者萬物之所從始也，元者辭之所謂大也。謂一爲元者，視大始而欲正本也。《春秋》深探其本，而反自貴者始。故爲人君者，正心以正朝廷，正朝廷以正百官，正百官以正萬民，正萬民以正四方。四方正，遠近莫敢不壹於正，而亡有邪氣奸其間者。是以陰陽調而風雨時，羣生和而萬民殖，五穀孰而中木茂，天地之間被潤澤而大豐美，四海之內聞盛德而皆徠臣，諸福之物，可致之祥，莫不畢至，而王道終矣。

又載曰：

> 臣謹案《春秋》之文，求王道之端，得之於正。正次王，王次春。春者，天之所爲也；正者，王之所爲也。其意曰，上承天之所爲，而下以正其所爲，正王道之端云爾。然則王者欲有所爲，宜求其端於天。

又載曰：

> 是故王者上謹於承天意，以順命也；下務明教化民，以成性也；正法度之宜，別上下之序，以防欲也：修此三者，而大本舉矣。

《春秋繁露·玉英》也載曰：

> 謂一元者，大始也。知元年志者，大人之所重，小人之所輕。是故治國之端在正名。名之正，興五世，五傳之外，美惡乃形，可謂得其眞矣，非子路之所能見。惟聖人能屬萬物於一，而繫之元也。終不及本所從來而承之，不能遂其功。是以《春秋》變一謂之元。元，猶原也。其義以隨天地終始也。故人唯有終始也，而生不必應四時之變。故元者爲萬物之本。而人之元在焉。安在乎？乃在乎天地之前。故人雖生天氣及奉天氣者，不得與天元本、天元命而共違其所

---

〔註7〕　參見《漢書》卷六四下《王褒傳》注。

爲也。故春正月者，承天地之所爲也。繼天之所爲而終之也。其道
相與共功持業。安容言乃天地之元？天地之元奚爲於此惡施於人？
大其貫承意之理矣。是故《春秋》之道，以元之深正天之端，以天
之端正王之政，以王之政正諸侯之即位，以諸侯之即位正竟內之治。
五者俱正，而化大行。〔註8〕

《春秋繁露・王道》又曰：

《春秋》何貴乎元而言之？元者，始也，言本正也。道，王道也。
王者，人之始也。王正，則元氣和順、風雨時、景星見、黃龍下。
王不正，則上變天，賊氣並見。

以上是董仲舒對春秋公羊學「大一統」之「法五始之要」的系統闡釋，強調
「王道」的現實意義，把「大一統」看作宇宙的根本秩序，更加全面地論證
「統民爲天」與「一統尊君」的和諧發展，突出道德理性與自然理性的糅合。
這一論述使得「大一統」的意義與價值有了更高的提升，儘管其染有天命神
秘色彩。這種「統民爲天」的大一統，在古代中國多少起了限制君主專制集
權的作用。正如有的學者指出的，「《公羊》家所謂五始，實爲一個較縝密的
政治哲學設計方案，此方案的妙處不僅在於它爲王政的合法性提出一個超越
的天道根據，還在它爲君主提出一個審己正統的現實責任倫理。」〔註9〕

東漢經學家何休，在董仲舒的基礎上，對《公羊傳》「大一統」作了進一
步闡發。《公羊解詁・隱公元年》記：

《公羊傳》說：『何言乎王正月？大一統也。』統者，始也，總繫之
辭。夫王者始受命改制，佈政施教於天下，自公侯至於庶人，自山
川至於草木昆蟲，莫不一一繫於正月，故云政教之始。

以上繫元年在正月之上，知歲之始也。春者，天地開辟之端，養生
之首，法象所出，四時本名也。……歲者，總號其成功之稱。

以上繫於王，知王者受命，佈政施教，所制月也。王者受命，必徙
居處，改正朔，易服色，殊徽號，變犧牲，異器械，明受之於天，
不受之於人。

---

〔註8〕 《春秋繁露・二端》與此一致：「是故《春秋》之道，以元之深正天之端，以
天之端正王之政，以王之政正諸侯之即位，以諸侯之即位正竟內之治，五者
俱正而化大行。」

〔註9〕 葛志毅：《公羊傳〉大一統釋義發微》，《管子學刊》1998年第4期。

年者，十二月之總號。《春秋》書十二月稱年，是也。變一爲元，元者，氣也，無形以起，有形以分，造起天地，天地之始也。故上無所繫，而使春繫之也。不言公，言君之始年者，王者諸侯皆稱君，所以通其義於王者，唯王者然後改元立號。《春秋》托新王受命於魯，故因以錄即位，明王者當繼天奉元，養成萬物。

即位者，一國之始，政莫大於正始。故《春秋》以元之氣，正天之端，以天之端，正王之政；以王之政，正諸侯之即位，故先言正月，而後言即位。政不由王出則不得爲政，故先言王，而後言正月也；王者不承天以制號令則無法，故先言春而後言王；天不深正其元，則不能成化，故先言元而後言春。乃天人之大本，萬物之所繫，不可不察也。

與董仲舒相比，何休的闡釋有了一些變化。他進一步強調「王者受命，佈政施教」在「大一統」中的位置與核心價值，對「元」的解釋與「氣」相連，這可能受到王充等人「元氣」論的影響。同時，何休更把這種「政莫大於正始」的「大一統」思想，提升到「天人之大本，萬物之所繫」的高度，成爲宇宙萬物的最高法則。王者要想得到「一統尊君」，就不得不「佈政施教」，從而「繼天奉元，養成萬物」。這對中國古代政治統一與社會秩序穩定、文化思想核心價值觀等方面影響很大。說「何休的理論貢獻，首先是突出地推進了『大一統』說和『三世說』，確定了公羊學說的兩大主幹，大一統說是《公羊傳》第一位的宗旨，董仲舒有所發揮，至何休《解詁》才更加理論化了」，〔註10〕是有道理的。

這些都說明，漢代公羊學「大一統」，實際上是「五始」的「封閉循環」，突出「天統」的最高法則，使得王者「佈政施教」而「統民應天」。這可以說是漢代公羊學「大一統」理論的精神實質。

關於「大一統」的具體內容，董仲舒等人不僅強調政治上的「一統」，而且還踐行思想上的「一統」。如周桂鈿就提出，「大一統包括思想統一與政治統一」。〔註11〕《漢書·董仲舒傳》載曰：「《春秋》大一統者，天地之常經，古今之通誼也。今師異道，人異論，百家殊方，指意不同，是以上亡以持一統；法制數變，下不知所守。臣愚以爲諸不在六藝之科孔子之術者，皆絕其

〔註10〕陳其泰：《清代公羊學》，東方出版社，1997年，第41頁。
〔註11〕周桂鈿：《董仲舒評傳》，廣西教育出版社，1995年，第35頁。

道，勿使並進。邪辟之說滅息，然後統紀可一而法度可明，民知所從矣。」
這裏講了三點內容：一是把「大一統」賦予天地萬物、古往今來普遍適用的
法則，既是時間法則，又是空間法則。二是指出了「大一統」在思想方面的
基本內涵與實質，即「一統」而「獨尊」，「一統」指的是帝王政令的統一化
與權威性；「獨尊」指的是以「以儒家六藝」為主導思想，貫徹推行與保障「大
一統」。

民族一統也是漢代「大一統」思想體系的重要組成部分。馮友蘭認為，「這
個『一統』是政治的統一，也是民族的融合。」〔註 12〕黃樸民也指出，「『大
一統』就是高度推崇國家的統一，民族的融合，也即對『一統』所持的基本
立場和態度。」〔註 13〕而且，公羊學的民族大一統思想，遂成為漢代人們談
論民族關係的一個主導意識，影響了當時的社會與政治決策。

《公羊傳》成公十五年載曰：「曷為殊會吳？外吳也。曷為外也？《春秋》
內其國而外諸夏，內諸夏而外夷狄。王者欲一乎天下，曷為以外內之辭言之。
言自近者始也。」何休注云：「據大一統。」這說明，「大一統」下的民族思
想，必然會存在別內外、一統尊王的觀念，但它又始終不會脫離「一統」這
個普遍意義上的法則。實際上，董仲舒對「《春秋》內其國而外諸夏，內諸夏
而外夷狄」也作過引用與發揮，只不過他沒有明確把這與《公羊傳》大一統
相聯繫。而何休把這一思想作為其「三科九旨」的「一科三旨」，提出了「張
三世」與「存三統」，成功地完成了大一統由政治哲學向歷史哲學的轉變。

當然，漢代公羊學「大一統」理論，內涵非常豐富，政治「一統」、思想
「一統」與民族「一統」祇是其中較為突出的部分，還有其他制度方面的具
體內容。正如唐眉江所指出的，「要全面理解『大一統』，不能停留在籠統的
『政治統一』和『思想統一』層面，而必須深入下去，弄清楚每一方面制度
的具體內容。」因此，「公羊學『大一統』概念的外延非常廣泛，既包括了自
然，又包括了社會；既包括了現實，又包括了歷史；既包括了形上，又包括
了形下。這一概念試圖將天地萬物、古往今來的一切現象均囊括於其中，建
立一個貫穿一切的、宇宙間普遍適用的絕對真理和最高法則。大一統既是時
間法則，又是空間法則。它是一個將漢代公羊學者的自然觀、歷史觀和政治

---

〔註 12〕馮友蘭：《從中華民族的形成看儒家思想的歷史作用》，《哲學研究》1980 年第
　　　　 2 期。
〔註 13〕黃樸民：《何休公羊『大一統』思想析論》，《孔子研究》1999 年第 2 期。

觀混合在一起的概念，具有貫通性、混雜性和整體性的特徵。」〔註14〕

還有一個問題需要我們作出全面而系統的分析，即「大一統」的「統」之內涵，也就是說無論政治一統，還是思想一統，或民族一統，最後歸於的這個「統」的指向爲何。從另一個角度講，這實際上談的是春秋公羊學「大一統」中的「王」的內涵問題。

春秋公羊學「大一統」的「王」，《公羊傳》明確言其爲周文王。那麼對於漢代公羊學「大一統」理論體系，其中的「王」顯然不是指周文王，也不是指漢代的某位帝王。實際上，它已超越了具體的某位帝王所函蓋的內容，指向具有抽象意義的某種政治實體，即秦漢創立的帝國體制，這與「君國一體」的認識是一致的。

這樣，漢代公羊學所言的「統」，不全指政治上的尊王、統一，因爲尊王、統一隻不過是「大一統」的路徑而已，與「統」這個核心仍有距離。尊王、統一是爲了更好地鞏固和持續秦漢創立的帝國體制，與天統相合；改制、獨尊儒術等所謂的王道，以及國家安全戰略等等，則是帝國體制維護的基本內容。

「統」要「一」，即秦漢開創的這一帝國體制是國家之根本，社會之根本，人之根本。它是社會秩序與歷史秩序的一種融合，既表現爲空間意義上的根本法則，又表現爲時間意義上的根本法則。正如劉家和所言：「這個『一統』不是化多（多不復存在）爲一，而是合多（多仍舊在）爲一。它可作爲動詞（相當於英文之 to unite），也可作爲名詞（相當於英文之 Unity），就此而言，詞義的重心在『一』。但此『一』又非簡單地合多爲一，而是要從『頭』、從始或從根就合多爲一。只有看出這後一點意思，才確切地把握了《公羊傳》的『一統』的本義。」〔註15〕

「一統」要「大」，即無論帝王君主，還是社會主體，都要張揚帝國體制這一根本法則，使得社會繼續存在與發展。這裏的「大」不是形容詞，而是動詞，即張大、表揚、表彰等意。〔註16〕

至於秦漢之後學界所言的「正統」，雖與公羊學「大一統」有關聯，但其

---

〔註14〕唐眉江：《漢代公羊學「大一統」概念辨析》，《學術研究》2006 年第 1 期。
〔註15〕劉家和：《漢代春秋公羊學的大一統思想》，《史學理論研究》1995 年第 2 期。
〔註16〕劉家和、蔣重躍、葛志毅諸先生均持這樣的認識，見劉家和：《漢代春秋公羊學的大一統思想》（《史學理論研究》1995 年第 2 期）、蔣重躍：《五德終始說與歷史正統觀》（《南京大學學報》2004 年第 2 期）、葛志毅：《〈公羊傳〉大一統釋義發微》（《管子學刊》1998 年第 4 期）。

內涵有本質區別。

漢代文獻中已提及「正統」一詞，即前面提到的王褒言「五始之要」時就說過「審己正統」，但這一「正統」，是一個動賓結構，指的是帝王君主要「正」所謂的「統」，即統治者通過選賢任能來使國家體制和社會秩序這個根本之統得以維護和延續，而不是指王朝本身的正偽問題。

董仲舒在論述「大一統」理論體系時，還提出了「通三統」，即強調通過三統改制來使天下根本之統得以維護和延續。葛志毅亦注意到了這一點，「在《公羊》的學說中，大一統的統字有其獨特含義，即它與三統的統相關。」〔註17〕

《春秋繁露‧三代改制質文》曰：「故同時稱帝者五，稱王者三，所以昭五端，通三統也。」又言：「王者之法，……下存二王之後以大國，使服其服，行其禮樂，稱客而朝。」〔註18〕《白虎通‧三正》也載：「王者所以存二王之後何也？所以尊先王，通天下之三統也。明天下非一家之有，謹敬謙讓之至也。故封之百里，使得服其正色，行其禮樂，永事先祖。」這不僅是今文經說，也是古文經師們堅持的思想。清人陳立通過諸多材料，證實「《左氏》經師亦不廢三統之義」。〔註19〕

從上述記載來看，漢代「通三統」有三項內容：一是封前代二王之後各主一統來通三統，從而更好地實現「大一統」；二是尊先王來顯示「一統」之王的謹敬謙讓之禮義仁德；三是明天下非一家之有。這種「通三統」實際上就是維護「統民爲天」的「大一統」。盛世時期，人們一般側重「一統尊君」的「大一統」，而到了衰落時期，則突出「統民爲天」的「大一統」。

梁啓超對此曾有深刻認識，他言：「《春秋》所謂大一統者，對於三統而言。《春秋》之大義非一，而通三統實爲其要端。通三統者，正以明天下爲天下之天下，而非一姓之所得私有。與後儒所謂統者，其本義既適相反對矣。」由此他對中國史家言「正統」者進行了強烈批判，他說：「中國史家之謬，未有過於言正統者也。言正統者，以爲天下不可一日無君也，於是乎有統；又以爲天無二日民無二主也，於是乎有正統。統之云者，殆謂天所立而民所宗也。正之云者，殆謂一爲眞而餘爲僞也。」他也指出了「正統」如何去求，「然

---

〔註17〕葛志毅：《〈公羊傳〉大一統釋義發微》，《管子學刊》1998 年第 4 期。
〔註18〕《春秋繁露‧三代改制質文》。
〔註19〕參見（清）陳立撰，吳則虞點校：《白虎通疏證》注釋，中華書局 1994 年，第 366 頁。

則正統當於何求之？曰：統也者，在國非在君也，在眾人非在一人也。舍國而求諸君，舍眾人而求諸一人，必無統之可言。」〔註20〕

　　總的來講，漢代公羊學「大一統」包含「統一」這一普遍意義，但它又高於「統一」。它從制度層面、從天人合一層面來突出「一統」，既有「一統尊君」的「大一統」，又有「統民為天」的「大一統」。它是自然理性、道德理性與歷史理性的糅合與統一，只不過是不同的人對其所作的闡釋，其傾向不同而已。既有空間意義上的「大一統」，又有時間意義上的「大一統」。從空間意義上講，它是「為天」而「紀王」，即以本於天的「紀」來使王統一與管理國家。當然，這祇是學者在論證「大一統」理論時的主觀目的與思想旨趣，而統治者能否真正實現這個目標或以此為根本，那就不是學者們所能左右的。從時間意義上說，它又是維護歷史的統一，突顯「通史」意識，強調國家統一、民族統一的連續性。

　　對其思想文化價值而言，也是深遠而有力的，正如江湄所言：「『大一統』說的形成，標誌著中華文明為自身的發展確立價值原理，同時也是以文化價值原理為根本的對歷史理性的把握與規定，是對歷史的根本定向，是為歷史確立意義和目的。歷史上所有難知難料的變故都有『一貫之道』，都要服從於統一的目標與意義，都要納入『統』中。歷史不再是無常的命運，而是實現『天道－王道』的必然歷程，是自覺形成的有意義的傳『統』。而一個國家一代王朝只有在不同的歷史條件下承擔起落實『道』、存續『統』的歷史責任，其政權才具有合理性與正當性。也就是說，是與自然理性、道德理性合一的歷史理性作為『正義』賦予政治權力以合法性。正是在這個意義上，『大一統』說論證著漢帝國『奉天承運』的神聖。」〔註21〕

### （二）對「大一統」思想的記述與思考

　　漢代人關注大一統，肯定秦漢以來統一的歷史成就。諸如「今九州同域，天下一統」〔註22〕、「今中國為一統」〔註23〕、「故統一，則民不二也」〔註24〕、

---

〔註20〕梁啓超：《新史學·論正統》，《飲冰室合集·文集一》，中華書局 1989 年，據上海中華書局 1936 年版影印。

〔註21〕江湄：《從「大一統」到「正統論」——論唐宋文化轉型中的歷史觀嬗變》，《史學理論研究》2004 年第 6 期。

〔註22〕《鹽鐵論·憂邊》。

〔註23〕《鹽鐵論·繇役》。

〔註24〕《鹽鐵論·錯幣》。

「《春秋》所以大一統者，六合同風，九州共貫也」〔註25〕、「四海混一，天下定寧」〔註26〕等等，都是對漢代大一統社會的描繪與闡釋。

特別是一些人還從具體的制度與歷史記述等方面來進一步突顯這一思想。如賈誼從社會禮樂風俗制度、諸侯之制等方面來闡釋維護大一統社會的必要性與緊迫性，而司馬遷則從更廣闊的社會視野與歷史視野來看待與把握這一觀念。

漢初，雖然藩國問題並沒有完全暴露，但具有深邃史識的賈誼，已經感覺到這將會成為一個社會問題，如果不及時解決，很可能會嚴重威脅天下一統。他說：「夫樹國固必相疑之勢，……況莫大諸侯，權力且十此者虖！」最終的結果只能是「天下少安」，因為「數年之後，諸侯王大抵皆冠，血氣方剛，漢之傅相稱病而賜罷，彼自丞尉以上偏置私人，如此，有異淮南、濟北之為邪！此時而欲為治安，雖堯舜不治。」於是，他提出「眾建諸侯而少其力」的重要策略。這樣做，既顯示了「陛下之廉」、「陛下之仁」、「陛下之義」，又分散了諸侯實力，消除了對中央皇權的威脅，最終達到「天下不亂」。〔註27〕

幾年後，賈誼再次上疏表明諸侯問題的嚴重性和緊迫性，提出：「陛下即不定制，如今之勢，不過一傳再傳，諸侯猶且人恣而不制，豪植而大強，漢法不得行矣。」〔註28〕班固對賈誼的這一理論思考和實踐性建議及其主張，給予了極高評價：「建設藩屏，以強守圉，吳、楚合從，賴誼之慮。」〔註29〕

在社會禮樂風俗制度上，賈誼強調「移風易俗，使天下回心而鄉道」，要求統治者「定經制」，建立一種和諧的社會秩序。《漢書·賈誼傳》曰：「豈如今定經制，令君君臣臣，上下有差，父子六親各得其宜，姦人亡所幾幸，而羣臣眾信，上不疑惑！此業壹定，世世常安，而後有所持循矣。若夫經制不定，是猶度江河亡維楫，中流而遇風波，船必覆矣。」〔註30〕這是從社會制度上來保障大一統。

司馬遷對歷史上出現的統一政權及其過程作了記述，突出一統思想的連續性與時代性。《五帝本紀》記載了黃帝「修德振兵」，戰敗炎帝，擒殺蚩尤，

〔註25〕《漢書》卷七二《王吉傳》。
〔註26〕《論衡·宣漢篇》。
〔註27〕以上均見《漢書》卷四八《賈誼傳》。
〔註28〕《漢書》卷四八《賈誼傳》。
〔註29〕《漢書》卷一〇〇下《敘傳下》。
〔註30〕《漢書》卷四八《賈誼傳》。

從而結束了「諸侯相侵伐，暴虐百姓」的混亂局面，完成了對天下的初步統一。《夏本紀》，通過記載大禹治水，引用《尚書・禹貢》「九州說」與「五服制」，突顯疆域地理意義上的統一。《殷本紀》記載商湯「平定海內」的歷史過程，《周本紀》記載了周文王、周武王滅殷紂而統一天下的歷史過程。

儘管自漢初以來就掀起了「過秦」思潮，《史記》對秦政也多有批評，但司馬遷仍肯定秦始皇滅六國而統一天下的歷史功績，因為秦始皇使得大一統社會得以延續。《史記・六國年表》序曰：「秦取天下多暴，然世異變，成功大。」《史記・平津侯主父列傳》也借主父偃之語說：「昔秦皇帝任戰勝之威，蠶食天下，并吞戰國，海內為一，功齊三代。」這說明司馬遷在統一判斷標準上與儒家大一統論者是有差異的，儒家主要是以仁義教化為標準來看待統一的，〔註31〕而司馬遷則是遵循客觀歷史演進規則，從歷史性來看待統一的。

在司馬遷看來，德與力所取得的統一，都是一種進步，應給予肯定。《史記・秦楚之際月表》序曰：

> 昔虞、夏之興，積善累功數十年，德洽百姓，攝行政事，考之于天，然後在位。湯、武之王，乃由契、后稷脩仁行義十餘世，不期而會孟津八百諸侯，猶以為未可，其後乃放弒。秦起襄公，章於文、繆，獻、孝之後，稍以蠶食六國，百有餘載，至始皇乃能并冠帶之倫。
>
> 以德若彼，用力如此，蓋一統若斯之難也。

這是基於對客觀歷史進行總結所得出來的卓識，也反映了司馬遷自覺的通史意識。

繼秦而起的漢皇朝，又是一更大規模的一統皇朝。司馬遷親眼目睹這一盛世景象，並對此作了合理弘揚，「漢興，海內為一」〔註32〕、「故漢興，承敝易變，使人不倦，得天統矣」。〔註33〕

正如范文瀾所指出的，「《史記》改變了分國割據的歷史概念，建立起歷史的統一觀和正統觀。《史記》十二本紀上起五帝，歷三代以至秦、漢，一脈

---

〔註31〕孔子強調以仁義的推行來達到統一的目的，重視禮樂制度，強調親親尊尊的等級秩序。孟子在回答梁襄王「孰能一之」時，對曰：「不嗜殺人者能一之。」（《孟子・梁惠王上》）他說：「三代之得天下也以仁，其失天下也以不仁。」（《孟子・離婁上》）荀子則認為有等差得禮才有利於實現天下一家的理想狀態。無論孔子以「仁」、孟子以「義」，還是荀子以「禮」，都是從教化出發的儒家根本之思路。

〔註32〕《史記》卷一二九《貨殖列傳》。

〔註33〕《史記》卷八《高祖本紀》後論。

相傳，這是有極大意義的，它表示國家的統一和人心的統一。……全中國以天子為中心，精神上統一起來了。」〔註34〕這是從《史記》的宏觀記述上來把握司馬遷的大一統思想，很有啓示意義。

司馬遷就是要追根溯源，把漢族的形成作了歷史性的貫通，體現出統一的連續性。這對於維護民族凝聚力、鞏固國家統一，有著重要的理論意義與現實意義。可以說，「中國歷史分久必合，合久必分，最終趨於合，形成大一統的趨勢，傳統的儒家大一統思想觀念起了非常重要的作用。『大一統』思想是中華民族在幾千年發展過程中養成的一種民族心理和感情，是凝聚華夏民族的精神支柱，漢民族以及中華民族的形成，無不有賴與此。」〔註35〕

儘管班固在大一統思想上，沒有司馬遷那樣「通古今」的歷史氣魄，但對漢代大一統社會秩序的合理性與合法性却作了更多的記述與論證。他運用五德終始學說來論證漢代大一統政權的合法性，「故據漢受命，譜十八王，月而列之，天下一統，乃以年數。訖於孝文，異姓盡矣。」〔註36〕他高度弘揚西漢皇朝統治者建立大一統政權，「應天順民……席卷三秦……爪牙信、布……襲行天罰，赫赫明明。述《高紀》第一」；孝景時，「諸侯方命，克伐七國，王室以定」；武帝時，「百蠻是攘，恢我疆宇」；昭帝時，「邦家和同」，宣帝「莫不來庭」；孝平時，則「喪我四海」。〔註37〕這些都是他作本紀的主要旨趣。他雖持正統思想，但多少肯定秦始皇統一這一歷史事實，「至始皇，乃并天下」〔註38〕。他對晁錯削藩作了充分肯定，「朝錯為國遠慮」〔註39〕，表明他關注與維護漢代大一統這一歷史成就與現實社會秩序。這些又可看作對司馬遷的一種繼承。

## 二、民族思想

中國是一個多民族統一的國家，是各族人民共同努力創造的。就漢代而言，關於民族的記載與認識，反映了史學家多民族史撰述自覺意識與同源共祖觀念。既有夷夏之辨，更有民族一體的共同意識；既有具體的治邊方略，

---

〔註34〕 范文瀾：《中國通史簡編》修訂本第二編，北京：人民出版社，1949年第一版 1964年第四版，第124頁。
〔註35〕 牛潤珍：《儒家大一統思想的歷史作用與現代價值》，《河北學刊》2001年1期。
〔註36〕 《漢書》卷一三《異姓諸侯王表》序。
〔註37〕 《漢書》卷一○○下《敘傳下》。
〔註38〕 《漢書》卷一三《異姓諸侯王表》序。
〔註39〕 《漢書》卷三五《荊燕吳傳》贊。

又有一定理論性的民族政策理念。這些都是漢代學人對民族及其關係問題所作出的深入思考與理論認識，是漢代歷史理論不可或缺的一個重要組成部分。

## （一）同源共祖與多民族史撰述

在漢代民族思想中，同源共祖觀念較為突出，它是史學家多民族史撰述自覺意識的根本體現。

司馬遷在同源共祖這一歷史文化認同的根基上，對三代以來特別是秦漢時期的民族狀況及其與中原皇朝的關係，作了較為詳盡的記述。《史記》一書共有五篇民族專傳，分別記述了匈奴、南越、東越、朝鮮、西南夷各民族的歷史，著眼於各個民族與中原皇朝的聯繫，突出華夏一統的思想。同時，在一些世家與列傳中也有關於民族及其關係的記載。這些對於後世史學撰述影響很大，使得民族史撰述成為中國古代史學不可或缺的一個組成部分。

在《吳太伯世家》中，司馬遷敍述了吳世家的歷史演變，認為中國之虞與荊蠻句吳乃兄弟一家。該文載道：「自太伯作吳，五世而武王克殷，封其後為二：其一虞，在中國；其一吳，在夷蠻。十二世而晉滅中國之虞。中國之虞滅二世，而夷蠻之吳興。……吳於是始通於中國。……吳王北會諸侯於黃池，欲霸中國以全周室。」這說明，曾是夷蠻的吳，其源頭仍在中國。特別是對吳王與晉定公對話之記載，更體現了司馬遷民族文化認同的強烈意識，其文曰：「吳王與晉定公爭長。吳王曰：『於周室我為長。』晉定公曰：『於姬姓我為伯。』」司馬遷說道：「孔子言『太伯可謂至德矣，三以天下讓，民無得而稱焉。』余讀《春秋》古文，乃知中國之虞與荊蠻、句吳兄弟也。」〔註40〕這是對先秦以來「四海之內皆兄弟」〔註41〕的進一步發展。

在《越王句踐世家》中，他指出了越王句踐乃夏禹之苗裔，夏后帝少康之庶子也。該文載：「越王句踐，其先禹之苗裔，而夏后帝少康之庶子也。」《史記·太史公自序》也曰：「少康之子，實賓南海，文身斷髮，黿鱓與處，既守封禺，奉禹之祀。句踐困彼，乃用種、蠡。嘉句踐夷蠻能修其德，滅彊吳以尊周室，作《越王句踐》世家第十一。」《正義》引《吳越春秋》云：「啓使歲時祭禹於越，立宗廟南山之上，封少康庶子無餘於越，使祠禹，至句踐遷都山陰，立禹廟為始祖廟，越亡遂廢也。」這都說明，越王句踐乃與華夏同源共祖。

〔註40〕《史記》卷三一《吳太伯世家》。
〔註41〕《論語·顏淵》載子路言，本文均引自十三經註疏本，中華書局，1980 年。

閩越這一民族乃是越王句踐的後裔，《東越列傳》載：「閩越王無諸及越東海王搖者，其先皆越王句踐之後也，姓騶氏。」司馬遷對越王句踐的民族文化認同意識作了高度肯定：「禹之功大矣，漸九川，定九州，至於今諸夏艾安。及苗裔句踐，苦身焦思，終滅彊吳，北觀兵中國，以尊周室，號稱霸王。句踐可不謂賢哉！蓋有禹之遺烈焉。范蠡三遷皆有榮名，名垂後世。臣主若此，欲毋顯得乎！」〔註42〕稱越王句踐觀兵中國而尊周室而為賢者，且有大禹之遺風，這對於一個苗裔來說，是何等的稱讚，體現了司馬遷思想中的民族文化認同之自覺意識與民族同源共祖觀念。《史記·東越列傳》後論再次高度評價了這一點：「越雖蠻夷，其先豈嘗有大功德於民哉，何其久也！歷數代常為君王，句踐一稱伯。然餘善至大逆，滅國遷眾，其先苗裔縣王居股等猶尚封為萬戶侯，由此知越世世為公侯矣。蓋禹之餘烈也。」這充分肯定了越這一民族對中國統一的多民族國家的歷史貢獻，有點民族共同創造歷史的進步因素。

對於匈奴這個漢代影響最大的民族來說，司馬遷也認為它與華夏是同源共祖的。《史記·匈奴列傳》載曰：「匈奴，其先祖夏后氏之苗裔也，曰淳維。」《集解》引《漢書音義》曰：「匈奴始祖名。」《索隱》載：「張晏曰：『淳維以殷時奔北邊。』又樂產《括地譜》云：『夏桀無道，湯放之鳴條，三年而死。其子獯粥妻桀之眾妾，避居北野，隨畜移徙，中國謂之匈奴。』其言夏后苗裔，或當然也。故應劭《風俗通》云：『殷時曰獯粥，改曰匈奴。』又服虔云：『堯時曰葷粥，周曰獫狁，秦曰匈奴。』韋昭云：『漢曰匈奴，葷粥其別名。』則淳維是其始祖，蓋與獯粥是一也。」關於匈奴的始祖問題，王國維曾作了嚴密考證，認為匈奴原稱鬼方，亦呼昆夷，匈奴開始活動地區在內地，主要為今陝西、山西一帶，並不在大漠南北。〔註43〕這說明，匈奴最初也是屬於中原地區的部落或民族。

諸如「秦之先，帝顓頊之苗裔」〔註44〕，「趙氏之先，與秦共祖」〔註45〕，這是對秦與趙的祖源之說明，他們都乃帝顓頊之苗裔，與中原華夏仍屬同源共祖。《史記·魏世家》載：「魏之先，畢公高之後也。畢公高與周同姓。武王之伐紂，而高封於畢，於是為畢姓。其後絕封，為庶人，或在中國，或在夷狄。

〔註42〕《史記》卷四一《越王句踐世家》後論。
〔註43〕王國維：《觀堂集林》，轉引自白壽彝：《關於中國民族關係史上的幾個問題》，《北京師範大學學報》1981年第6期。
〔註44〕《史記》卷五《秦本紀》。
〔註45〕《史記》卷四三《趙世家》。

其苗裔曰畢萬,事晉獻公。」這說明每個民族都曾有一個歷史演變過程,尤其是地理轄屬的變動,有時在中原,有時在夷狄。這啓示人們,對於民族文化認同,要注意其歷史性與地域性。《史記‧韓世家》也載:「韓之先與周同姓,姓姬氏。其後苗裔事晉,得封於韓原。」《史記‧朝鮮列傳》記:「朝鮮王滿者,故燕人也。」這些都是司馬遷作每篇民族專傳的最佳注釋,體現了他的夷夏同源共祖思想。

班固繼承了司馬遷同源共祖的思想,也認爲匈奴是夏后氏之苗裔,「匈奴,其先夏后氏之苗裔,曰淳維。唐、虞以上有山戎、獫允、薰粥,居於北邊,隨草畜牧而轉移。」〔註46〕西南夷與閩越曾也是周天子下屬臣民,「楚、粵之先,歷世有土。及周之衰,楚地方五千里,而句踐亦以粵伯。秦滅諸侯,唯楚尚有滇王。漢誅西南夷,獨滇復寵。」〔註47〕在《漢書》中,他也對少數民族作了記述,有「匈奴傳」、「西南夷兩越朝鮮傳」、「西域傳」等。可以說,「《漢書》對於國內外民族歷史的記載,也是可以表示其淹博的一個部分。它在這方面繼承了《史記》的傳統而有所發展。」〔註48〕雖說班固的同源共祖意識,沒有司馬遷那樣明確而自覺,也沒有司馬遷那樣全面而系統,但不能否認班固對其仍作了一些繼承。

### (二)民族一統與夷夏之辨

對諸如匈奴這些民族來說,漢代人們對其認識,往往表現出華夏文明的優越感。這是漢族作爲主體民族所賦有的先進文化的客觀反映,是很自然的。這種態度,並不影響他們思想中的同源共祖觀念以及民族一體的共同意識。

中華古代先民很早就有民族觀念與民族融合意識,這種民族融合意識又在夷夏之辨過程中得到了逐步加強,推動了民族一統,爲中國這個多民族統一國家的形成奠定了堅實的思想基礎。中華各民族對華夏禮樂文明的共同追求,是夷夏之辨的主旨所在。

### 1、等級秩序體制下的夷夏一統

公羊學「內其國而外諸夏,內諸夏而外夷狄」這一別內外、一統尊王的民族大一統,其民族關係實際上就是一種君臣關係。在這個「大一統」等級

---

〔註46〕《漢書》卷九四上《匈奴傳上》。
〔註47〕《漢書》卷九五《西南夷兩粵朝鮮傳》贊。
〔註48〕白壽彝:《司馬遷與班固》,《史學史資料》1979 年第 2 期,又見《白壽彝史學論集》(下),北京師範大學出版社,1994 年,第 750 頁。

秩序中，遠近尊親是不同的，突出「一統尊王道」之大義。這一點與秦漢中央集權制度是相吻合的，因此得到了諸多思想家們的青睞與發揮。賈誼言：

> 凡天子者，天下之首，何也？上也。蠻夷者，天下之足，何也？下也。今匈奴嫚侮侵掠，至不敬也，爲天下患，至亡已也，而漢歲致金絮采繒以奉之。夷狄徵令，是主上之操也；天子共貢，是臣下之禮也。足反居上，首顧居下，倒縣如此，莫之能解，猶爲國有人乎？
> 〔註49〕

他認爲，天子與蠻夷就像上下、首足之君臣關係，是不能顛倒的，強烈要求推行華夷一統，這突出了中央集權的大一統社會制度。《新書·勢卑》亦載曰：「匈奴侵甚、侮甚，遇天子至不敬也，爲天下患，至無已也。以漢而歲致金絮繒綵，是入貢職於蠻夷也，顧爲戎人諸侯也。勢即卑辱，而禍且不息，長此何窮！陛下胡忍以帝皇之號持居此賓？」這仍體現了帝王尊貴的等級秩序與社會制度。

先秦「普天之下，莫非王土；率土之濱，莫非王臣」的天下一家的觀念，到了漢初，再次受到人們的重視。賈誼言道：「《詩》曰：『普天之下，莫非王土；率土之濱，莫非王臣。』王者，天子也。苟舟車之所至，人迹之所及，雖蠻貊戎狄，孰非天子之所作也？」〔註50〕他對此一再強調，如「古之正義，東西南北，苟舟車之所達，人迹之所至，莫不率服，而後云天子。德厚焉，澤湛焉，而後稱帝。又加美焉，而後稱皇」〔註51〕、「將必以匈奴之衆，爲漢臣民，制之令千家而爲一國，列處之塞外，自隴西延至遼東，各有分地以衛邊，使備月氏、灌窳之變，皆屬之置郡，然後罷戎休邊，民天下之兵。」〔註52〕

賈誼提倡以仁義禮樂這一先進文化來教化夷狄，從而實現民族統一。《新書·匈奴》曰：「今漢帝中國也，宜以厚德懷服四夷，舉明義，博示遠方，則舟車之所至，人迹之所及，莫不爲畜，又且孰敢紛然不承帝意？臣爲陛下建三表，設五餌，以此與單于爭其民。」他非常向往民族一統的和諧社會，即「兵革不動，民保首領，匈奴賓服，四荒鄉風，百姓素樸，獄訟衰息，大數既得，則天下順治，海內之氣，清和咸理。」〔註53〕

---

〔註49〕 見《漢書》卷四八《賈誼傳》載賈誼《治安策》。
〔註50〕 《新書·匈奴》。
〔註51〕 《新書·威不信》。
〔註52〕 《新書·匈奴》。
〔註53〕 《漢書》卷四八《賈誼傳》。

　　賈誼的這一君臣關係式的民族思想，毫無種族歧視，也是諸多漢代學人的共同觀念。如杜欽言：「臣者，君之陰也；子者，父之陰也；妻者，夫之陰也；夷狄者，中國之陰也。《春秋》日蝕三十六，地震五，或夷狄侵中國，或政權在臣下，或婦乘夫，或臣子背君父，事雖不同，其類一也。」〔註54〕這把陰陽學說運用於漢匈關係的君臣意識中。

　　董仲舒強調夷夏之別，主張以名倫等級秩序來辨夷夏。這種夷夏之辨，是社會等級秩序的反映，也是儒家尊尊親親思想的延伸。《春秋繁露‧精華》言：「《春秋》愼辭，謹於名倫等物者也。是故小夷言伐而不得言戰，大夷言戰而不得言獲，中國言獲而不得言執，各有辭也。……是故大小不踰等，貴賤如其倫，義之正也。」《春秋繁露‧觀德》又載曰：

> 《春秋》常辭，夷狄不得與中國爲禮。至邲之戰，夷狄反道，中國不得與夷狄爲禮，避楚莊也。邢、衛，魯之同姓也，狄人滅之，《春秋》爲諱，避齊桓也。當其如此也，惟德是親，其皆先其親。是故周之子孫，其親等也，而文王最先。四時等也，而春最先。十二月等也，而正月最先。德等也，則先親親。……親等從近者始，立適以長，母以子貴先。

《春秋繁露‧王道》也曰：

> 《春秋》立義：天子祭天地，諸侯祭社稷，諸山川不在封內不祭。有天子在，諸侯不得專地，不得專封，不得專執天子之大夫，不得舞天子之樂，不得致天子之賦，不得適天子之貴。君親無將，將而誅。大夫不得世，大夫不得廢置君命。立適，以長不以賢，立子以貴不以長，立夫人以適不以妾，天子不臣母后之黨，親近以來遠，未有不先近而致遠者也。故內其國而外諸夏，內諸夏而外夷狄，言自近者始也。

這是把社會等級秩序與尊親遠近關係相結合，來看待夷夏之別。實際上，這仍是君臣關係的體現。

　　司馬遷也有這種思想，如「漢既平中國，而佗能集楊越以保南藩，納貢職。作《南越列傳》第五十三」；「吳之叛逆，甌人斬濞，葆守封禺爲臣。作《東越列傳》第五十四」；「燕丹散亂遼間，滿收其亡民，厥聚海東，以集眞藩，葆塞爲外臣。作《朝鮮列傳》第五十五」；「唐蒙使略通夜郎，而邛笮之

---

〔註54〕《漢書》卷六〇《杜周傳》附《杜欽傳》。

君請爲內臣受史。作《西南夷列傳》第五十六。」〔註55〕這些說明,「司馬遷筆下的民族史傳有一個共同的主題,即:東南西北各個少數民族均爲天子臣民,他們的歷史發展是走向統一。」〔註56〕司馬遷雖有夷夏之辨,但不斤斤於夷夏之別,〔註57〕他具有夷夏一統的歷史意識與史學自覺意識。東漢史學家班固也保留了這一思想認識,《漢書・食貨志》曰:「匈奴稱藩,百蠻賓服,舟車所通,盡爲臣妾,府庫百官之富,天下晏然。」

## 2、禮儀文化融合下的夷夏一統

孔子曾積極倡導以禮儀文化來區分夷夏,《論語・衛靈公》載曰:「言忠信,行篤敬,雖蠻貊之邦行矣。言不忠信,行不篤敬,雖州里行乎哉!」〔註58〕又曰:「居處恭,執事敬,與人忠,雖之夷狄,不可棄也。」〔註59〕這與孟子主張用夏變夷而反對以夷變夏的夷夏觀是不同的〔註60〕,且「孔孟對民族關係的兩種態度,實際上是民族關係史上兩種觀點上的根本分歧,到了秦漢以後就更爲明顯了。」〔註61〕

春秋公羊學對此作了很好地發揮與總結。《春秋》魯定公四年載曰:「蔡侯以吳子及楚人戰於伯莒,楚師敗績。」《公羊傳》言:「吳何以稱子?夷狄也,而憂中國。」肯定蠻吳幫助中原蔡國攻打楚國的正義之舉。而且,《公羊傳》對於中原違背禮義者則「夷狄之」。如《春秋》桓公十五年載曰:「牟人、葛人來朝。」《公羊傳》言:「皆何以稱人?夷狄之也。」陳其泰指出:「公羊傳不是以種族來區分『諸夏』與『夷狄』,而是以文明或道德進化程度來區分。……這是公羊學有利於多民族國家形成和鞏固,有利於民族文化交流和進步的很光輝的思想。」〔註62〕

這種以禮義文化爲標準來區分夷夏之辨的觀念,在兩漢很盛行。董仲舒就承繼了孔子以來所倡導的以文化禮儀來進行夷夏之辨,他提出「從變從義」

---

〔註55〕 以上均見《史記》卷一三〇《太史公自序》。
〔註56〕 張大可:《司馬遷的民族一統思想試探》,見《史記研究》,甘肅人民出版社,1985 年,第 420 頁。
〔註57〕 白壽彝主編:《中國通史》導論卷,上海人民出版社,1989 年,第 10 頁。
〔註58〕 《論語・衛靈公》。
〔註59〕 《論語・子路》。
〔註60〕 《孟子・滕文公上》載孟子在一次責備楚人陳良的弟子陳相時說:「吾聞用夏變夷者,未聞變於夷者也。」
〔註61〕 白壽彝主編:《中國通史》導論卷,上海人民出版社,1989 年,第 6 頁。
〔註62〕 陳其泰:《清代公羊學》,東方出版社,1997 年,第 11 頁。

的夷夏觀，這比傳統儒家夷夏觀以禮義文化辨夷夏的思想更爲開放。《春秋繁露・精華》載曰：「《春秋》無達辭。從變從義，而一以奉天。」《春秋繁露・竹林》又曰：

> 《春秋》之常辭也，不予夷狄而予中國爲禮，至邲之戰，偏然反之，何也？曰：《春秋》無通辭，從變而移。今晉變而爲夷狄，楚變而爲君子，故移其辭以從其事。……故《春秋》之於偏戰也，猶其於諸夏也。引之魯，則謂之外；引之夷狄，則謂之內。比之詐戰，則謂之義；比之不戰，則謂之不義。故盟不如不盟。然而有所謂善盟；戰不如不戰，然而有所謂善戰。不義之中有義，義之中有不義。辭不能及，皆在於指，非精心達思者，其孰能知之。

當然，夷夏在文化上可以轉換，但在受命改制上却是不可以的，「三統之變，近夷遐方無有，生煞者獨中國」，這是「明乎天統之義也」。〔註 63〕這多少限制了他對夷夏一統的認識，不過這種夷夏之辨所維護的社會秩序，對當時中央集權制度的穩固起了重要作用，「故王者愛及四夷，霸者愛及諸侯，安者愛及封內，危者愛及旁側，亡者愛及獨身。獨身者，雖立天子諸侯之位，一夫之人耳，無臣民之用矣。如此者，莫之亡而自亡也。」〔註 64〕這又體現了等級秩序制度下的夷夏觀往往會超越禮儀文化融合下的夷夏觀，至少在董仲舒的思想體系中是存在的。

史學家司馬遷、班固更是從禮儀風俗等文化制度來認識夷夏之別。如《史記・匈奴列傳》載曰：「其畜之所多則馬、牛、羊，……逐水草遷徙，毋城郭常處耕出之業，然亦各有分地。毋文書，以言語爲約束。兒能騎羊，引弓射鳥鼠。少長則射狐兔：用爲食。士力能毌弓，盡爲甲騎。其俗，寬則隨畜，因射獵禽獸爲生業，急則人習戰攻以侵伐，其天性也。……利則進，不利則退，不羞遁走。苟利所在，不知禮義。」〔註 65〕司馬遷對匈奴這個特殊民族，是從它的生活方式、生產特點以及文化水平來加以辨識的。在《西南夷列傳》等其他民族傳記中，司馬遷也是以風俗來識別民族差異的。

班固在《漢書・匈奴傳》中完全採錄司馬遷對匈奴習俗的記載，但他在《匈奴傳》贊中談治邊策略時表現出與司馬遷的差異。他說道：「夷狄之人

---

〔註 63〕 《春秋繁露・三代改制質文》。
〔註 64〕 《春秋繁露・仁義法》。
〔註 65〕 《史記》卷一一○《匈奴列傳》。

貪而好利，被髮左衽，人面獸心，其與中國殊章服，異習俗，飲食不同，言語不通，辟居北垂寒露之野，逐草隨畜，射獵爲生，隔以山谷，雍以沙幕，天地所以絕外內也。」這是受到了公羊學的影響，體現了他的所謂「種別域殊」〔註 66〕思想。不過，從全書來看，這仍是以禮儀文化融合爲認識基礎的，並非表現爲一種血統上的種族歧視。況且到了漢代大一統社會，種族觀念已很淡薄，甚至並不存在。這一點，顧頡剛有獨到的看法，他說：「戰國七雄的疆域開闢得大了，故有一統觀念；交通便了，種族雜糅得多了，故無種族觀念，因此，九州之說得以成立，而秦始皇亦得成統一之功。」〔註 67〕

　　班固儘管有尊華夏而賤夷狄的等級色彩，但在民族辨別上仍以風俗爲基準的，而不是以血統種族爲評判依據，這是漢代大一統思想的根本要求與體現。班固對西漢華夏一統的弘揚也反映了他的這一認識，《漢書‧宣帝紀》贊曰：「遭值匈奴乖亂，推亡固存，信威北夷，單于慕義，稽首稱藩。功光祖宗，業垂後嗣，可謂中興，侔德殷宗、周宣矣！」史又載曰：「王莽因漢承平之業，匈奴稱藩，百蠻賓服，舟車所通，盡爲臣妾，府庫百官之富，天下晏然。」〔註 68〕

　　王充在其《論衡‧別通篇》中明確提出：「諸夏之人所以貴於夷狄者，以其通仁義之文，知古今之學也。」他認爲，「凡含血氣者，教之所以異化也。三苗之民，或賢或不肖，堯舜齊之，恩教加也。」〔註 69〕他舉例對此進行了說明：「南越王趙他，本漢賢人也，化南夷之俗，背畔王制，椎髻箕坐，好之若性。陸賈說以漢德，懼以聖威，蹶然起坐，心覺改悔，奉制稱蕃，其於椎髻箕坐也，惡之若性。前則若彼，後則若此。由此言之，亦在於教，不獨在性也。」〔註 70〕又《論衡‧宣漢篇》言：「古之戎狄，今爲中國。」

　　王充強調華夏文明的主導性與先進性，宣揚漢皇朝大一統成果，同時也指出夷狄是可以變爲華夏的。這肯定了少數民族有著一定的民族文化認同意識，而且這種意識是持續不斷的。這種以禮義文化爲標準的夷夏之辨是漢代夷夏之辨的重要內容。對於這一標準，東漢經學家何休也有明確表述。《春秋公羊傳‧隱西元年》說：「不與夷狄之執中國也。」何休注曰：「中國者，禮義之國也。

---

〔註 66〕　《漢書》卷一〇〇下《敘傳下》。
〔註 67〕　劉俐娜：《顧頡剛學術思想評傳》，北京圖書館出版社，1999 年，第 92 頁。
〔註 68〕　《漢書》卷二四上《食貨志上》。
〔註 69〕　《論衡‧率性篇》。
〔註 70〕　《論衡‧率性篇》。

執者，治文也。君子不使無禮義制治有禮義，故絕不言執。」〔註71〕

評論漢代民族思想，首先要認識到他們民族思想的來源與理論依據。從整個漢代來看，公羊學的民族大一統思想曾一度成為主導思想，是諸多漢代學人民族認識的理論指導。因此，「大一統」仍是他們民族思想的核心與實質。在此前提下，有的表現出夷夏之辨強烈一些，有的則弱一些。總的來看，民族一統與各民族統一是人們民族關係思想的共同意識。

### （三）民族政策的多元思考

兩漢時期，思想家與史學家不僅繼承、發展先秦以來的民族意識與文化認同觀念，而且還思考現實的民族政策理念與具體的治邊策略。

#### 1、察其終始與安邊

司馬遷作為一位史學家，對歷代治邊思想給予了總結，尤其對世人關於漢匈關係的爭辨作了評論。

他認為，武帝進行民族大一統是各種形勢的要求，「自《詩》、《書》稱三代『戎、狄是膺，荊、荼是徵』，齊桓越燕伐山戎，武靈王以區區趙服單于，秦繆用百里霸西戎，吳楚之君以諸侯役百越。況乃以中國一統，明天子在上，兼文武，席卷四海，內輯億萬之眾，豈以晏然不為邊境征伐哉！」〔註72〕他也肯定和親對於社會的積極意義，這在《史記》裏有大量記載。祇是他批判哪些謀安邊之人，只圖一時之權寵，不察終始，而有所偏指，最終使得西漢皇朝在民族關係處理上建功不深，於是他提出擇將相的治邊措施。《史記·匈奴列傳·後論》曰：「世俗之言匈奴者，患其徼一時之權，而務諂納其說，以便偏指，不參彼己；將率席中國廣大，氣奮，人主因以決策，是以建功不深。堯雖賢，興事業不成，得禹而九州寧。且欲興聖統，唯在擇任將相哉！唯在擇任將相哉！」安邊必須察其終始，這是司馬遷治邊思想的理論貢獻。

東漢史學家班固有條件審視整個西漢一代以及東漢初年的漢匈關係，通過撰寫《漢書》，對西漢一代的治邊策略作了系統而全面的考察，提出了自己的認識。

首先，他總結出一些帶有規則性的演變特點。如忠言嘉謀之臣往往為了解決邊患問題而相互爭論於朝野之上，「故自漢興，忠言嘉謀之臣曷嘗不運籌策相

---

〔註71〕《春秋公羊傳解詁》隱公元年。
〔註72〕《史記》卷二〇《建元以來侯者年表》序。

與爭於廟堂之上乎？」高祖時有劉敬，呂后時有樊噲、季布，孝文時有賈誼、晁錯，孝武時有王恢、韓安國、朱買臣、公孫弘、董仲舒等。通過分析這些爭論內容，班固得出：「人持所見，各有同異，然總其要，歸兩科而已。」這兩科就是「和親」與「征伐」，即「縉紳之儒則守和親，介冑之士則言征伐」。在班固看來，這兩種認識道路都是有失偏頗的，沒有探究匈奴之終始，「皆偏見一時之利害，而未究匈奴之終始也」。這是班固「通古今」而「究終始強弱之變」史學思想的重要體現。顯然，這又是繼承了司馬遷的認識方法而有所發展。

其次，班固把西漢一代及東漢初年的治邊策略進行歸類分析，主要有「修文而和親」、「用武而克伐」、「卑下而承事」與「威服而臣畜」四種，可以說概括的比較全面，基本反映了這些爭論的歷史面貌。《漢書·匈奴傳·贊》曰：「自漢興以至於今，曠世歷年，多於春秋，其與匈奴，有修文而和親之矣，有用武而克伐之矣，有卑下而承事之矣，有威服而臣畜之矣，詘伸異變，強弱相反，是故其詳可得而言也。」而且他進一步提升自己的認識，認為這些爭論的特點就是「詘伸異變，強弱相反」。這些帶有一定法則性的認識結論，都體現了班固卓越的史識。

再者，他提出了自己的治邊策略，即「外而不內，疏而不戚，政教不及其人，正朔不加其國；來則懲而御之，去則備而守之。其慕義而貢獻，則接之以禮讓，羈縻不絕，使曲在彼」的「聖王制御蠻夷之常道」。〔註73〕顯然，這一常道還是無法從根本上解決問題，且與司馬遷的「擇將相」相比，缺乏具體性和可操作性。

最後，班固對漢代民族關係的實質進行了概括，得出「雖屈申無常，所因時異，然未有拒絕棄放，不與交接者也」的重要結論。這是說，整個西漢一代及東漢初年的邊疆民族關係，主流是「交接」，即各種交流與交通。無論打也好，和親也好，這種「交接」是沒有中斷的。這是司馬遷沒有明確說過的，可見班固的認識又進了一步。

### 2、無邊亡國論

值得注意的是，兩漢時期已有關於治邊理論的深層認識，即將其上升為國家安全的重要戰略地位來分析。如西漢鹽鐵會議上，大夫們就從理論上對邊與國的關係作出了自己的思考。他們認識到邊與國有著密不可分的關係，邊境強，

---

〔註73〕《漢書》卷九四《匈奴傳下》。

那麼國家就安定，天下就無事。《鹽鐵論‧地廣》載：「是以聖王懷四方獨苦，興師推却胡、越，遠寇安災，散中國肥饒之餘，以調邊境，邊境強，則中國安，中國安則晏然無事。」他們更認識到邊境與國的關係就是腹心與支體的關係，「中國與邊境，猶支體與腹心也。夫肌盧寒於外，腹心疾於內，內外之相勞，非相爲賜也！唇亡則齒寒，支體傷而心慘怛。故無手足則支體廢，無邊境則內國害」。〔註74〕儘管這種觀點爲繼續漢武帝那種對外大規模征伐策略而提供理論依據，也是他們主戰的重要理由，但客觀上揭示了邊與國是一體的這一重要國家理論。

　　西漢後期，遂出現了棄邊論與守邊論的新一輪爭議。如元帝時關於珠厓郡邊防的放棄與否、安帝與靈帝時關於涼州邊防的放棄與否等主張與理論論證，體現出人們對國與邊的現實思考與治邊策略傾向。棄邊論者，他們認爲，「求之往古則不合，施之當今又不便。臣愚以爲非冠帶之國，《禹貢》所及，《春秋》所治，皆可且無以爲」，〔註75〕以及國家的職能應該是「務懷其內，不求外利」，只執行對內各項職能，而守邊這種對外職能不是國家職責，且國家執行職能的原則是「務富其民，不貪廣土」。〔註76〕甚至有的認爲，棄邊乃是帝王「發德音也」。〔註77〕而守邊者則提出，「涼州既弃，即以三輔爲塞；三輔爲塞，則園陵單外。此不可之甚者也。」〔註78〕

　　東漢思想家王符對漢代的這些棄邊論作了系統而全面地批判，理論聯繫實際，進一步發展了鹽鐵會議上大夫們關於邊與國的認識，較系統地論述了邊與國的依存關係，實爲漢代民族關係思想之一大理論精髓。

　　《潛夫論‧救邊》：「地無邊，無邊亡國。是故失涼州，則三輔爲邊；三輔內入，則弘農爲邊；弘農內人，則洛陽爲邊。推此以相況，雖盡東海猶有邊也。」任何國家都有一個邊疆守衛，無此則這個國家就不存在了。他還認爲，「夫土地者，民之本也，誠不可久荒以開敵心」，況且「先聖制法，亦務實邊，蓋以安中國也。〔註79〕他更把邊與國比作唇與齒，唇亡則齒不得不寒，「唇亡齒寒，體傷心痛，必然之事，又何疑焉？君子見機，況已著乎？」〔註80〕這都是把治邊

〔註74〕《鹽鐵論‧誅秦》。
〔註75〕《漢書》卷六四《賈捐之傳》。
〔註76〕《後漢書》卷五一《龐參傳》。
〔註77〕《後漢書》卷九○《烏桓鮮卑列傳》。
〔註78〕《後漢書》卷五八《虞詡傳》。
〔註79〕《潛夫論‧實邊》。
〔註80〕《潛夫論‧救邊》。

與國家興亡聯繫起來加以認識，得出的結論自然是深刻的。他引用了大量歷史事例來說明這個思想的重要。

基於以上認識，王符對當時的棄邊論者進行了嚴厲批評。《潛夫論・救邊》：「前羌始反，公卿師尹咸欲捐棄涼州，却保三輔，朝廷不聽。後羌遂侵，而論者多恨不從惑議。余竊笑之，所謂媾亦悔，不媾亦有悔者爾，未始識變之理。」這些棄邊論議，完全不懂終始通變之道理，是基於自身私利而得出的簡單認識。王符指出，當時一些沒有遭到羌禍的人士，皆諱而不談羌禍之重，「欲令朝廷以寇爲小，而不蚤憂，害乃至此，尙不欲救」，因爲這些羌禍並不關乎他們的切身利益，假如他們的子弟遭遇這樣的禍亂，那麼他們會表現得心急如焚，發出必須誅伐的言論，「假使公卿子弟有被羌禍，朝夕切急如邊民者，則競言當誅羌矣」。〔註81〕這些公卿大臣祇是費時而亂議，久不得一良計。他們有的甚至以災異說爲立論依據，荒誕稱待天時而治邊，這簡直就不是人心所能想能做的，「往者羌虜背叛，始自涼、并，延及司隸，東禍趙、魏，西鈔蜀、漢，五州殘破，六郡削迹，周迴千里，野無孑遺，寇鈔禍害，晝夜不止，百姓滅沒，日月焦盡。而內郡之士不被殃者，咸云當且放縱，以待天時。用意若此，豈人心也哉！」〔註82〕這些士大夫惟圖苟安，欲棄邊委寇，並沒有從內心中思救邊民於水火。他們不知邊民之苦難，而是各懷鬼胎；不去闡發帝王之道，察禍變之終始，而是一味主張不當動兵，「今公卿內不傷士民滅沒之痛，外不慮久兵之禍，各懷一切，所脫避前，苟云不當動兵，而不復知引帝王之綱維，原禍變之所終也。」〔註83〕

他還揭示了將臣「傾側巧文，要取便身利己，而非獨憂國之大計，哀民之死亡也」的醜惡行徑，而邊民內遷之時，出現「萬民怨痛，泣血叫號，誠愁鬼神而感天心」的悲慘局面，流離失散，飢餓死亡，復失大半，邊地荒涼，至今無人，「原禍所起，皆吏過爾」。〔註84〕

最後，王符提出自己的治邊總主張，即「折衝安民，要在任賢，不在促境」〔註85〕與「均苦樂，平徭役，充邊境，安中國之要術也」〔註86〕；以及

---

〔註81〕《潛夫論・救邊》。
〔註82〕《潛夫論・救邊》。
〔註83〕《潛夫論・邊議》。
〔註84〕《潛夫論・實邊》。
〔註85〕《潛夫論・救邊》。
〔註86〕《潛夫論・實邊》。

具體的建議，「今諸言邊可不救而安者，宜誠以其身若子弟補邊太守令長丞尉，然後是非之情乃定，救邊乃無患。邊無患，中國乃得安寧。」〔註87〕把這些言邊不可救而安的公卿大臣，補選為邊疆太守令等官職，讓他們親身經歷邊民的殘破苦難，這樣他們對邊患就會有所認識，因此而積極投身救邊，邊就會無患，天下得到安寧。

王符的這些治邊思想，已帶有很強的理論色彩，對東漢中後期以及後世治邊都有重要影響，在中國古代治邊史上也留下了濃濃的一筆。

對於秦漢治邊策略的效應，兩漢之際嚴尤可謂一語中地。他指出，「匈奴為害，所從來久矣，未聞上世有必征之者也，後世三家周、秦、漢征之，然皆未有得上策者也。周得中策，漢得下策，秦無策焉。」〔註88〕所謂中策就是雖征伐但盡境而還，祇是驅之而已；所謂下策就是指武帝時的大規模主動征伐，雖有克獲之功，但兵連禍結三十餘年；所謂無策就是指秦不忍小恥而輕民力，最終亡社稷。這裏雖然沒有指出上策的具體內容，但至少留給後人一種再思考的空間。同時，這也從另外一個角度論證了司馬遷的認識是深刻的。

兩漢時期，這些和親還是征伐、棄邊還是守邊的爭辨，實際上涉及到以下幾個重要理論問題：第一，如何看待和執行國家職能問題，具體來說就是國家的統治職能的內涵問題。第二，就是如何認識國與邊的關係問題，儘管那時沒有國界這個概念，但邊境這個詞語已被人們所認識，由此進一步認識到邊境與皇朝這個核心的關係問題。東漢王符的認識可謂深刻。第三，爭辨雙方在對待夷狄上，祇是存在文化上的差異，並沒有種族歧視和民族對立，這一點是漢代人的基本認識。

---

〔註87〕　《潛夫論‧邊議》。
〔註88〕　《漢書》卷九四《匈奴傳下》。

# 第五章　君主論與國家觀

　　古代中國，君國二元一體觀念甚爲普遍。特別是中央集權政治體制下的君主，更爲國家代言人，對國家進行統治與管理。社會歷史治亂盛衰，與君主思想、行爲息息相關。因此，君主稱謂與內涵，以及君主在歷史上的作用等，都是史學家、思想家重視和探討的重要理論和現實問題。可以說，歷代正史的本紀和歷史評論專書，都包含了豐富的君主論〔註1〕。這些對於我們認識中國古代歷史特點，把握歷史變動法則，都有重要意義。

## 一、「一統尊君」的君主論與「應天統民」的國家觀

　　先秦時期，諸子已對君主問題作了一定思考與理論闡述。秦漢建立了統一的中央集權政體，君主制乃政權的表現形式，君主代表國家，是統治者的象徵。兩漢學人在先秦諸子思想的基礎上，對君主本身，君與臣、君與民的關係及其對國家治亂盛衰的作用等，作了進一步理論思考，並與現實緊密結合，體現出天人合一的理論特點。與先秦相比，君、臣、民的定位更加穩定、集中。在以君主爲核心的國家體制下，如何使得君、臣、民三者協調、和諧地發展，是漢代君主論的主旨與實質。

### （一）「君主」名號

　　關於名號問題，董仲舒有明確認識。《春秋繁露・深察名號》曰：「是非之正，取之逆順；逆順之正，取之名號；名號之正，取之天地；天地爲名號之大義也。古之聖人，謞而效天地謂之號，鳴而施命謂之名。名之爲言，鳴

---

〔註1〕　瞿林東：《中國簡明史學史》，上海人民出版社，2005年，第291頁。

與命也；號之為言，謞而效也。謞而效天地者為號，鳴而命者為名。名號異聲而同本，皆鳴號而達天意者也。天不言，使人發其意；弗為，使人行其中。名則聖人所發天意，不可不深觀也。」這雖是從天命神意出發來論證名號問題，但至少突出了國家統治者名號的政治文化意義。

正如有的學者所指出的：「作為一種政治文化載體，政治性人際稱謂以最簡潔的社會化方式向人們灌輸關於社會構成的自我意識，使人們習慣、接受既成的社會政治規範，在錯綜複雜的人際互動中找到自己的角色和位置。⋯⋯它塑造和規範著人們的政治心理和政治行為，維繫著既成的政治制度。君主稱謂是我們分析、認識中國古代皇帝觀念和臣民心態的重要材料。」〔註2〕

「君」這個稱謂不知起於何時，但可以肯定的是，至遲到西周初年，「君」已成了各級統治者的泛稱。〔註3〕春秋時代，「君」之稱，相對集中在諸侯國君這一固定對象上，頗有成為特稱的意味。到了戰國，「君」正在變成集權君主的專稱。

秦統一後，廢分封而立郡縣，「君」更為一國之主，獨尊無二的帝王之稱。但傳統意義上的「君」之習慣用法，也不同程度地出現在日常用語中。到了漢代，雖出現了封建制與郡縣制「兼而用之」，但仍以郡縣制為國家的根本政治制度。周谷城說：「自是以後，專制一尊成了政治之常規；他若封建餘波，郡縣制封建並行，封建勢力之反動等等，皆為變相。」〔註4〕張蔭麟也說：「漢以後統一的郡縣的帝國。」〔註5〕這樣，「一統尊君」的思想得以確立，君主稱謂的政治文化意義更加突出。

《新書‧大政下》曰：「君者，群也。」這是繼承了先秦儒家荀子的思想，鍾夏先生案：「誼語本自《荀子》。」〔註6〕

《荀子‧君道》載曰：

> 君者何也？曰：能群也。能群也者何也？曰：善生養人者也，善班治
> 人者也，善顯設人者也，善藩飾人者也。善生養人者人親之，善班治

〔註2〕 參見劉澤華：《中國的王權主義》，上海人民出版社，2000年，第224頁。
〔註3〕 參見龐慧博士學位論文「《呂氏春秋》對社會秩序的理解與構建」一文，2006年5月完成。本文此節先秦時期君主論的撰寫，參考了該論文的一些認識，特此注明，以示謝意。
〔註4〕 周谷城：《中國社會之結構》，新生命書局，1930年版，第45頁。
〔註5〕 張蔭麟：《中國史綱》（上古篇），正中書局，1948年版，第27頁。
〔註6〕 參見閻振益、鍾夏《新書校注》，中華書局，2000年，第359頁。

人者人安之，善顯設人者人樂之，善藩飾人者人榮之。四統者俱而天
下歸之，夫是之謂能羣。不能生養人者人不親也，不能班治人者人不
安也，不能顯設人者人不樂也，不能藩飾人者人不榮也。四統者亡而
天下去之，夫是之謂匹夫。故曰：道存則國存，道亡則國亡。省工賈，
衆農夫，禁盜賊，除姦邪，是所以生養之也。天子三公，諸侯一相，
大夫擅官，士保職，莫不法度而公，是所以班治之也。論德而定此，
量能而授官，皆使其人載其事而各得其所宜。上賢使之爲三公，次賢
使之爲諸侯，下賢使之爲士大夫，是所以顯設之也。修冠弁、衣裳、
黼黻、文章、琱琢、刻鏤皆有等差，是所以藩飾之也。〔註7〕

荀子從養人、治人、設人與飾人四個方面闡釋了君主何以能羣，側重從制度
層面說明君主的基本職責與要求。這就把古義之「君」，引申爲得民與統民。
又《荀子・王制》曰：「能以使下謂之君。君者，善羣也」、「人何以能羣？曰：
分。分何以能行？曰：義。」王先謙注：「義，謂裁斷也。」對於荀子來說，
就是以禮進行裁斷，「請問爲人君？曰：以禮分施，均徧而不偏。」〔註 8〕這
就把君主的職能劃分爲四個層次：能、分、義、善，突出君主的權威與核心
作用，體現當時中央集權國家建立的基本要求。

荀子的這一君主論，影響兩漢始終。《白虎通・三綱六紀》亦云：「君，
群也，群下之所歸心也。」鍾夏先生案：《白虎統・三綱六紀》，亦得民之義，
當本誼本。〔註9〕

漢代人對君主名號的闡釋更爲豐富，可以說呈現體系嚴密、邏輯合理的論
證特點。漢初《淮南子》一書中就已有類似的表述。它把君主分爲帝、王、霸、
君四類，各自在法天時都有自身的職責，「帝者，體太一；王者，法陰陽；霸者，
則四時；君者，用六律。」這種職責邏輯內在聯繫是不能混亂的，「帝者體陰陽
則侵，王者法四時則削，霸者節六律則辱，君者失準繩則廢。」〔註10〕

董仲舒對此作了更爲嚴密而系統的理論論證。《春秋繁露・深察名號》載曰：

深察君號之大意，其中亦有五科：元科、原科、權科、溫科、羣科。
合此五科，以一言謂之君。君者元也，君者原也，君者權也，君者

---

〔註7〕 《荀子・君道》。
〔註8〕 《荀子・君道》。
〔註9〕 參見閻振益、鍾夏《新書校注》，中華書局，2000年，第359頁。
〔註10〕 《淮南子・本經訓》。

> 溫也，君者羣也。是故君意不比於元，則動而失本；動而失本，則
> 所爲不立；所爲不立，則不效於原；不效於原，則自委舍；自委舍，
> 則化不行。用權於變，則失中適之宜；失中適之宜，則道不平，德
> 不溫；道不平，德不溫，則衆不親安；衆不親安，則離散不羣；離
> 散不羣，則不全於君。

董仲舒從更爲深層邏輯體系論證了君主名號的內涵，即元、原、權、溫、群
五科，合此五科，才能眞正稱得上是國家之君主，這裏「羣」祇是五科的其
中一科，而且也是邏輯層次中最低的一層，這要比荀子有關君主的理論認識
深入的多。

對此，董仲舒還從另外角度來進一步闡釋他的這一理論認識。《春秋繁露·
滅國上》曰：「王者，民之所往。君者，不失其羣者也。故能使萬民往之，而得
天下之羣者，無敵於天下。」班固對此說的更爲具體，《漢書·刑法志》序言：
「從之成羣，是爲君矣；歸而往之，是爲王矣。」這就是說，「君者，羣也」祇
是較低的一個層次或階段，「歸而往之」成爲「王」，乃更高階段的君主要求。

一般意義上，稱王即意味著由氏族部落變爲獨立國家。呂思勉認爲：「古
者一部族之主謂之君，爲若干部族之共主者謂之王。」〔註11〕然而至夏商，「王」
稱也不嚴格，表明此時國家組織較爲鬆散，王權的至上性還沒有達到一定的
程度。〔註12〕晁福林指出：「文明時代初期的『王』，其形象中還有某些野蠻
時代部落聯盟首領的影子。他既踞於社會之上，是天意的代表和最高權力的
化身，又能以普通的身份與萬民同樂。」〔註13〕隨著社會的發展，「王」的稱
謂逐漸有了更高的政治地位與文化意義。董仲舒關於「王」的系統論證，就
體現了秦漢時期君主集權體制下的這一政治文化內涵。

《春秋繁露·深察名號》又曰：

> 深察王號之大意，其中有五科：皇科、方科、匡科、黃科、往科。
> 合此五科，以一言謂之王。王者皇也，王者方也，王者匡也，王者
> 黃也，王者往也。是故王意不普大而皇，則道不能正直而方；道不
> 能正直而方，則德不能匡運周徧；德不能匡運周徧，則美不能黃；

〔註11〕呂思勉：《三皇五帝考》，見《古史辨》第七冊（中），上海古籍出版社，1982
年，第 343 頁。
〔註12〕參見周新芳：《先秦帝王稱號及其演變》，《史學月刊》2004 年第 6 期。
〔註13〕晁福林：《天玄地黃——中國上古文化溯源》，巴蜀書社，1990 年，第 174 頁。

美不能黃，則四方不能往；四方不能往，則不全於王。

這同樣是從五個邏輯層次來論證「王」這一名號的內涵。

董仲舒還把天意與「君」之名號繫爲一體，突出君主的神聖地位。《春秋繁露・王道通三》云：「古之造文者，三畫而連其中，謂之王。三畫者，天地與人也，而連其中者，通其道也。取天地與人之中以爲貫而參通之，非王者孰能當是？是故王者唯天之施，施其時而成之，法其命而循之諸人，法其數而以起事，治其道而以出法，治其志而歸之於仁。」這是他天人合一思想在君主稱謂方面的反映。

漢代國家經義之作《白虎通》，對君主稱號也作了系統論證。《白虎通・爵》載曰：

> 天子者，爵稱也。爵所以稱天子何？王者父天母地，爲天之子也。……帝王之德有優劣，所以俱稱天子者何？以其俱命于天，而王治五千里內也。……何以知帝亦稱天子也？以法天下也。……何以言皇亦稱天子也？以其言天覆地載，俱王天下也。

《白虎通・號》亦曰：

> 或稱天子，或稱帝王何？以爲接上稱天子者，明以爵事天也。接下稱帝王者，明位號天下至尊之稱，以號令臣下也。
>
> ……
>
> 臣下謂之一人何？亦所以尊王者也。以天下之大，四海之內，所共尊者一人耳。

這都是引申社會現實等級結構來強調君主的一統獨尊地位，更有實踐意義。

書中還把當時流行的陰陽五行學說與帝王獨尊相融合，通過強調五行尊土來比附一統尊君。《白虎通・五行》云：「土在中央，中央者土，土主吐含萬物，……地，土之別名也，比於五行最尊，故不自居部職也。……土尊，尊者配天，……土尊不任職，君不居部。」這以五行中土的獨尊來突顯帝王在人間政務中的特殊地位，比董仲舒的有關論述要明確的多。〔註14〕尊土與尊君相一致，這就抓住了中國古代社會以土地爲本的農業國家這一特點，使帝王獨尊的觀念找到了牢固的根基。

《白虎通》是對漢章帝主持的白虎觀經學會議記錄的整理，把帝王獨尊

〔註14〕參見《春秋繁露・五行對》、《五行相生》、《五行相勝》等篇。

作為封建秩序的首要環節，明確提出了「一統尊君」〔註15〕的思想，以帝王作為統一國家的特殊標誌，強調中央政權對全國的統一管理。所以說，「儘管《白虎通》的這個論證採取的是宗教形式，儘管尊君只能造就與民主對立的封建專制制度，但我們只要明瞭歷史演進有著不以人們意志為轉移的客觀過程，只要我們認定封建統一政權在歷史上曾起過進步作用，那麼我們就應當承認這個論證在當時是順應歷史發展趨勢的。」〔註16〕

### （二）「君為國之本」與「國非君之私」

恩格斯曾言：「國王一詞乃是君主制的完成……國王一詞是國家的本質，……。」〔註17〕這對我們認識古代中國君國一體的政治體制，具有指導意義。

古代中國只有治道而無政道，無論封建貴族政治還是君主專制政治，政權皆在帝王。〔註18〕特別是戰國後期以來，中央集權君主制國家成為人們追求的理想政治體制。君主就是國家的本原，是統治與管理的象徵。荀子曾言：「國家者，士民之居也。……國家失政則士民去之。無土則人不安居，無人則土不守，無道法則人不至，無君子則道不舉。故土之與人也，道之與法也者，國家之本作也；君子也者，道法之摠要也，不可少頃曠也。」〔註19〕這是把土地、士民與君這個統治者，作為國家構成的三要素，而君則為道法的總要者、國家的化身。

漢代更明確論證君、國二元一體的國家觀。《淮南子・繆稱訓》曰：「主者，國之心。」《淮南子・主術訓》亦載：「食者，民之本也；民者，國之本也；國者，君之本也。」這是把物質基礎、民眾歸心看作君主存在的根據，由此得出國為君之本的君國一體觀。

董仲舒進一步指出，君主是國家的本原，君主的言行關係到萬物的變動。《春秋繁露・立元神》曰：「君人者，國之元，發言動作，萬物之樞機」，又曰：「君人者，國之本也」。他認為天乃宇宙萬物之主，而君則為國家之主，「是

〔註15〕莊述祖輯：《白虎通・闕文・朝聘》，見（清）陳立撰，吳則虞點校：《白虎通疏證》附錄，中華書局，1994年。

〔註16〕許殿才：《〈白虎通義〉中的國家學說》，《中國史研究》1997年第2期。

〔註17〕恩格斯：《英國狀況》，轉引自《馬克思恩格斯論宗教》，人民出版社，1954年版，第41頁。

〔註18〕牟宗三：《政道與治道》，廣西師範大學出版社，2006年，第1頁。

〔註19〕《荀子・致士》。

故天執其道爲萬物主，君執其常爲一國主」。〔註20〕《春秋繁露‧爲人者天》亦曰：「傳曰：唯天子受命於天，天下受命於天子，一國則受命於君。君命順，則民有順命；君命逆，則民有逆命。故曰：『一人有慶，兆民賴之。』此之謂也。」「緣民臣之心，不可一日無君」〔註21〕，更是尊君的體現。這進一步把君主存在的依據與一統尊君的合理性與合法性聯繫起來。

荀悅亦論道：「天作道，皇作極，臣作輔，民作基。」他又言：「天下國家一體也。君爲元首，臣爲股肱，民爲手足。」〔註22〕這把君主所反映的國家職能說的很明白，把天下與國家、君主看作一體，突出「一統尊君」的政治觀念。

但國非人君所私有，君主必須服務於國家這一政治組織，這是漢代人普遍的一種認識。爲人君者要「因國以爲身」〔註23〕。明主的一切行爲都要以國家爲出發點，對國家負責，「明主之賞罰，非以爲己也，以爲國也」〔註24〕、「所謂有天下者，非謂其履勢位，受傳籍，稱尊號也；言運天下之力，而得天下之心。」〔註25〕呂思勉所言「國非人君所私有，其義漢代尙明」〔註26〕，正是對這一思想的精闢概括。

### （三）「應天統民」的君民觀

儘管漢代有很豐富的民本思想，但「一統尊君」的君主體制乃是這一思想的出發點和歸屬點。

從君這方面來講，民是君的目的，君來統民。諸多漢代學人認爲，民乃不肖之愚民，只有明主才能教化他們。《新書‧大政下》曰：「夫民之爲言也，暝也；萌之爲言也，盲也。故惟上之所扶而以之，民無不化也，故曰民萌。民萌哉，直言其意而爲之名也。夫民者，賢不肖之材也，賢不肖皆具焉。故賢人得焉，不肖者伏焉；技能輸焉，忠信飭焉。故民者積愚也。」由此，賈誼提出「夫民者，唯君者有之，爲人臣者助君理之」〔註27〕的治國之道。《漢

---

〔註20〕《春秋繁露‧天地之行》。
〔註21〕《春秋繁露‧玉杯》。
〔註22〕《申鑒‧政體》。
〔註23〕《春秋繁露‧保位權》。
〔註24〕《淮南子‧繆稱訓》。
〔註25〕《淮南子‧泰族訓》。
〔註26〕呂思勉：《秦漢史》，上海古籍出版社，1983年，第616頁。
〔註27〕《新書‧大政上》。

書・食貨志上》載晁錯亦言：「民者，在上所以牧之，趨利如水走下，四方忘擇也。」

從民這方面來看，民又是君的工具，民要從君。《春秋繁露・爲人者天》曰：「君者，民之心也；民者，君之體也。心之所好，體必安之；君之所好，民必從之。故君民者，貴孝弟而好禮義，重仁廉而輕財利，躬親職此於上，而萬民聽，生善於下矣。故曰：『先王見教之可以化民也』。此之謂也。」

揚雄亦言：「天地之得，斯民也；斯民之得，一人也；一人之得，心矣。」司馬注云：「天地因人而成功，故天地之所以得其道者，在民也。民之所以得其道者，在君也。君之所以得其道者，在心也。」〔註28〕

漢代學人還以「天」來達到君民和諧、一體的理想政治與社會狀態。董仲舒就提出以天來限制君的獨裁專制，「故其德足以安樂民者，天予之，其惡足以賊害民者，天奪之。」〔註29〕這樣，漢代在君的上面又擡出了一個「天」來，既強調君主統治國家與維護社會秩序的核心作用，又限制與規範君的職責與功能。當然，他所謂的「天」說到底，祇是一個空殼子，最終還是把君主的核心地位突出來了，加強了中央集權統治的國家職能。正如有的學者所指出的，「在君主統治人民這一環節上，其關係是直接的，也是無彈性的；而在民意作用於君主這一環節上，其關係則是間接的，並且因爲隔著『天』這一個中介而成爲有彈性的了。」〔註30〕

因此，我們對董仲舒「心體」之君民觀要有深層次認識，不能擴大「民本」思想的現代意義。

關於君主起源，漢代有兩種認識：一是認識到天命聖人統民、聖人尊天命而盡人力去治理國家，達到大一統社會秩序與國家制度的和諧運轉；二是認識到社會需要君主來統民與治理國家，君主就得以天下爲公而除萬民之害。

《淮南子・脩務訓》載曰：

> 且古之立帝王者，非以奉養其欲也；聖人踐位者，非以逸樂其身也。
>
> 爲天下強掩弱，衆暴寡，詐欺愚，勇侵怯，懷知而不以相教，積財而不以相分，故立天子以齊一之。爲一人聰明而不足以遍照海內，故立

---

〔註28〕《法言・孝至》。
〔註29〕《春秋繁露・堯舜不擅移、湯武不專殺》。
〔註30〕劉家和：《〈左傳〉中的人本思想與民本思想》，參見《史學、經學與思想——在世界史背景下對中國古代歷史文化的思考》，北京師範大學出版社，2005年，第367頁。

三公九卿以輔翼之。絕國殊俗，僻遠幽間之處，不能被德承澤，故立
諸侯以教誨之。是以地無不任，時無不應，官無隱事，國無遺利。所
以衣寒食飢，養老弱而息勞倦也。……是以聖人不高山，不廣河，蒙
恥辱以干世主，非以貪祿慕位，欲事起天下利而除萬民之害。

這屬於第二種認識。作者又以神農、堯、舜、禹、湯爲五大聖人，來進一步
說明這一認識，「此五聖者，天下之盛主，勞形盡慮，爲民興利除害而不懈。」
〔註31〕《淮南子‧兵略訓》亦言：「所爲立君者，以禁暴討亂也。」這在一定
程度上，反映了把爲民興利除害看作國家之本質的理論意識。

又《漢書‧刑法志》載曰：

夫人宵天地之貌，懷五常之性，聰明精粹，有生之最靈者也。爪牙
不足以供耆欲，趨走不足以避利害，無毛羽以禦寒暑，必將役物以
爲養，仁智而不恃力，此其所以爲貴也。故不仁愛則不能羣，不能
羣則不勝物，不勝物則養不足。羣而不足，爭心將作，上聖卓然先
行敬讓博愛之德者，衆心説而從之。從之成羣，是爲君矣；歸而往
之，是爲王矣。

《漢書‧禮樂志》亦載曰：

人函天地陰陽之氣，有喜怒哀樂之情。天稟其性而不能節也，聖人
能爲之節而不能絕也，故象天地而制禮樂，所以通神明，立人倫，
正情性，節萬事者也。

這些說明，班固根據天地之性人爲貴的認識，探究君主產生及國家本質問題。
他認爲，正是由於人用仁智而不恃力，如果沒有一個能統治天下的君主來行
仁德，那麼就會發生爭亂。在班固看來，國家的本質就是通過制度來統治、
調節天下萬物。這似乎觸及到國家是社會發展到一定階段的產物這一國家起
源學說。

《春秋繁露‧深察名號》曰：「受命之君，天意之所予也」、「天生民性有
善質，而未能善，於是爲之立王以善之，此天意也。」民衆需要君主統治，
這是天意。《春秋繁露‧威德所生》又曰：「爲人主者，居至德之位，操殺生
之勢，以變化民。民之從主也，如草木之應四時也。」這是說君主統治民是
通過鎮壓與教化兩手來「化民」，民之服從君主這種統治，就像草木順四時一
樣。這就從各種角度論證君主統治與管理國家的合理性與合法性。這屬於君

〔註31〕《淮南子‧脩務訓》。

主起源的第一種認識。

同時，他認為天生民是為了讓君去治理，而不是為了君主本身的私利，「且天之生民，非為王也，而天立王以為民也。」〔註32〕所以，「號為天子者，宜事天如父，事天以孝道也。」〔註33〕早在戰國後期荀子就提出這方面的認識，《荀子·大略篇》：「天之生民，非為君也。天之立君，以為民也。」劉向也論道：「夫天之生人也，蓋非以為君也；天之立君也，蓋非以為位也。」〔註34〕這些表明，他們一方面在用天意來賦予君主的統治地位與核心作用，另一方面則又利用天來限定君主統治的目的與國家作用的總方向。這就是董仲舒所說的「以人隨君，以君隨天」與「屈民而伸君，屈君而伸天」。〔註35〕

東漢思想家王符對以往認識進行了整合。《潛夫論·班祿》載曰：

> 太古之時，烝黎初載，未有上下，而自順序，天未事焉，君未設焉。
> 後稍矯虔，或相陵虐，侵漁不止，為萌巨害。於是天命聖人使司牧
> 之，使不失性，四海蒙利，莫不被德，僉共奉戴，謂之天子。故天
> 之立君，非私此人也，以役民，蓋以誅暴除害利黎元也。

這就把君主產生的物質自然性賦予天命邏輯，這一邏輯又具有互動性質。這樣的理論闡釋，是值得注意的。

### （四）「君為元首，臣為股肱」的君臣觀

在古代中國中央集權統治中，君臣關係是一重大政治問題，也是君主論的重要內容。兩漢學人從歷史反思中逐漸認識到，在「一統尊君」的前提下，使君與臣和諧共存，達到明君賢臣一體，才能維護大一統社會秩序與國家職能的順利實行。

君由天而生，只對天負責，是國家最高統治者，君國一體；而臣則為具體的國家事務管理者，對君負責，忠輔於君。董仲舒把君臣關係比作心與體的關係。《春秋繁露·天地之行》曰：「是故君臣之禮，若心之與體；心不可以不堅，君不可以不賢；體不可以不順，臣不可以不忠。心所以全者，體之力也；君所以安者，臣之功也。」他還把陰陽學說納入到君臣關係中，來說明君臣相配而為一體。《春秋繁露·基義》對此作了總結：「臣者君之合……

---

〔註32〕 《春秋繁露·堯舜不擅移、湯武不專殺》。
〔註33〕 《春秋繁露·深察名號》。
〔註34〕 《說苑·君道》。
〔註35〕 《春秋繁露·玉杯》。

君兼於臣，臣兼於君。君臣、父子、夫婦之義，皆取諸陰陽之道。君為陽，臣為陰，……陰道無所獨行。其始也不得專起，其終也不得分功，有所兼之義。是故臣兼功於君，……天為君而覆露之，地為臣而持載之。」

在董仲舒的思想體系中，君與臣的尊卑等級秩序是嚴格的，「古者人君立於陰，大夫立於陽。所以別位，明貴賤。」〔註36〕他認為，君取法於天，臣則取法於地，「為人君者，其法取象於天」、「為人臣者，其法取象於地」〔註37〕。這既表達了董仲舒尊君的儒家思想，同時也透露出其限制君主專制的用意。對他來說，理想的君臣關係應是以君為主而臣盡忠輔之的和諧統一。這是兼采先秦諸子學說而體現出以儒家思想為主體的天人合一君主論這一時代特點，比推崇「聖王」或「聖人」的理想君臣觀，更有現實意義。《淮南子·繆稱訓》也曾言：「君，根本也；臣，枝葉也。根本不美，枝葉茂者，未之聞也。」

史學家司馬遷提出「輔拂股肱之臣配焉，忠信行道，以奉主上」〔註38〕的理論認識，也是這方面的重要內容。這是他作《史記》各「世家」的著述旨趣與標準。《史記·太史公自序》載曰：「二十八宿環北辰，三十輻共一轂，運行無窮，輔拂股肱之臣配焉，忠信行道，以奉主上，作三十世家。」對「二十八宿環北辰，三十輻共一轂」，有不同解釋。裴駰《史記集解》案：「《漢書音義》曰：『象黃帝以下三十世家，《老子》言車三十輻，運行無窮，以象王者如此也。』」而張守節《史記正義》案：「顏云：『此說非也。言眾星共繞北辰，諸輻咸歸車，群臣尊輔天子也。』」後者強調司馬遷寫「世家」要突出君主臣輔的君臣關係，是有道理的。

我們看　看司馬遷在「世家」中的體現，就會明白這一點。《史記·陳丞相世家》記載了孝文帝與右丞相周勃和左丞相陳平的一段對話，饒有趣味。孝文帝連問周勃兩個問題，周勃都回答曰：「不知」，且「汗出沾背，愧不能對」。於是文帝轉問陳平天下一年的斷獄與錢穀如何，陳平很乾脆地答道：「有主者。」上又問：「主者謂誰？」平曰：「陛下即問決獄，責廷尉；問錢穀，責治粟內史。」上曰：「苟各有主者，而君所主者何事也？」平謝曰：「主臣！陛下不知其駑下，使待罪宰相。宰相者，上佐天子理陰陽，順四時，下育萬物之宜，外鎮撫四夷諸侯，內親附百姓，使卿大夫各得任其職焉。」孝文帝

〔註36〕《春秋繁露·王道》。
〔註37〕《春秋繁露·天地之行》。
〔註38〕《史記》卷一三〇《太史公自序》。

聽了很高興，「乃稱善」。孟康注曰：「主臣，主羣臣也，若今言人主也。」韋昭曰：「言主臣道，不敢欺也。」這一方面顯示出陳平的謀略之才，同時也道出了司馬遷思想中尊君的主導意識，後一點才是司馬遷的真正用意。這與其作「世家」的主旨是一致的。後揚雄提出君主的職責不是學《律》、《令》，而是維護綱紀，行聖王之道，與此也是一脈相承的。《法言·先知》曰：「君子爲國，張其綱紀，謹其教化。道之以仁，則下不相賊；蒞之以廉，則下不相盜；臨之以正，則下不相詐；修之以禮義，則下多德讓。此君子所當學也。如有犯法，則司獄在。」

司馬遷在敍述其作「七十列傳」的旨趣時更加證實了這一點。《史記·太史公自序》載道：「扶義俶儻，不令己失時，立功名於天下，作七十列傳。」這是司馬遷對理想的輔佐之臣所提出的三條標準或要求，即要盡忠行義、順時應變，最後是立功名於天下。

在《淮陰侯列傳》後論中，他批評韓信違背歷史趨勢而遭致滅宗的悲慘命運，「假令韓信學道謙讓，不伐己功，不矜其能，則庶幾哉，於漢家勳可以比周、召、太公之徒，後世血食矣。不務出此，而天下已集，乃謀畔逆，夷滅宗族，不亦宜乎！」

在《劉敬叔孫通列傳》後論中，他認爲君臣一體才能興盛國家，「語曰『千金之裘，非一狐之腋也；臺榭之榱，非一木之枝也；三代之際，非一士之智也』。信哉！夫高祖起微細，定海內，謀計用兵，可謂盡之矣。然而劉敬脫輓輅一說，建萬世之安，智豈可專邪！」

在《李斯列傳》後論中，他批評李斯不務明政以補主上之缺，「李斯以閭閻歷諸侯，入事秦，因以瑕釁，以輔始皇，卒成帝業，斯爲三公，可謂尊用矣。斯知六藝之歸，不務明政以補主上之缺，持爵祿之重，阿順苟合，嚴威酷刑，聽高邪說，廢適立庶。諸侯已畔，斯乃欲諫爭，不亦末乎！人皆以斯極忠而被五刑死，察其本，乃與俗議之異。不然，斯之功且與周、召列矣。」

在《蒙恬列傳》後論中，他批評蒙恬不去務民諫君，「夫秦之初滅諸侯，天下之心未定，痍傷者未瘳，而恬爲名將，不以此時彊諫，振百姓之急，養老存孤，務修衆庶之和，而阿意興功，此其兄弟遇誅，不亦宜乎！何乃罪地脈哉？」

司馬遷的這一認識得到了諸多人的認同與發展。劉向就曾多次強調這種思想，如「故忠臣也者，能盡善與君，而不能陷於難」〔註39〕、「死君，義也；

〔註39〕 《新序·雜事四》。

無勇，私也。不以私害公。」〔註40〕他認為，君臣之間應該是信忠行道，「上不信，下不忠，上下不和，雖安必危。」〔註41〕

劉向對臣子諫君的重要性作了很深的思考。《說苑‧正諫》曰：

> 人臣之所以蹇蹇為難而諫其君者，非為身也，將欲以匡君之過，矯君之失也。君有過失者，危亡之萌也；見君之過失而不諫，是輕君之危亡也。夫輕君之危亡者，忠臣不忍為也。三諫而不用則去，不去則亡身，亡身者，仁人之所不為也。是故諫有五：一曰正諫，二曰降諫，三曰忠諫，四曰戇諫，五曰諷諫。孔子曰：『吾其從諷諫矣乎！』夫不諫則危君，固諫則危身，與其危君寧危身。危身而終不用，則諫亦無功矣。智者度君權時，調其緩急，而處其宜，上不敢危君，下不以危身。故在國而國不危，在身而身不殆。

班固更是從歷史中總結這一道理，把它看作具有普遍意義的君臣觀。他說：「古之制名，必緣象類，遠取諸物，近取諸身。故經謂君為元首，臣為股肱，明其一體，相待而成也。是故君臣相配，古今常道，自然之勢也。近觀漢相，高祖開基，蕭、曹為冠，孝宣中興，丙、魏有聲。是時，黜陟有序，眾職修理，公卿多稱其位，海內興於禮讓。覽其行事，豈虛虖哉！」〔註42〕這是基於對西漢一代歷史盛衰總結而得出來的理論性認識，在中國古代君主論探討上是非常重要的。

雖然漢代社會發展中不免會出現「君臣互換」的要求〔註43〕，但在他們看來，那祇是個別現象，在君臣關係上仍以君為主，「一統尊君」思想是穩定的。劉向提出君臣互為本的理論，「君以臣為本，臣以君為本。」〔註44〕但他還是堅持尊君卑臣的嚴格等級秩序思想，「尊君卑臣者，以勢使之也。」〔註45〕可以說，「君為元首，臣為股肱」乃漢代君臣關係的主要表現形式，突出君主的獨尊地位與核心作用。

漢代對君臣關係的品評，可說得上是有關君臣關係的集中理論論證，這

---

〔註40〕《新序‧義勇》。
〔註41〕《說苑‧談叢》。
〔註42〕《漢書》卷七四《魏相丙吉傳》後論。
〔註43〕東漢初年經學家馬援，就提出「當今之世，非獨君擇臣也，臣亦擇君矣」的大膽認識。（見《後漢書》卷二四《馬援列傳》）
〔註44〕《說苑‧建本》。
〔註45〕《說苑‧君道》。

是漢代君主論的突出成就。先秦時期，《管子・七臣七主》對君臣的品評可謂典型代表。而漢代，人們從各個角度來品評，成果較爲豐富。

賈誼根據善惡轉化程度把君分爲上主、中主、下主三類〔註46〕，上主就是「可引而上，不可引而下」；中主就是「可引而上，可引而下」；下主則是「可以引而下，不可引而上」。所謂上主，實際上就是指行善與之可以，行惡引之則誅；所謂下主，實際上就是指行惡與之則可，行善引之則誅；所謂中主，實際上就是指行善與之則可，行惡引之也可。根據這樣的標準，他認爲堯舜是上主，桀紂就是下主，齊桓公則是中主。這是人性說在君臣關係中的一個體現。所以賈誼說道：「故材性乃上主也，賢人必合，而不肖人必離，國家必治，無可憂者也。若材性下主也，邪人必合，賢正必遠，坐而須亡耳，又不可勝憂矣。故其可憂者，唯中主耳。又似練絲，染之藍則青，染之緇則黑。得善佐則存，無善佐則亡。此其不可不憂者耳。」〔註47〕如果君主本性乃上主，那麼賢臣必與之合，佞臣不得不離開，這樣國家定能治理好；如果君主本性乃下主，那麼邪臣必能與之合，賢臣不得不遠離政事，國家等待滅亡；這兩種都是定了型的，可擔憂的就是中主，因爲他與之善則善，與之惡則惡，得善臣輔政則存，不得善臣輔佐則亡。

他又根據教化風俗職能，把臣分爲父兄之臣、法度之臣、輔翼之臣、守衛捍敵之臣這四種，指出「爲人臣者，主醜亡身，國醜亡家，公醜亡私。利不苟就，害不苟去，唯義所在，主上之化也。」〔註48〕無論以什麼樣的標準進行分類，總是要突出尊君與臣輔爲一體的思想。

荀悅提出「六主」與「六臣」。「六主」是指王主、治主、存主、哀主、危主、亡主；「六臣」是指王臣、良臣、直臣、具臣、嬖臣、佞臣。他對每個主與臣的性質作了較爲精確的概括，這樣對君臣的分類之細、概括之全面，在他之前是不多見的。他指出，爲善致禍，「莫大於人主」。這就說明君主在社會治亂、國家盛衰中佔有重要位置。而且荀悅還從歷史盛衰過程中總結出「同善則治，同惡則亂」這樣一條法則，這是他深入思考的結果。他說：「或有君而無臣，或有臣而無君，同善則治，同惡則亂，雜則交爭，故明主慎所用也。六主之有輕重，六臣之有簡易，其存亡成敗之機，在於是矣，可不盡

---

〔註46〕《新書・連語》。
〔註47〕《新書・連語》。
〔註48〕《新書・階級》。

而深覽乎！」〔註 49〕這比之賈誼單一的品評要深入的多，爲人們妥善處理君臣關係提供了有益指導，其社會價值是相當大的。唐太宗曾高度評價《漢紀》：「極爲治之體，盡君臣之義。」〔註 50〕可謂抓住了《漢紀》的本義。

　　除賈誼、荀悦外，兩漢其他學人也對君臣關係進行了品評。如劉向按照人臣之道術，把臣分爲聖臣、良臣、忠臣、智臣、貞臣、直臣，這就是六正；具臣、諛臣、奸臣、讒臣、賊臣、亡國之臣，這就是六邪。《說苑・臣術》：「人臣之術，順從而復命，無所敢專，義不苟合，位不苟尊，必有益於國，必有補於君，故其身尊而子孫保之。故人臣之行有六正六邪，行六正則榮，犯六邪則辱。夫榮辱者，禍福之門也。」這也是漢代關於君臣關係的重要認識。

## （五）君　道

　　鑒於君主在國家治亂盛衰中的重要角色和特殊地位，漢代學人非常強調君主的行爲與品行，這再次體現出他們思想中以君爲主的君主論認識。

　　第一，君主要遠佞任賢。陸賈從秦亡的歷史中認識到，「衆邪合心，以傾一君，國危民失，不亦宜乎！」由此得出「故杖聖者帝，杖賢者王，杖仁者霸，杖義者強，杖讒者滅，杖賊者亡」〔註 51〕這一認識結論。這是吸取秦亡的教訓而提出對君主的認識。他舉了秦二世時趙高指鹿爲馬、曾子母以爲兒子殺人等爲例來說明辨惑的重要性，從而也證實邪臣的危害性，「用人若彼，失人若此」。〔註 52〕晁錯論述了君主求賢以爲輔翼與盛衰的關係，「臣竊聞古之賢主莫不求賢以爲輔翼，故黃帝得力牧而爲五帝先，大禹得咎繇而爲三王祖，齊桓得筦子而爲五伯長。」〔註 53〕《淮南子・主術訓》也提出：「是故人主之一舉也，不可不慎也。所任者得其人，則國家治，上下和，衆臣親，百姓附。所任非其人，則國家危，上下乖，羣臣怨，百姓亂。故一舉而不當，終身傷。得失之道，權要在主。」

　　劉向更從三代以來的歷史盛衰中進行總結，認爲君臣關係處理如何，直接影響社會治亂與國家興亡。《新序・雜事四》曰：「故王者勞於求人，佚於

〔註 49〕《漢紀》卷一六《孝昭皇帝紀》「荀悦曰」。
〔註 50〕《舊唐書》卷六二《李大亮傳》。
〔註 51〕《新語・輔政》。
〔註 52〕《新語・辨惑》。
〔註 53〕《漢書》卷四九《晁錯傳》。

得賢。舜舉眾賢在位，垂衣裳，恭己無爲，而天下治。湯、文用伊、呂，成王用周、邵，而刑措不用，兵偃而不動，用眾賢也。桓公用管仲則小也，故至於霸而不能以王。故孔子曰：『小哉管仲之器。』蓋善其遇桓公，惜其不能以王也。至明主則不然，所用大矣。《詩》曰：『濟濟多士，文王以寧。』此之謂也。」他認爲，賢臣與明君的搭配不同，其結果也不同。

桓譚從理論上進一步強調君臣關係對治國安邦的重要。他言：「臣聞國之廢興，在於政事；政事得失，由乎輔佐。輔佐賢明，則俊士充朝，而理合世務；輔佐不明，則論失時宜，而舉多過事。夫有國之君，俱欲興化建善，然而政道未理者，其所謂賢者異也。」〔註54〕

第二，君主要愼微而秉勢。漢代思想家的一些著作中大都有《愼微》、《敬愼》等篇章，都是在關注與論述君主要謹愼修心。如賈誼認爲君主臣子民都要謹愼微行，從小事、善事做起，防禁邪佞發生。《新書·審微》：「善不可謂小而無益，不善不可謂小而無傷。非以小善爲一足以利天下，小不善爲一足以亂國家也。當夫輕始而傲微，則其流而令於大亂，是故子民者謹焉。」董仲舒強調君主修身愼事，「是故善爲師者，既美其道，有愼其行，齊時蚤晚，任多少，適疾徐，造而勿趨，稽而勿苦，省其所爲，而成其所湛，故力不勞而身大成，此之謂聖化，吾取之。」〔註55〕劉向強調人君至誠之道的重要，「人君苟能至誠動於內，萬民必應而感移，堯、舜之誠，感於萬國，動於天地，故荒外從風，鳳麟翔舞，下及微物，咸得其所」〔註56〕；強調君主要正身修心，「存亡禍福，其要在身，聖人重誠，敬愼所忽。……夫不誠不思，而以存身全國者，亦難矣。」〔註57〕揚雄亦提出「先自治而後治人之謂大器」〔註58〕的重要命題。這些都是重要的理論認識。

君主要發揮其職能，就得有權勢來保障。陸賈言：「夫言道因權而立，德因勢而行，不在其位者，則無以齊其政，不操其柄者，則無以制其剛。」〔註59〕《淮南子》運用形象的比喻來加以認識，「是故權勢者，人主之車輿也；大臣者，人主之駟馬也。體離車輿之安，而手失駟馬之心，而能不危者，古今未有也。

〔註54〕《後漢書》卷二八《桓譚馮衍列傳》。
〔註55〕《春秋繁露·玉杯》。
〔註56〕《新序·雜事四》。
〔註57〕《說苑·敬愼》。
〔註58〕《法言·先知》。
〔註59〕《新語·辨惑》。

是故興馬不調，王良不足以取道；君臣不和，唐、虞不能以爲治。」〔註60〕劉向強調君主的獨斷和自明，「故非至明，其孰能毋用讒乎？」〔註61〕也強調君主的權勢，「尊君卑臣者，以勢使之也。夫勢失則權傾，故天子失道則諸侯尊矣，諸侯失政則大夫起矣，大夫失官則庶人興矣。由是觀之，上不失而下得者，未嘗有也。」〔註62〕王符也認爲君主要秉權居勢，「要在於明操法術，自握權秉而已矣」，周室就是因背離了這條原則而敗亡，「故遂衰微侵奪而不振也」，所以說，「夫帝王者，其利重矣，其威大矣。」〔註63〕

　　第三，君主要納諫。劉向強調君主納諫的重要性，《新序・雜事五》：「故獨視不如與眾視之明也，獨聽不如與眾聽之聰也。」又借秦亡來進一步強調君主納諫和臣進諫的重要性，「秦二世胡亥之爲公子也，……視羣臣陳履狀，善者，因行踐敗而去。諸子聞見之者，莫不太息。及二世即位，皆知天下必弃之也。故二世惑於趙高，輕大臣，不顧下民。是以陳勝奮臂於關東，閻樂作亂於望夷。閻樂，趙高之壻也，爲咸陽令，詐爲逐賊，將吏卒入望夷宮，攻射二世，就數二世，欲加刃，二世懼，入，將自殺，有一宦者從之。二世謂曰：『何謂至於此也？』宦者曰：『知此久矣。』二世曰『子何不早言？』對曰：『臣以不言，故得至於此，使臣言，死久矣。』然後二世喟然悔之，遂自殺。」〔註64〕他又提出明主有三懼，「明主者有三懼，一曰處尊位而恐不聞其過，二曰得意而恐驕，三曰聞天下之至言而恐不能行。何以識其然也？越王勾踐與吳人戰，大敗之，兼有九夷，當是時也，南面而立，近臣三，遠臣五，令羣臣曰：『聞吾過而不告者其罪刑。』此處尊位而恐不聞其過者也。」〔註65〕這又是繼漢初賈誼所提出的先醒、後醒與不醒爲三種人主〔註66〕，而作出類似的表述與認識。劉向也闡述了明王之道，「是以明王之於言，必自他聽之，必自他聞之，必自他擇之，必自他取之，必自他聚之，必自他藏之，必自他行之。故道以數取之爲明，以數行之爲章，以數施之萬物爲藏。是故

〔註60〕　《淮南子・主術訓》。
〔註61〕　《新序・雜事二》。
〔註62〕　《説苑・君道》。
〔註63〕　《潛夫論・明忠》。
〔註64〕　《新序・雜事五》。
〔註65〕　《説苑・君道》。
〔註66〕　《新書・先醒》曰：「故先醒者，當時而伯；後醒者，三年而復；不醒者，枕　　　　　土而死，爲虎狼食。嗚呼，戒之哉！」

求道者不以目而以心，取道者不以手而以耳。」〔註67〕

第四，人主之道術就是要應時而循理，「人主之術，處無爲之事，而行不言之教。清靜而不動，一度而不搖，因循而任下，責成而不勞」、「進退應時，動靜循理，不爲醜美好憎，不爲賞罰喜怒，名各自名，類各自類，事猶自然，莫出於己」。〔註68〕

兩漢時期，智識界融合了先秦諸子百家君主論思想，繼續推進並加以豐富與發展，形成一定的理論體系。

漢代是一個皇權高度集中的中央集權專制政體，又是一個以孝治天下的皇朝，忠孝觀念很強。這樣，就易出現君主個性的無限張揚，而臣民所體現出來的社會共性則往往遭破滅。如何解決皇權君主專制與國非人君私有的內在統一，使之爲維護大一統這個最高秩序而服務，漢代學人遂把陰陽學說與儒家學說相糅合來進行探究。這雖不能從根本上解決問題，但其多少起了積極的調節作用。他們重點在探討賢君與明主的標準與途徑，想通過這一思考來進一步促進君、臣、民三者的和諧共存，更好地實現一個穩定而長久的社會秩序。漢代這種天人合一的君主論，確實使得皇權高度集中的君主專制與國非人君所私有的政治觀念得到了短暫的統一。

對於漢代來說，君臣民所組成的社會結構基本處於封閉狀態，隨著中央集權專制制度的進一步確立與完善、加強，這種社會結構更穩定。雖然當社會走向衰落時，特別是兩漢之際，這種社會結構又趨向半封閉狀態，即君、臣各自的角色會發生互換的可能，但整體上的「一統尊君」觀念則繼續存在。這大大不同於戰國時期的君、臣、民身份的經常互換這一事實。這也反映出漢代儒學兼采百家的特點。

對於法家來說，君臣民結構基本上是封閉性的。而儒家強調等級名分，但又主張賢能政治，堅持聖王理想，在這個問題上便有矛盾，對這個矛盾的不同處理，也造成儒學內部的分歧。墨家尚賢，在理論上承認君的身份可以由人來改變，但改變的方式，應該是和平的選舉或者禪讓。道家主張因順自然。

董仲舒所開創的新儒學，提出天人合一的君主論，在最高層次上，天、君、臣、民是一個封閉性的內在體系；而對於具體的君、臣、民來說，則又是相對開放的邏輯聯繫。既要堅持尊卑思想，又要體現選賢任能的規則與制

---

〔註67〕 《說苑‧君道》。
〔註68〕 《淮南子‧主術訓》。

度；既強調君君臣臣的等級名分，又以天命即民意的原則來限制君主的權力過於集中。

總的來說，漢代學人通過天把君、臣、民聯繫起來，形成一個較爲嚴密的邏輯系統。天乃國之根基，君乃民之統序，而這個統序又是天所賦予並加以約束；同時，天意代表民心、民意，這樣在天這個高高而抽象的「無形之主」下，就把君、臣、民聯結在一起，使得政治秩序和社會秩序達到和諧的狀態，從而更好地維護漢代大一統社會。

## 二、關於國家體制與國家職能的記述與思考

### （一）國家體制

荀悅曾論道：「惟先哲王之政，一曰承天，二曰正身，三曰任賢，四曰恤民，五曰明制，六曰立業。承天惟允，正身惟常，任賢惟固，恤民惟勤，明制惟典，立業惟敦，是謂政體也。」〔註 69〕這是明確提出「政體」概念，並從六個方面進行系統論述。當然，這與現代意義的政體意義不能等同。它是從君主應天統民這一政治要求來談治理國家的，且側重君主本身。所謂的「明制」，實際上觸及到國家體制這一內容。

### 1、構建等級嚴明的組織結構

國家通過確立自身的組織結構，來發揮其應盡的作用。這是任何一個國家發展的必然過程與政治狀態。對於漢代大一統中央集權國家而言，建立一個穩定而等級嚴明的中央政權結構與地方行政結構，是國家體制的首要內容，也是一統尊君的集中反映。

史學家班固在《漢書・百官公卿表》序中，對漢代組織結構作了記述，雖然祇是「略表舉大分，以通古今，備溫故知新之義」，但這也是史學家對國家體制的重視與初步認識。

而《白虎通》一書，對國家體制作了系統闡述與論證。書中把等級結構分成兩個系統：中央政權與地方行政組織。這種等級結構取法於天，與宇宙秩序相一致。《白虎通・爵》曰：「爵有五等，以法五行也。或三等者，法三光也。或法三光，或法五行何？質家者據天，故法三光。文家者據地，故法五行。」它再次強調君主的獨尊統治地位，「明爵者天子之所有，臣無自爵之

---

〔註 69〕《申鑒・政體》。

義」。就是在改制方面，也是有嚴明等級的，「王者改元，即事天地。諸侯改元，即事社稷。」〔註70〕

國家爲何要構建這種組織結構，書中從順天應人的角度進行了論述。《白虎通·封公侯》曰：

> 王者所以立三公九卿何？曰：天雖至神，必因日月之光；地雖至靈，必有山川之化。聖人雖有萬人之德，必須俊賢。三公、九卿、二十七大夫、八十一元士，以順天成其道。司馬主兵，司徒主人，司空主地。王者受命爲天地人之職，故分職以置三公，各主其一，以效其功。一公置三卿，故九卿也。天道莫不成於三：天有三光，日、月、星；地有三形，高、下、平；人有三尊，君、父、師。故一公三卿佐之，一卿三大夫佐之，一大夫三元士佐之。……明天道而終之也。……王者立三公、九卿、二十七大夫，足以教道照幽隱，必復封諸侯何？重民之至也。善惡比而易知，故擇賢而封之，使治其民以著其德，極其才。上以尊天子，備蕃輔。下以子養百姓，施行其道。開賢者之路，謙不自專，故列土封賢，因而象之；象賢重民也。

這就把國家統治與重民，說的很清楚。董仲舒也曾把順天應人與官制建構聯繫起來，他指出：「盡人之變合之天，唯聖人者能之，所以立王事也。」〔註71〕

### 2、推行郡國並行的郡縣制度

封建制是殷周以來很重要的國家政治制度，而春秋戰國的混亂局面使得這一制度面臨著變革的動向。秦統一之前已有一些諸侯國開始建立郡縣制，與分封制並存於國家體制當中。清初王夫之說：「郡縣之法，已在秦先。」〔註72〕秦始皇統一天下之後，遂廢棄分封而完全實行郡縣制，永爲萬世之帝王統治。

漢初爲了吸取秦亡的教訓，革除秦之弊端，大封子弟及功臣。隨著西漢皇朝的鞏固與發展，一些諸侯王開始出現僭越現象，威脅到皇權的穩固統治。從高祖末年開始，中央和地方割據勢力的鬥爭逐漸成爲漢代政治的焦點，景帝時的吳、楚七國之亂更險些造成取代中央政權的嚴重後果。鑒於此，從景帝的削藩，到武帝的推恩令，逐步削弱了封建王國的政治權力，形成「惟食租稅」的王國態勢。然而，當西漢末外戚王莽「篡漢」建「新」朝時，原來

---

〔註70〕《白虎通·爵》。
〔註71〕《春秋繁露·官制象天》
〔註72〕〔清〕王夫之：《讀通鑑論》卷一《秦始皇》，中華書局，1975 年。

的劉姓分侯並沒有極力維護西漢劉氏皇朝，而是出現獻媚、支援王莽的這一「改姓」帝國體制運動。這似乎又顯示出削藩的「歷史失誤」。

如何認識分封制與郡縣制及其融合演變過程，特別是現行或未來國家採取何種體制，這是漢代學人需要作出思考和回答的理論問題。

司馬遷認為，西周分封是「親親之義，褒有德也」、「尊勤勞也」、「以輔衛王室」，〔註73〕這既顯示敬德保民的仁義之道，也起到保衛周王室的政治效果。隨著社會變動，儘管出現了周室衰微而諸侯爭霸的局面，但其因並非在於分封制，而是周王室力量衰弱所導致的。漢初劉敬曾提出類似的認識，「天下莫朝，周不能制也。非其德薄也，而形勢弱也。」〔註74〕司馬遷完全同意這一分析，亦言「非德不純，形勢弱也」〔註75〕，再次強調周王朝衰微並非分封制所導致的。

司馬遷指出，秦始皇吞併六國而統一天下，為了承戒周室衰亡的教訓，遂廢除分封制而完全實行郡縣制，這是不明智的一種決策。《史記·秦楚之際月表》序曰：「秦既稱帝，患兵革不休，以有諸侯也，於是無尺土之封，墮壞名城，銷鋒鏑，鋤豪桀，維萬世之安。然王迹之興，起於閭巷，合從討伐，軼於三代，鄉秦之禁，適足以資賢者為驅除難耳。」

至於漢初以來所出現的諸侯強大而僭於天子的現象，甚至發生「叛逆」，司馬遷對此的解釋祇是：「漢定百年之間，親屬益疏，諸侯或驕奢，忕邪臣計謀為淫亂，大者叛逆，小者不軌于法，以危其命，殞身亡國」。〔註76〕他並沒有批評或否定漢初分封諸侯這一制度，而是認為漢初分封是有其緣由的，「天下初定，骨肉同姓少，故廣彊庶孽，以鎮撫四海，用承衛天子也」。〔註77〕之後，「使諸侯得推恩分子弟國邑」，也是「天子觀於上古，然後加惠」。這些做法，鞏固了大一統社會秩序與中央集權體制，「諸侯稍微，大國不過十餘城，小侯不過數十里，上足以奉貢職，下足以供養祭祀，以蕃輔京師。而漢郡八九十，形錯諸侯間，犬牙相臨，秉其阨塞地利，彊本幹，弱枝葉之勢，尊卑明而萬事各得其所矣。」〔註78〕

---

〔註73〕《史記》卷一七《漢興以來諸侯王年表》序。
〔註74〕《史記》卷九九《劉敬傳叔孫通列傳》。
〔註75〕《史記》卷一七《漢興以來諸侯王年表》序。
〔註76〕《史記》卷一七《漢興以來諸侯王年表》序。
〔註77〕《史記》卷一七《漢興以來諸侯王年表》序。
〔註78〕以上均見《史記》卷一七《漢興以來諸侯王年表》序。

司馬遷最後總結爲：「居今之世，志古之道，所以自鏡也，未必盡同。帝王者各殊禮而異務，要以成功爲統紀，豈可緄乎？觀所以得尊寵及所以廢辱，亦當世得失之林也，何必舊聞？於是謹其終始，表其文，頗有所不盡本末；著其明，疑者闕之。後有君子，欲推而列之，得以覽焉。」〔註79〕他提出，漢代封建制與郡縣制這一政治制度選擇的根本理論指導，即順時應變，要以「成功爲統紀」，歷史地考察這一制度演變過程及其得失。當然，他也給後人留有認識空間，並沒有作出唯一回答，「著其明，疑者闕之。後有君子，欲推而列之，得以覽焉。」這體現了他的實錄之史學精神與自覺的史家責任意識。

班固也認識到西周分封是爲了體現仁義與保衛功能，「所以親親賢賢，褒表功德，關諸盛衰，深根固本，爲不可拔者也。故盛則周、邵相其治，致刑錯；衰則五伯扶其弱，與共守。」儘管西周末年周室日衰而禮崩樂壞，但周室統治制度仍得到了維護，這都離不開分封制的作用，「號位已絕於天下，尚猶枝葉相持，莫得居其虛位，海內無主，三十餘年。」

對於秦始皇廢分封制度，班固認爲，這乃「盪滅古法」，明確指出這乃秦亡之根本原因，「周過其曆，秦不及期，國勢然也」。

班固重點是對漢初以來的分封制度作了分析與評述。他認爲漢初分封制度出現，除了客觀歷史條件外，也有以秦爲戒的因素，「漢興之初，海內新定，同姓寡少，懲戒亡秦孤立之敗，於是剖裂疆土，立二等之爵。」他也認識到漢初分封諸侯所起的輔衛作用，「卒折諸呂之難，成太宗之業者，亦賴之於諸侯也」。但對於隨後出現的諸侯王僭逆現象，他却認爲這是漢初分封矯枉過正的體現，「藩國大者誇州兼郡，連城數十，宮室百官同制京師，可謂撟扛過其正矣。」基於此，他對文帝以來削藩作了肯定，「故文帝采賈生之議分齊、趙，景帝用晁錯之計削吳、楚。武帝施主父之冊，下推恩之令，使諸侯王得分戶邑以封子弟，不行黜陟。……諸侯惟得衣食稅租，不與政事。」〔註80〕這說明，班固更強調郡縣制對中央集權與大一統社會秩序的維護，這在當時來說有著重要作用與意義。

但當西漢末年國統三絕，漢室政權外移時，竟出現諸侯王們積極擁護王莽秉政的現象，班固對此却只發出了悲歎的呼聲，「豈不哀哉！」〔註81〕、「孝

〔註79〕《史記》卷一八《高祖功臣侯者年表》序。
〔註80〕以上均見《漢書》卷一四《諸侯王表》序。
〔註81〕《漢書》卷一四《諸侯王表》序。

元之世，亡王子侯者，盛衰終始，豈非命哉！」〔註82〕最後提出這樣一個命題：「是以究其終始彊弱之變，明監戒焉。」〔註83〕正如白壽彝所指出的，班固「略述了西漢分封的歷史，但他並沒有作出明確的評論，祇是向人們提出了一個問題：『究其終始彊弱之變，明鑒戒焉。』」〔註84〕

　　當然，班固能認識到郡國制度在漢代是一個重要社會歷史問題和史學中一個重大理論問題，給予重視，並努力對此作歷史性總結，對其變化得失過程加以敍述，實屬不易。且由於時間因素，班固觸及到司馬遷所看不到的諸侯分封制度在西漢衰落中扮演的複雜角色，所以他的認識既有一定的進步，更有一定的困惑。

　　與司馬遷、班固不同的是，荀悅提出了理想的君國體制，然後以此來評判以往分封制度。他言：

> 昔者聖王之有天下，非所以自爲，所以爲民也，不得專其權利，與天下同之，唯義而已，無所私焉。封建諸侯，各世其位，欲使親民如子，愛國如家，於是爲置賢卿大夫，考績黜陟，使有分土而無分民，而王者總其一統，以御其政。故有暴禮於其國者，則民叛於下，王誅加於上。是以計利慮害，勸賞畏威，各兢其力，而無亂心。及至天子失道，諸侯正之；王室微弱，則大國輔之；雖無道，不得虐於天下。賢人君子，有所周流，上下左右，皆相夾輔，凡此所以輔相天地之宜，以左右民者也。故民主兩利，上下俱便，是則先王之所以能永有其世也。〔註85〕

他以天下爲公的主導思想，規範了君王、封建諸侯各自的角色與職能，即封建諸侯要各世其位，親民如子，愛國如家，當天子失道時他們要諫正，帝王統治衰微時他們要輔佐，這樣就能保障天子無道也無法加害天下；而帝王要統領全局，治理國家，當封建諸侯行暴於其侯國時帝王要禁暴除害。以往聖王之所以能永有其世，就是源於家國一體、郡國一體，王室與封國相輔相成來治理天下。在他的思想體系中，分封制存在是合理的，但要與郡縣制形成一個制衡式合力。這在當時而言，只能爲一種理想的政治體制。

〔註82〕《漢書》卷一五《王子侯表下》序。
〔註83〕《漢書》卷一四《諸侯王表》序。
〔註84〕白壽彝主編：《中國史學史教本》，北京師範大學出版，2000年，第167頁。
〔註85〕《漢紀》卷五《孝惠皇帝紀》「荀悦曰」。

如何使得分封與郡縣制度能形成制衡式合力，他提出了自己的方法論思考，即「監前之弊，變而通之」。這是對司馬遷在分封制度認識上所提出的順時應變，要以「成功爲統紀」的一種繼承與發展。在他看來，漢初就採取了分封制度與郡縣制度兼而用之的統治方式，「漢興，承周、秦之弊，故兼而用之。」這一方式也似乎正是他所設想的最佳體制，但「兼而用之」如何把握的如其期待的理想體制，實屬不易。儘管如此，與班固相比，荀悅多少作出了自己的評論。

他進而認爲，秦亡與其廢除分封有關，秦的這種行爲完全是專制天下的體現，違背了天下爲公的思想，從而與國家本質相悖，遂導致其亡，「秦承其弊，不能正其制以求其中，而遂廢諸侯，改爲郡縣，以一威權，以專天下。其意主以自爲，非以爲民，深淺之慮，德量之殊，豈不遠哉！故秦得擅其海內之勢，無所拘忌，肆行奢淫，暴虐天下，然十四年而滅亡。」

西漢中期出現的諸侯王僭逆叛亂現象，他認爲其並不是分封制度所造成的，而是這些諸侯國太強大，「六王、七國之難作者，誠失之於強大，非諸侯治國之咎。」儘管司馬遷也認識到漢初以來諸侯叛亂現象與諸侯本身客觀發展有關，並不是分封制度所造成的，但沒有荀悅說的更爲明確。

漢武帝之後逐漸採取了郡縣制度，諸侯只有「惟衣食租稅」，不再參與政事。他認爲這並不是一種很好的選擇，「其後遂皆郡縣治民，而絕諸侯之權矣，當時之制，未必百王之法也。」〔註86〕

鑒於時代條件所限，漢代學人不可能認識到郡縣制已爲不可逆轉的趨勢〔註87〕，也不會認識到郡縣制爲漢承秦制最成功的地方。但他們關注郡縣制與分封制這一國家根本政治制度，並對其有所思考，有的已構建起了理想的體制，這不能不說是有關國家體制的重要理論貢獻。

### （二）國家職能

國家職能是國家發揮作用的具體體現，一個國家如何運用它的職能，直接關係到它的治亂盛衰。〔註88〕

---

〔註86〕以上均見《漢紀》卷五《孝惠皇帝紀》「荀悅曰」。
〔註87〕顧炎武曾羅列《左傳》、《史記》、《戰國策》、《說苑》記述的大量事例，證明春秋、戰國已逐漸普設郡縣。他說：「雖秦欲復古之制，一一而封之，亦有所不能。而謂罷侯置守之始于秦，則儒生不通古今也。」（顧炎武《日知錄》卷二二「郡縣」條。）
〔註88〕白壽彝主編：《中國通史》導論卷，上海人民出版社，1989年，第224頁。

　　早期對國家職能的論述，《尚書‧洪範》所言「八政」可謂具有代表性。所謂「八政」是指食、貨、祀、司空、司徒、司寇、賓、師，孔穎達疏解為「人主施政，教於民有八事也。」〔註89〕說得通俗點，這八政就是國家在物質生產、財政與貿易管理、宗教祭祀、居住管理、教育管理、司法管理、外交管理、軍事管理等八個方面的作用。《尚書‧洪範》還論述了國家發揮這些職能的最高原則（皇極），以及國家職能貫徹執行的三種方法（三德）。

　　《漢書‧禮樂志》載曰：「人函天地陰陽之氣，有喜怒哀樂之情。天稟其性而不能節也，聖人能為之節而不能絕也，故象天地而制禮樂，所以通神明，立人倫，正情性，節萬事者也。」這是從禮樂制度方面提出了國家職能實施的必要性與方法論。

　　特別是荀悅對國家職能作出整體性與總結性的理論思考，更是漢代有關國家職能認識的重要理論貢獻。這就是他所謂的「五政」，即「興農桑以養其生，審好惡以正其俗，宣文教以章其化，立武備以秉其威，明賞罰以統其法。是謂五政。」〔註90〕這比《尚書‧洪範》的「八政」更加凝練與簡要，也明確的多。同時，這樣的論述，「擺正了主從關係，體現了他對封建國家職能的透徹理解。」〔註91〕

　　可以說，從《洪範》簡言「八政」，到漢代荀悅概論「五政」，再到唐代杜佑集中而嚴密地論述國家職能，〔註92〕呈現了中國古代對國家職能認識的理論演進軌迹。

　　此外，兩漢史學家在著述中也對國家職能這一重要理論問題給予關注和思考，他們不僅記述了漢代國家職能實施情況，而且還作了一些評論。正如白壽彝所指出的，「《史記》的八書和《漢書》的十志，基本上講的是國家的

〔註89〕見《十三經註疏》本，中華書局，1980年。

〔註90〕《申鑒‧政體》。

〔註91〕許殿才：《中國史學史》第二卷，上海人民出版社，2006年，第281頁。

〔註92〕〔唐〕杜佑在其《通典》自序中言：「夫理道之先在乎行教化，教化之本在乎足衣食。《易》稱聚人曰財。《洪範》八政，一曰食，二曰貨。《管子》曰：『倉廩實知禮節，衣食足知榮辱。』夫子曰：『既富而教。』斯之謂矣。夫行教化在乎設職官，設職官在乎審官才，審官才在乎精選舉，制禮以端其俗，立樂以和其心，此先哲王致治之大方也。故職官設然後興禮樂焉，教化墮然後用刑罰焉，列州郡俾分領焉，置邊防遏戎狄焉。是以食貨為之首，選舉次之，職官又次之，禮又次之，樂又次之，刑又次之，州郡又次之，邊防末之。或覽之者庶知篇第之旨也。」

職能，但我們很少這樣看。八書的《禮書》、《樂書》，是講教化」；「《律書》即兵書。《禮》、《樂》和《兵》，一文一武，是治國的兩種手段。《曆書》、《天官書》、《封禪書》，有科學知識的內容，但多關於宗教性的記載，跟皇權神化有密切的聯繫。《河渠書》講興修水利，防治水害。《平準書》是講商品交換和政府在這方面的控制。這八書對於封建國家的主要職能可以說都講到了。《漢書》的十志，於續補《史記》八書外，特詳於《刑法》、《地理》和《藝文》，這也都不出於國家職能的範圍。」〔註93〕一些思想家及其論著，對此也多有闡釋，這就形成了漢代關於國家職能的豐富理論認識。

## 1、「莫不以教化為大務」

中國古代社會，禮樂教化是國家統治職能的主要內容，關係到國家根本秩序的維護。荀悅「五政」中的「審好惡以正其俗，宣文教以章其化」，就是在強調教化這一國家職能的實施。《漢書·禮樂志》載曰：「是故古之王者，莫不以教化為務。」《漢書·董仲舒傳》亦載曰：「是故南面而治天下，莫不以教化為大務。」〔註94〕這些都是有關禮樂教化這一國家職能的重要理論認識。

賈誼曾提出：「禮者，所以固國家，定社稷，使君無失其民者也。主主臣臣，禮之正也；威德在君，禮之分也；尊卑大小，彊弱有位，禮之數也。禮，天子愛天下，諸侯愛境內，大夫愛官屬，士庶各愛其家，失愛不仁，過愛不義。故禮者，所以守尊卑之經、彊弱之稱者也。」〔註95〕他強調禮維護社會秩序，明等級、別貴賤的職能。如果定經制，製禮作樂，那麼「世世常安，而後有所持循矣」〔註96〕。不僅社會安定，而且還為後世立下了國家職能得以傚法的範式。

他還從人們的行為、民事糾紛、班朝治軍、官制行法等等各個方面來論述禮的這種職能。《新書·禮》曰：「故道德仁義，非禮不成；教訓正俗，非禮不備；分爭辯訟，非禮不決；君臣、上下、父子、兄弟，非禮不定；宦學事師，非禮不親；班朝治軍，蒞官行法，非禮威嚴不行；禱祠祭祀，供給鬼神，非禮不誠不莊。是以君子恭敬、撙節、退讓以明禮。」

董仲舒對國家教化職能也有明確認識，如「凡以教化不立而萬民不正也」、

---

〔註93〕見白壽彝主編：《中國通史》導論卷，上海人民出版社，1989年，288頁。
〔註94〕《漢書》卷四八《賈誼傳》。
〔註95〕《新書·禮》。
〔註96〕《新書·俗激》。

「古之王者明於此，是故南面而治天下，莫不以教化爲大務。」〔註97〕重要的是，他從歷史演變與王朝盛衰興亡來看待禮樂教化這一國家職能的實施情況與得失。他認爲，古之聖王統治之所以昌盛，就是緣於他們實施了教化職能，「立大學以教於國，設庠序以化於邑。……教化以明，習俗以成。」。而周秦之所以失天下，就在於他們沒有很好地執行教化這一國家職能，「至周之末世，大爲亡道，以失天下。秦繼其後，獨不能改，又益甚之。……自古以來，未嘗以亂濟亂，大敗天下之民如秦者也。」漢興以後，依然沒有革除秦的這一弊端，「今漢繼秦之後，如朽木糞牆矣，雖欲善治之，亡可奈何。法出而姦生，令下而詐起。」於是他提出了更化思想，「譬之琴瑟不調，甚者必解而更張之，乃可鼓也。爲政而不行，甚者必變而更化之，乃可理也。……故漢得天下以來，常欲善治而至今不可善治者，失之於當更化而不更化也。」〔註98〕

司馬遷從更加廣闊的社會視野與歷史視野出發，自覺地總結以往歷朝歷代國家教化職能的演變過程及其得失。他認爲，禮樂教化職能關乎治亂盛衰，「天下從之者治，不從者亂；從之者安，不從者危。」〔註99〕古聖帝王設樂並不是爲了自娛，而是實施國家職能的一個重要體現，「夫上古明王舉樂者，非以娛心自樂，快意恣欲，將欲爲治也」。〔註100〕具體來說，樂可以起到移風易俗的作用，「樂者，所以移風易俗也」〔註101〕、「以補短移化，助流政教。」〔註102〕

司馬遷在探討國家教化這一統治職能時，往往從現實政治出發而得出禮樂的眞正意義。這一點，徐復觀作了很好的說明：「《史記》的《禮書》，是針對秦漢以權勢統治人民，而提出禮治的眞正意義的。《樂書》是針對漢初，尤其是針對武帝時由皇帝的荒淫，大臣不能盡責，而提出樂是以『歌詠勞苦』及『損減』爲教的。這都是由深入於現實政治之中，以發現禮樂的眞正意義。」〔註103〕

成帝時劉向進一步強調禮樂制度建設的重要性，「宜興辟雍，設庠序，陳禮樂，隆雅頌之聲，盛揖攘之容，以風化天下。如此而不治者，未之有也。」

---

〔註97〕 《漢書》卷五六《董仲舒傳》。
〔註98〕 以上均見《漢書》卷五六《董仲舒傳》。
〔註99〕 《史記》卷二三《禮書》後論。
〔註100〕 《史記》卷二四《樂書》後論。
〔註101〕 《史記》卷一三〇《太史公自序》。
〔註102〕 《史記》卷二四《樂書》序。
〔註103〕 徐復觀：《兩漢思想史》第三卷，華東師範大學出版社，2001年，第306頁。

他痛斥漢初以來仍沒有重視禮樂這一國家根本制度建設，「夫承千歲之衰周，繼暴秦之餘敝，民漸漬惡俗，貪饕險詖，不閑義理，不示以大化，而獨毆以刑罰，終已不改。」〔註104〕

班固更是集中而全面地論述了禮樂制度建設的重要性與必要性。《漢書・禮樂志》開篇即言：「《六經》之道同歸，而《禮》、《樂》之用爲急。治身者斯須忘禮，則暴嫚入之矣；爲國者一朝失禮，則荒亂及之矣。」教化職能的執行如何，直接影響到社會治亂與國家盛衰。通過詳載賈誼、董仲舒、王吉、劉向等人關於禮樂制度建設的主張與建議，他強調漢代的禮樂不足以稱禮樂，作爲國家統治職能中的禮樂制度建設，漢初以來直至東漢光武、明帝時期，並未很好地完成，「今大漢繼周，久曠大儀，未有立禮成樂，此賈誼、仲舒、王吉、劉向之徒所爲發憤而增歎也。」〔註105〕

他積極呼籲當朝統治者應該重視並改變以往「漢代禮樂，不足以稱禮樂」的局面，來維護大一統社會秩序。《漢書・禮樂志》載曰：「今海內更始，民人歸本，戶口歲息，平其刑辟，牧以賢良，至於家給，既庶且富，則須庠序、禮樂之教化矣。今幸有前聖遺制之威儀，誠可法象而補備之，經紀可因緣而存著也。孔子曰：『殷因於夏禮，所損益，可知也；周因於殷禮，所損益，可知也；其或繼周者，雖百世可知也。』」他也給出了統治者實施禮樂教化這一國家職能的應對法則，「王者必因前王之禮，順時施宜，有所損益，即民之心，稍稍制作，至太平而大備。」

與司馬遷一樣，班固仍是從現實政治中尋找更好、更合理的實施國家統治職能的途徑與方式，只不過二人在論證形式上發生了一些變化。正如學者指出：「禮樂的意義，由戰國中期以後，一直到西漢諸大儒，多有所闡述。在儒家思想中，遂佔有重要的地位。班氏在此種背景下寫《禮樂志》，他的態度謹嚴深穩，其用心，其觀點，與史公並無不同；而在體制上，《史記》的《禮書》、《樂書》，有點象一支悍銳的奇兵；而《漢書》的《禮樂志》，則有堂堂正正，法度森嚴的大軍氣象，這應當算是《漢書》中的一篇大文章。」〔註106〕

由班固等整理的《白虎通義》，把教化作爲執政中心，論述相當充分。它在闡述三統說時講到，「王者設三教何？承衰救弊，欲民反正道也。……教者，

---

〔註104〕《漢書》卷二二《禮樂志》。
〔註105〕以上均見《漢書》卷二二《禮樂志》。
〔註106〕徐復觀：《兩漢思想史》第三卷，華東師範大學出版社，2001年，第306頁。

何謂也？教者，效也。上爲之，下效之。民有質樸，不教不成。故《孝經》曰：『先王見教之可以化民。』」〔註107〕教化的中心內容就是倫理道德，「禮樂者，何謂也？禮之爲言履也，可踐履而行。樂者，樂也，君子樂得其道，小人樂得其欲。王者所以盛禮樂何？節文之喜怒。樂以象天，禮以法地。人無不含天地之氣，有五常之性者。故樂所以蕩滌，反其邪惡也。禮所以防淫佚，節其侈靡也。……夫禮者，陰陽之際也，百事之會也，所以尊天地，儐鬼神，序上下，正人道也。」〔註108〕禮儀制度是外在的行爲規範，倫理觀念則是內在的制約機制，禮樂通過行爲規範強化等級制度，倫理觀念則要把這套規範化爲人們的自覺行動，作爲天經地義的遵奉原則，這就是封建教化的本質。

### 2、禁暴討亂

刑罰軍隊是國家機器在國家職能中的集中體現。漢代學人對刑罰的認識，主要有兩個方面：一是他們對刑法這一統治職能的必要性作出了明確說明；二是他們在一定程度上闡釋了禮樂與刑法這兩種統治職能的主次關係問題。

司馬遷認識到，禮樂刑罰都是統一國家執行的重要政治職能，「人道經緯萬端，規矩無所不貫，誘進以仁義，束縛以刑罰，故德厚者位尊，祿重者寵榮，所以總一海內而整齊萬民也。」〔註109〕具體而言，「法令所以導民也，刑罰所以禁姦也。」〔註110〕這就把刑法這一統治職能的內涵作了明確說明，即導民與禁姦，這與漢代人們所認識的國家本質是一致的。

鹽鐵會議上，大夫認爲應該實行法治，「令者所以教民也，法者所以督姦也。令嚴而民慎，法設而姦禁。」〔註111〕御史也認爲，「夫善爲政者，弊則補之，決則塞之」、「明理正法」。〔註112〕御史還提出：「明君據法，故能長制羣下，而久守其國也。」〔註113〕

劉向還指出了禮樂教化與刑罰的關係，「且教化，所恃以爲治也，刑法所以助治也。今廢所恃而獨立其所助，非所以致太平也。」〔註114〕

---

〔註107〕《白虎通・三教》。
〔註108〕《白虎通・禮樂》。
〔註109〕《史記》卷二三《禮書》序。
〔註110〕《史記》卷一一九《循吏列傳》序。
〔註111〕《鹽鐵論・刑德》。
〔註112〕《鹽鐵論・申韓》。
〔註113〕《鹽鐵論・詔聖》。
〔註114〕《漢書》卷二二《禮樂志》。

　　班固特立《刑法志》來論述這一統治職能問題。他認識到，「愛待敬而不敗，德須威而久立，故制禮以崇敬，作刑以明威也。」他提出「因天討而作五刑」與「大刑用甲兵」的刑法觀，這是對刑法這一統治職能的強調。〔註115〕《白虎通・五刑篇》也曰：「聖人治天下，必有刑罰何？所以佐德助治順天之度也。故懸爵賞者，示有所勸也。設刑罰者，明有所懼也。傳曰：『三皇無文，五帝畫象，三王明刑，應世以五。』」

　　王符則從國家本質和東漢王朝的社會現實出發，對國家職能作了思考，提出了自己的看法。

　　東漢後期，朝政混亂，豪強專橫，外戚、宦官問題嚴重，這些對大一統中央集權，是一個威脅。王符作爲一位社會批判者，對這種社會弊端進行了揭露與批判。他認爲，法令是皇帝的命令，代表了皇帝的意志，是帝王統治國家的重要職能，強調刑罰職能的必要性與重要性。《潛夫論・衰制》載：「夫法令者，君之所以用其國也。」又《潛夫論・三式》：「法令賞罰者，誠治亂之樞機也，不可不嚴行也。」《潛夫論・斷訟》言：「乃欲絕詐欺之端，必國家之法，防禍亂之原，以利民也。」王符的這一「法制」思想，「雖然有鎮壓人民的一面，但他對『德化』的批判，要求打擊外戚、宦官，豪強地主腐朽反動勢力，加強中央集權，防止國家分裂，在當時無疑是進步的。」〔註116〕

　　在古代中國中央集權君主制社會，軍隊是國家機器的重要體現，執行國家統治職能。《淮南子・兵略訓》載曰：「古之用兵者，非利土壤之廣而貪金玉之略，將以存亡繼絕，平天下之亂，而除萬民之害也。……兵有三詆：治國家，理境內，行仁義，布德惠，立正法，塞邪隧，群臣親附，百姓和輯，上下一心，君臣同力，諸侯服其威而四方懷其德。」這指出了軍隊執行國家統治職能的三個表現，以及所發揮的職能效應。作者認爲，國家建立軍隊，就是爲了治國、保衛國家與維護社會穩定，使得四方懷德而歸心。

　　鹽鐵會議上，桑弘羊認爲，「兵革者國之用，城壘者國之固也；而欲罷之，是去表見裏，示匈奴心腹也。」〔註117〕這是基於漢匈關係而提出來的認識。大夫們從三代以來的歷史中總結出：「自古明王不能無征伐而服不義，不能無

〔註115〕《漢書》卷二三《刑法志》。
〔註116〕王步貴：《試論王符的進步社會歷史觀》，《甘肅社會科學》1984 年第 6 期。
〔註117〕《鹽鐵論・和親》。

城壘而禦強暴也。」因此,「守禦征伐,所由來久矣。」〔註118〕

《白虎通・三軍》亦曰:「國必三軍何?所以戒非常,伐無道,尊宗廟,重社稷,安不忘危也。」這是說,國家建立三軍,是爲了戒備社會非常問題的出現,討伐無道,維護國家安全與社會穩定,也是君主安不忘危的自覺意識之體現。該書對軍隊建制以及各種誅伐作了較爲詳盡的論述,並提出國家進行誅伐,是統治職能的重要體現。《白虎通・誅伐》曰:「誅不避親戚何?所以尊君卑臣,強幹弱枝,明善善惡惡之義也。……諸侯之義,非天子之命,不得動衆起兵誅不義者,所以強幹弱枝,尊天子,卑諸侯也。……佞人當誅何?爲其亂善行,傾覆國政。……誅者何謂也?誅猶責也。誅其人,責其罪,極其過惡。……伐者何謂也?伐者,擊也。欲言伐擊之也。……征者何謂也?征猶正也。欲言其正也。輕重從辭也。」儘管這有《春秋》經學大義的影子,但顯示出人們對討亂安國這一統治職能的重視。

思想家王符也認爲,自古以來,兵不可去,它是發揮國家統治職能的重要手段。《潛夫論・邊議》曰:「《易》制禦寇,《詩》美薄伐,自古有戰,非乃今也。《傳》曰:『天生五材,民並用之,廢一不可,誰能去兵?兵所以威不軌而昭文德也,聖人所以興,亂人所以廢。」《潛夫論・實邊》也載:「夫制國者,必照察遠近之情僞,預禍福之所從來,乃能盡群臣之筋力,而保興其邦家。……先聖制法,亦務實邊,蓋以安中國也。」

### 3、思想文化統治

雖然漢代在禮樂刑法這一國家制度建設上做得不是很好,但在思想文化統治職能方面,相對而言是成功的。這也是漢代大一統秩序的鞏固與盛世的出現,在思想意識控制方面的反映。國家採取什麼樣的思想文化政策進行統治,對其盛衰興亡至關重要。這是漢代學人從秦亡的歷史教訓中總結出來的認識。他們「過秦」的一項重要內容,就是「過」秦採取極端而專制的思想文化統治政策。

兩漢史學家對三代以來國家實行的思想統治職能做了歷史性考察,對其得失作了一定評述。《史記・儒林列傳》與《漢書・儒林傳》是對這一問題之集中表述。司馬遷主要記載了周室衰微至武帝時期的國家思想文化政策的演變狀況,而班固則在司馬遷的基礎上作了補充,清晰地勾勒出西周以來直至西漢末年思想職能演變過程,特別是對西漢一代作了重點敍述。

---

〔註118〕《鹽鐵論・繇役》。

　　他們都對秦始皇所實施的思想文化專制政策提出了批評，把「秦禁其業」都看作秦亡的一個因素。《史記・儒林列傳》曰：「及至秦之季世，焚《詩》《書》，阬術士，《六藝》從此缺焉。陳涉之王也，魯諸儒持孔氏之禮器往歸陳王，於是孔甲爲涉博士，卒與涉俱死。」《漢書・儒林傳》載：「及至秦始皇兼天下，燔《詩》、《書》，殺術士，六學從此缺矣。」這就把國家思想文化統治職能與盛衰興亡的關係，說的很明白。

　　而對西漢初年皇朝統治者對思想文化的態度與相關政策，他們給予了肯定，甚至是贊頌。武帝之前，漢皇朝統治者採取與民休息的黃老思想爲其執政之指導思想，對思想文化的控制相對寬鬆，也多少爲儒學復興提供了一些條件，〔註119〕如「除挾書律」。這樣，「漢興，然後諸儒始得脩其經藝，講習大射鄉飲之禮」。這時還沒有把思想統治職能完全納入到國家行政事務中加以重視，「然尚有干戈，平定四海，亦未暇遑庠序之事也。孝惠、高后時，公卿皆武力有功之臣。孝文時頗徵用，然孝文帝本好刑名之言。及至孝景，不任儒者，而竇太后又好黃、老之術，故諸博士具官待問，未有進者。」〔註120〕武帝時期，才開始了重大轉變。

　　漢武帝大舉啓用儒生，「黜黃老、刑名百家之言，延文學儒者數百人」，形成「天下之學士靡然鄉風矣」的文化盛世之景象，這與統治者執行思想文化統治職能是分不開的。接著，公孫弘與太常孔臧等人上疏提出「爲博士官置弟子五十人，復其身」等主張，這個奏疏得到了武帝的批准。實施後，「公卿大夫士吏彬彬多文學之士矣」。〔註121〕所以說，「這是一個改變漢政權文化走向和政府人員構成的帶有根本性的政策，實發『罷黜百家，獨尊儒術』之嚆矢」。〔註122〕隨後，董仲舒提出了「罷黜百家，獨尊儒術」的大一統思想。他說：「《春秋》大一統者，天地之常經，古今之通誼也。今師異道，人異論，百家殊方，指意不同，是以上亡以持一統；法制數變，下不知所守。臣愚以

---

〔註119〕實際上，這一時期的統治者在文化職能上還是作了一些努力的：此時設置了研習經術的博士官，文帝時傳《魯詩》的申公、傳《韓詩》的韓嬰、傳《尚書》的伏生弟子歐陽生被任爲博士，景帝時傳《齊詩》的轅固生、傳《春秋》的董仲舒和胡毋生都曾爲博士。帝王尊禮經生之事也時有所聞：漢文帝求能治《尚書》者，聞伏生之名，時伏生年九十餘，已無法行動，文帝下詔命太常掌故晁錯前往受其說。（參見《史記・儒林列傳》）

〔註120〕《史記》卷一二一《儒林列傳》。

〔註121〕《漢書》卷八八《儒林傳》。

〔註122〕許殿才主編：《中國文化通史》秦漢卷，中央黨校出版社，2000 年，第 100 頁。

爲諸不在六藝之科孔子之術者，皆絕其道，勿使並進。邪辟之說滅息，然後統紀可一而法度可明，民知所從矣。」〔註123〕

班固對武帝這一思想統治職能的實施，作了很高的評價：「漢承百王之弊，高祖撥亂反正，文、景務在養民，至於稽古禮文之事，猶多闕焉。孝武初立，卓然罷黜百家，表章《六經》。遂疇咨海內，舉其俊茂，與之立功。興太學，修郊祀，改正朔，定曆數，協音律，作詩樂，建封禪，禮百神，紹周後，號令文章，煥焉可述。後嗣得遵洪業，而有三代之風。」〔註124〕同時，他也對這種職能實施的弊端作了揭示，「自武帝立《五經》博士，開弟子員，設科射策，勸以官祿，訖於元始，百有餘年，傳業者浸盛，支葉蕃滋，一經說至百餘萬言，大師衆至千餘人，蓋祿利之路然也。」〔註125〕

可以說，這一職能的實施，爲漢代經學走向輝煌，奠定了堅實的基礎，同時也爲其埋下了衰落的因素。顧頡剛從另一方面對此弊端作了分析：「從此以後，博士始專向儒家和經學方面走去，把始皇時的博士之業『《詩》、《書》』和『百家之言』分開了。這是一個急劇的轉變，使得此後博士的執掌不爲『通古今』而爲『作經師』。換句話說，學術的道路從此限定只有經學一條了。這比之始皇的以高壓手段統一思想還要厲害。二千餘年來沒有生氣的學術思想就在這時行了奠基禮。」〔註126〕這不也正說明了武帝對國家思想統治職能的重視與實施力度，以及對其自身而言的成功之處。

班固對國家職能考察也要「通古今」，他對武帝之後的國家思想統治職能執行過程作了記載，特別是對宣帝時期所召開的經學會議之記述，更突出班固對國家思想統治職能在國家政策中的位置與作用的認識。

漢宣帝甘露三年，舉行石渠閣會議，「詔諸儒講《五經》同異，太子太傅蕭望之等平奏其議，上親稱制臨決焉。」〔註127〕《漢書・儒林傳》對此作了詳細記載。這次會議開創了皇帝親自對經義異同作出裁決的先例〔註128〕，也是國家統治職能實施尤爲突出的體現之一。

兩漢時期帝王經常下詔舉賢良文學這一做法，也是其執行國家思想統治

〔註123〕《漢書》卷五六《董仲舒傳》。
〔註124〕《漢書》卷六《武帝紀》贊。
〔註125〕《漢書》卷八八《儒林傳》贊。
〔註126〕顧頡剛：《秦漢的方士與儒生》，上海古籍出版社，1978年新1版，第64頁。
〔註127〕《漢書》卷八《宣帝紀》。
〔註128〕白壽彝主編：《中國史學史教本》，北京師範大學出版社，2000年，第37頁。

職能的體現。班固對此作了記載，如漢高祖下《求賢詔》、漢文帝下《策賢良文學詔》與《求言詔》〔註129〕。武帝時期，這一做法更爲常見，如元光元年《策賢良制》、元光五年《策賢良制》、元光元年《詔賢良》、元朔五年《勸學詔》、元封五年《求賢詔》〔註130〕等，董仲舒、公孫弘都是由此而嶄露頭角的。昭帝於始元五年六月下《舉賢良文學詔》〔註131〕，成帝於建始三年十二月下《舉賢良方正詔》〔註132〕、建始四年《白虎殿策方正直言》〔註133〕等等。這些詔書，其內容主要是求賢、納諫。一方面，這是統治者進行思想文化統治的表現，另一方面這對推動文化建設，也有一定積極意義。

### 4、經濟職能

恩格斯指出：「一切政治權力起先都是以某種經濟的、社會的職能爲基礎的。」〔註134〕這就是說，國家職能除了統治職能以外，還包括經濟職能與社會職能。這對認識漢代學人關於國家社會調節的管理職能，有重要的指導意義。

漢代學人依然把經濟職能看作國家職能中的首要職能，他們對此有很深的認識。縱觀司馬遷對國家經濟職能的認識，主要表現爲：通過自己對經濟之自然法則的理解，對漢初以來，主要是武帝時期國家職能實施情況作了記述與評析。

在《史記‧貨殖列傳》中，司馬遷集中闡釋了他對經濟法則的認識。這七百多字的論述，主要表達了這麼幾個方面：一是，他認識到遵循各地自然風俗是經濟政策選擇的一個重要參考因素，「俗之漸民久矣，雖戶說以眇論，終不能化」。各地物產有其自身特點，「皆中國人民所喜好，謠俗被服飲食奉生送死之具也。」因此，要「待農而食之，虞而出之，工而成之，商而通之」，然後「人各任其能，竭其力，以得所欲」。這些都是一種自然法則，「豈非道之所符，而自然之驗邪？」二是，他對物質生產與交流的重要性作了深入分析。他認爲，農工商虞乃「民所衣食之原也」，且「原大則饒，原小則鮮。上

---

〔註129〕分別見《漢書》卷一《高帝紀下》、《漢書》卷四九《晁錯傳》、《漢書》卷四《文帝紀》。

〔註130〕分別見《漢書》卷五六《董仲舒傳》、《漢書》卷五八《公孫弘傳》、《漢書》卷六《武帝紀》。

〔註131〕《漢書》卷七《昭帝紀》。

〔註132〕《漢書》卷十《成帝紀》。

〔註133〕《漢書》卷六○《杜周傳》附《杜欽傳》。

〔註134〕《馬克思恩格斯選集》第三卷，北京：人民出版社，1995年，第526頁。

則富國，下則富家」。關鍵在於人們如何順應經濟的自然法則，「貧富之道，莫之奪予，而巧者有餘，拙者不足。」三是，他從人性角度出發來論證追求財富乃合情合理之事。他說：「富者，人之情性，所不學而俱欲者也。」但他強調「本富爲上，末富次之，姦富最下」的道理。如對陶朱公「富好行其德」大加稱讚，「故言富者皆稱陶朱公」。四是，他認爲經濟變動會引起文化禮儀之變化，「故曰：『倉廩實而知禮節，衣食足而知榮辱。』」同時提出物質財富決定人們的政治地位與社會身份這一思想，「凡編戶之民，富相什則卑下之，伯則畏憚之，千則役，萬則僕，物之理也。」他進一步認識到物質變動對歷史盛衰有著重要作用，如對越王句踐時計然的經濟政策，評論爲「治國之道也」，並把它看作越王稱霸的重要條件，「修之十年，國富，厚賂戰士，士赴矢石，如渴得飲，遂報彊吳，觀兵中國，稱號『五霸』」。最後，他總結爲：「故善者因之，其次利道之，其次教誨之，其次整齊之，最下者與之爭。」〔註135〕可以說，這個論斷「講明瞭國家經濟職能的意義和實施原則」。〔註136〕

司馬遷在《平準書》中依據自己對經濟法則的認識，遂展開對漢初以來，特別是武帝時期國家在經濟職能方面執行得失的評論。通過對武帝時期職能演變過程的考察，他進一步明確了經濟變動與政治變化、軍事變化之間的內在聯繫，這是司馬遷歷史記述的成功所在。從「漢興七十餘年之間，國家無事，非遇水旱之災，民則人給家足，都鄙廩庾皆滿，而府庫餘貨財」到「網疏而民富，役財驕溢，或至兼併豪黨之徒，以武斷於鄉曲。宗室有土公卿大夫以下，爭於奢侈，室廬輿服僭于上，無限度」，表現出經濟變動，也是他「見盛觀衰」方法的集中體現。而「興利之臣自此始也……吏道雜而多端，則官職耗廢……黎民重困」，則是經濟變動引起其他方面的變化。由此，他得出「物盛而衰，故其變也」與「是以物盛則衰，時極而轉，一質一文，終始之變也」這一經濟變動之總原則。他也分析了這一變動的原因，即「時勢之流，相激使然」。因此，他認爲要「安寧則長庠序，先本絀末，以禮義防于利」。他對古代一些好的做法加以贊頌，「《禹貢》九州，各因其土地所宜，人民所多少而納職焉。湯、武承弊易變，使民不倦，各兢兢所以爲治，而稍陵遲衰微。齊桓公用管仲之謀，通輕重之權，徼山海之業，以朝諸侯，用區區之齊顯成

〔註135〕以上均見《史記》卷一二九《貨殖列傳》。
〔註136〕許殿才：《中國古代國家的經濟職能》，見《歷史科學與理論建設》，北京師範大學出版社，1999年，第130頁。

霸名。魏用李克，盡地力，爲彊君。」〔註137〕

班固對國家經濟職能作了進一步認識，「歸納整理了歷代有關國家經濟職能的典型論述，談出古代很系統的國家經濟職能論。其中既講到國家經濟職能的地位意義，也講到其要害與範圍，既有歷史考察，又有理論論述。」〔註138〕《漢書·食貨志》集中表達了他的這一看法。

第一，他明確認識到國家經濟職能的重要性與意義。他說：「財者，帝王所以聚人守位，養成羣生，奉順天德，治國安民之本也。」可以說，這是中國古代國家實施經濟職能的論綱。他認爲，食與貨乃「生民之本」，「黃帝以下『通其變，使民不倦』。堯命四子以『敬授民時』，舜命后稷以『黎民祖飢』，是爲政首。」他又指出，經濟職能是教化職能的前提和基礎，「食足貨通，然後國實民富，而教化成。」因此，「要在安民，富而教之。」

第二，他對經濟職能的具體內涵作了闡釋。他強調土地制度實施的根本性，「理民之道，地著爲本。」借載賈誼上疏來批駁「背本趨末」的做法，載晁錯上書來強調「欲民務農」的重要性；記董仲舒上書言限民占田的建議而再次強調「以農爲本」的必要性；敍述宣帝採納大司農丞耿壽昌的「常平倉」之建議，而拋棄御史大夫蕭望之「夫陰陽之感，物類相應，萬事盡然」的天人感應主張；記述元帝時期「鹽鐵官」的罷與復。這些都反映了漢代統治者對國家經濟職能的一種摸索過程。

第三，他繼承了司馬遷「物盛而衰，固其變也」的經濟變動認識，批駁了王莽等人違背這一經濟變理的做法，「又動欲慕古，不度時宜。」他對西漢一代國家職能實施作了歷史性評價，「故管氏之輕重，李悝之平糴，弘羊均輸，壽昌常平，亦有從徠。顧古爲之有數，吏良而令行，故民賴其利，萬國作乂。及孝武時，國用饒給，而民不益賦，其次也。至于王莽，制度失中，姦軌弄權，官民俱竭，亡次矣。」〔註139〕這是運用歷史與邏輯方法對經濟變革進行了分析，揭示出經濟改革在國家盛衰過程中的層次性。

第四，與司馬遷不同的是，在執行經濟職能時，班固強調整個社會制度的秩序性與等級性。這在《漢書·貨殖傳》中有突出體現。

---

〔註137〕以上均見《史記》卷三〇《平準書》。

〔註138〕許殿才：《中國古代國家的經濟職能》，《歷史科學與理論建設》，北京師範大學出版社，1999年，第131頁。

〔註139〕以上均見《漢書》卷二四《食貨志》。

他認爲先王之制，「各有差品，小不得僭大，賤不得踰貴。」這樣，「上下序而民志定。」然後按照各地風俗與物產特點來進行經濟管理，「於是辯其土地川澤丘陵衍沃原隰之宜，教民種樹畜養」；並遵循經濟之自然法則，「育之以時，而用之有節。」他還強調農工商虞不得相通，各自保持自身的獨立而不彼此相連，「《管子》云古之四民不得雜處。士相與言仁誼於閒宴，工相與議技巧於官府，商相與語財利於市井，農相與謀稼穡於田壄，朝夕從事，不見異物而遷焉」。這與司馬遷所言「農工商交易之路通」是不同的。

班固認爲，這樣才可維持穩定的社會秩序，鞏固國家統治。他說：

> 故其父兄之教不肅而成，子弟之學不勞而能，各安其居而樂其業，甘其食而美其服，雖見奇麗紛華，非其所習，辟猶戎翟之與於越，不相入矣。是以欲寡而事節，財足而不爭。於是在民上者，道之以德，齊之以禮，故民有恥而且敬，貴誼而賤利。此三代之所以直道而行，不嚴而治之大略也。〔註140〕

他對一些諸如「秦楊以田農而甲一州，翁伯以販脂而傾縣邑」這種違背根本秩序的經濟現象，視其爲「皆越法矣」。不過，他又不得不承認他們也是遵循經濟法則而富起來的，「然常循守事業，積累贏利，漸有所起」。〔註141〕這是班固在經濟現象評價上的矛盾，實際上這種矛盾是與他對經濟秩序與社會根本政治秩序關係的理解有關。社會等級秩序則是他所堅持的國家根本社會制度，是不可逾越的。同時他也認識到，經濟有其自身法則。這樣的矛盾必然使得他作出那樣的評論。這一點，司馬遷却表現出更近理性而思辨的特點。

中國古代是以農業與家庭手工業相結合的自給自足的自然經濟爲基礎，重農是中國古代經濟職能的一個傳統，「以農爲本」向來都是官民較爲一致的說法。恩格斯曾說：「農業是整個古代世界的決定性的生產部門。」〔註142〕中國古代同樣屬於這一情景。正因爲農業直接關乎到人們的溫飽和國家的安危，因此歷代政府都把農業作爲頭等大事來抓。有政府積極倡導歸農務本，〔註143〕也

---

〔註140〕《漢書》卷九一《貨殖傳》。

〔註141〕《漢書》卷九一《貨殖傳》。

〔註142〕恩格斯《家庭、私有制和國家的起源》，見《馬克思恩格斯選集》第一卷，人民出版社，1995年版，第149頁。

〔註143〕漢文帝於二年（西元前178年）下《開藉田詔》，曰：「夫農，天下之本也。其開藉田，朕親率耕，以給宗廟粢盛。」（《漢書・文帝紀》）此後又曾三次下《勸農詔》（二年九月、十二年三月、十三年六月）和一次下《耕桑詔》（十三年二月），指出：「農，天下之大本也，民所恃以生也，而民或不務本而事末，故生

有諸多大臣上疏言務民於農桑。〔註144〕而對於手工業生產，政府大都不予過多
干預。但對於一些影響社會經濟發展的有利可圖的手工業，政府還是管理比較
嚴格。武帝時期所出現的鹽鐵官營就是一個突出體現。如何看待與把握這種經
濟管理職能？對此，昭帝時專門組織士人進行辯論，即所謂的「鹽鐵會議」。宣
帝時期，經桓譚整理，成《鹽鐵論》一書。

　　武帝時期，因大興功業，導致國家用度不足，便實行了國家對鹽鐵的專營
專賣政策，即對於鹽鐵等重要日常必需品的生產、經營，出現了政府直接加以
壟斷的現象，「至於用度不足，乃榷酒酤，筦鹽鐵，鑄白金，造皮幣，算至車船，
租及六畜。民力屈，財用竭。」〔註145〕雖然這一國家職能的推行，收到了暫時
緩解經濟壓力的效果，但這種表現與文帝以來「有不便，輒弛以利民」〔註146〕
相背道而馳。同時出現了新的社會問題，中央政府與地方豪強的矛盾加大，地
方豪強又把賦稅駕馭百姓頭上，這對社會的穩定形成了潛在威脅。故武帝晚年
下輪臺罪己詔，「深陳既往之悔」，宣佈「當今務在禁苛暴，止擅賦，力本農，
修馬復令，以補缺，毋乏武備而已」，以及「封丞相車千秋爲富民侯，以明休息，
思富養民也。」〔註147〕這些措施實行不久，武帝就去世了。昭帝年幼即位，大
臣霍光輔政，面對武帝留下的國庫空虛、百姓貧窮的殘破景象，如何調整政策，
更好地執行國家經濟職能，使得國家盛世不衰與社會安定，這成爲當時亟需解

不遂。朕憂其然，故今茲親率群臣農以勸之。其賜天下民今年田租之半。」（《漢
書・文帝紀》）漢景帝也於後三年正月（西元前141年）下《勸農桑詔》，曰：「農，
天下之本也。……其令郡國務勸農桑，益種樹」，另外他於後二年夏四月下《令
二千石修職詔》中也曾提到：「農事傷則飢之本也，女紅害則寒之原也。夫飢寒
並至，而能亡爲非者寡矣。朕親耕，后親桑，以奉宗廟粢盛祭服，爲天下先。
不受獻，減太官，省徭賦，欲天下務農蠶，素有蓄積，以備災害。」（《漢書・
景帝紀》）漢武帝在他一生的最後也曾下《力農詔》，曰：「方今之務，在於力農」
（《漢書・食貨志》）。之後，各帝王始終重視農業這個職能的執行，雖然比之武
帝之前程度大大減輕，但仍時有下詔勸農耕桑，如昭帝的《免田租詔》（《漢書・
昭帝紀》）、元帝的《禁妨農詔》（《漢書・元帝紀》）、成帝的《勸農詔》（《漢書・
成帝紀》）等等。爲了保證農業生產秩序，漢代設有大量的農官，進行督察。平
帝時，「置大司農部丞十三人，人部一州，以勸農桑。」（《漢書・平帝紀》）成
帝時，曾「令二千石勉勸農桑，出入阡陌，致勞來之。」（《漢書・成帝紀》）

〔註144〕如賈誼上《說積貯》（《漢書・食貨志上》）、晁錯上《令民入粟受爵》、《復奏
勿收農民租》等（《漢書・食貨志》）、董仲舒上《說武帝使關中民種麥》、《又
言限民占田》（《漢書・食貨志》）等等。

〔註145〕《漢書》卷九六下《西域傳下》贊。

〔註146〕《漢書》卷四《文帝紀》贊。

〔註147〕《漢書》卷九六下《西域傳下》。

決的理論問題和現實問題。鹽鐵會議就是在這樣的形式下召開的。

鹽鐵會議上，雙方討論的主要內容就是國家職能問題。班固對此給予了明確說明：

> 所謂鹽鐵議者，起始元中，徵文學賢良問以治亂，皆對願罷郡國鹽鐵酒榷均輸，務本抑末，毋與天下爭利，然後教化可興。御史大夫弘羊以爲此乃所以安邊竟，制四夷，國家大業，不可廢也。當時相詰難，頗有其議文。〔註148〕

以賢良、文學爲代表的一方，主張罷鹽鐵官營，取消國家實施經濟壟斷的職能；而以御史大夫、丞相爲代表的另一方，則提出了針鋒相對的意見。雙方雖然「意指殊路，各有所出，或上仁義，或務權利」〔註149〕，但他們都是爲了國家職能走向問題而進行爭辨的，圍繞這個核心問題，引發出對國家一系列施政方針原則的討論，重點又是圍繞經濟職能而展開的。這無論對昭宣中興，還是對後世國家職能建設，都有重要的意義與影響。明代學者都穆對《鹽鐵論》作了高度評價：「而其究治亂，抑貨利，以裨國家之政者，蓋不但可行之當時，而又可施之後世。」崇禎刻本《鹽鐵論·自序》也曰：「其論覈，可以施之天下國家，非空言也。」〔註150〕這是有道理的。

關於國家經濟職能問題，雙方爭論點主要是本末問題。商業活動一般被人們視爲末業，有時對於民間商人及商業活動，政府還會採取政治上歧視、行爲上限制、經濟上掠奪等方式加以抑制。如漢武帝採用算緡、告緡的辦法從商人手中榨取大量財富，結果「得民財物以億計，奴婢以千萬數，田大縣數百頃，小縣百餘頃，宅亦如之。於是商賈中家以上大氐破。」〔註151〕可以說，重農抑商歷來都是中國古代統治者宣傳的經濟思想。但在一些特殊時期，對此老問題却產生了不同看法。

他們各自提出了對鹽鐵官營的認識與主張。文學指出，「願罷鹽、鐵、酒榷、均輸，所以進本退末，廣利農業，便也。」如果不罷，則示民以利，這樣就不能達到興教化、移風俗，是一種本末倒置，這是不可以的。國家有優越的地理條件和各種資源而民却貧困，原因就是違背了重農抑商的根本治國原則，與民

---

〔註148〕《漢書》卷六六《公孫劉田王楊蔡陳鄭傳》贊。
〔註149〕《鹽鐵論·雜論》。
〔註150〕均轉引自王利器《鹽鐵論校注》附錄四。
〔註151〕《漢書》卷二四下《食貨志下》。

爭利。大夫則指出，「罷之，不便也。」因爲，它可以「佐助邊費」，這與他們主張征戰是一致的。而且農商兼顧是古代治國之道，「古之立國家者，開本末之途，通有無之用，市朝以一其求，致士民，聚萬貨，農商工師各得所欲，交易而退。《易》曰：『通其變，使民不倦。』故工不出，則農用乏，商不出，則寶貨絕。……故鹽、鐵、均輸，所以通委財，而調緩急。罷之，不便也。」〔註152〕

元帝即位，「在位諸儒多言鹽鐵官及北假田官、常平倉可罷，毋與民爭利。上從其議，皆罷之。又罷建章、甘泉宮衛，角抵，齊三服官，省禁苑以予貧民，減諸侯王廟衛卒半。又減關中卒五百人，轉穀振貸窮乏。其後用度不足，獨復鹽鐵官。」〔註153〕可見，「這種性質的國家經濟管理，實際上屬於與民爭利行爲。它便於滿足國家的直接經濟需要，對於生產的發展是否有促進作用，是很難說情的。」〔註154〕

不過，這至少表現了他們對國家經濟職能的努力思考，也對我們認識中國古代國家經濟職能有參考意義。同時，這也說明司馬遷、班固的認識是高明的。他們強調「食足貨通，然後國實民富，而教化成」，國家執行其經濟職能的前提是要「通其變，使民不倦」，要善因而導之，要遵循「物盛而衰，固其變也」這個社會經濟變化之理，這樣才能更好地規範國家經濟職能，更合理地實施國家經濟職能。

### 5、社會職能

馬克思曾言：「在東方，由於文明程度太低，幅員太大，不能產生自願的聯合，所以就迫切需要中央集權政府來干預。因此亞洲的一切政府都不能不執行一種經濟職能，即舉辦公共工程的職能。」〔註155〕這把國家舉辦公共工程職能所產生的根源，作了深刻分析。這說明國家在社會公共事務管理方面，發揮著重要作用。

中國古代先民很早就開始執行國家社會職能，「中國最先執行社會職能的國家是夏、商、周。」〔註156〕而秦漢以來所開創的大一統國家，更是重視與

---

〔註152〕以上均見《鹽鐵論‧本議》。
〔註153〕《漢書》卷二四下《食貨志下》。
〔註154〕許殿才：《中國古代國家的經濟職能》，《歷史科學與理論建設》，北京師範大學出版社，1999年，第134頁。
〔註155〕馬克思：《不列顛在印度的統治》，見《馬克思恩格斯選集》第一卷，人民出版社，1995年版，第762頁。
〔註156〕白壽彝：《中國通史》導論卷，上海人民出版社，1989年，第224頁。

實施社會職能。對此，諸多思想家與史學家作了記述與思考，提出了一些較爲重要的理論認識。

大型農田水利交通工程等的修建就是政府的一項重要社會職能，中國古代國家在這方面發揮了重大作用。司馬遷在《河渠書》中記述了大禹以來國家在治河這一社會職能方面的演變過程及其得失，發出「甚哉，水之爲利害也！」的慨歎。班固在《溝洫志》中，沿著司馬遷的記述，較完整地記載了西漢一代水利工程的發展演變過程以及政府實施公共工程這一社會職能的情況。班固在《溝洫志》贊中說道：「國之利害，故備論其事。」這就指出了水利建設在國家建設中的重要位置，也說明治河這項公共事務，是國家職能中不可或缺的一個重要組成部分。

對災荒的預防和救治也是國家一項重要社會職能。如宣帝時大司農中丞耿壽昌提出：「白令邊郡皆築倉，以穀賤時增其賈而糴，以利農，穀貴時減賈而糶，名曰常平倉。民便之。」〔註157〕班固對此作了「故民賴其利，萬國作乂」〔註158〕的高度評價。這說明，由政府控制糧食、貨幣之供應、價格，來預防因糧食供求不平衡而發生意外。這在國家治理與社會運轉上發揮了重要作用，在中國救災史上有特殊的意義。

災後的救助措施主要是減免租稅、賑飢濟貧、移民就粟等。因災免租可以說是漢代政府的常例。《漢書》對此作了詳盡的記述，借宣帝時魏相之言更道出了政府的這些職能：「竊伏觀先帝聖德仁恩之厚，勤勞天下，垂意黎庶，憂水旱之災，爲民貧窮髮倉廩，賑乏餒；遣諫大夫博士巡行天下，察風俗，舉賢良，平冤獄，冠蓋交道；省諸用，寬租賦，弛山澤波池，禁秣馬酤酒貯積：所以周急繼困，慰安元元，便利百姓之道甚備。」〔註159〕

縱觀整個漢代關於國家職能的記述與思考，有這麼幾個特點：一是史書體例結構反映出史家對國家職能的認識與重視；二是既有通古今的歷史記述，又有一定的理論論述；三是對國家職能的一些領域作了深入探討，特別是關注國家統治職能，體現出大一統社會與中央集權政治的時代特色。

---

〔註157〕《漢書》卷二四上《食貨志上》。
〔註158〕《漢書》卷二四下《食貨志下》。
〔註159〕《漢書》卷七四《魏相傳》。

# 結　語

## 一、漢代歷史理論與漢代社會

　　史學與社會有著重要的關係，一定社會特點影響某種史學認識，而史學認識又會對社會發生作用。唐代史學家劉知幾曾說道：「史之為用，其利甚博，乃生人之急務，為國家之要道。有國有家者，其可缺之哉！」〔註1〕近代新史學倡導者梁啓超更指出：「史學者，學問之最博大而最切要者也。國民之明鏡也。愛國心之源泉也。」〔註2〕中國古代歷史理論是中國古代史學的重要組成部分，與社會現實有著更為直接的關係。其中許多多重大歷史理論問題的提出，就是對社會現實存在的重要問題所作的理論思考。

　　漢代中央集權的大一統社會對漢代歷史理論有著重要影響。秦漢以來，社會發生了歷史性劇變。漢代是中國古代大一統社會的奠基時期，處於中國封建社會成長階段，中央集權體制得以確立，並逐步完善。這些都是史學家、思想家在闡述歷史理論時，所要面對的社會現實。漢代歷史理論也正反映出這種社會特點，對大一統理論、民族思想、君主論、國家觀的探討，就明顯體現出這一時代特色。

　　秦漢之際的歷史劇變，漢代社會本身的盛衰治亂，使得史學家與思想家非常關注歷史盛衰的總結與探究。漢初的穩定與初步發展，到武帝時期的盛世，昭宣中興的出現，兩漢之際的世變，東漢中興的發生。這樣繁雜的社會變動，對漢代歷史理論的爭辨色彩不無影響。而兩漢所出現的外戚、宦官與

---

〔註1〕　劉知幾《史通》卷一一《史官建置》。
〔註2〕　見《梁啓超史學論著四種》，嶽麓書社，1985年，第241頁。

皇權的矛盾，諸侯王與皇權的不斷爭奪，都給漢代歷史理論增加新的內容，使對其探討不斷深入。

## 二、漢代歷史理論與漢代學術

　　兩漢時期，「過秦」與「宣漢」是兩大社會思潮，也是兩大學術思潮。在漢代歷史理論探討過程中，突出地體現了漢代思潮與歷史理論的融合。由「過秦」思潮所形成的理性解釋社會歷史變動之因的傳統，一直貫穿於兩漢始終。而由「宣漢」所產生的歷史發展觀念，也是漢代歷史理論中的重要成就。可以看出，「過秦」與「宣漢」確是研究漢代史學與思想的重要切入點，離開對它們的探討，就無法準確把握與概括漢代歷史理論。

　　經學是漢代學術的重要內容，與史學有著千絲萬縷的內在聯繫。特別是經學中一些思想觀點，對漢代歷史理論構建產生了重大影響，甚至是起著主導作用。

　　武帝時期儒學大師董仲舒創立了陰陽五行化了的今文經學，把以往的原始儒學一變成為兼合百家的綜合性儒學，為維護統治秩序與社會秩序而確立了一套系統的理論體系，這是其最大的理論貢獻。經學陰陽五行化，可以說是漢代今文經學的基本特點。後逐漸讖緯化、神秘化，特別是兩大經學會議的聖裁，更遠離具體歷史事實。因此，一批學者開始對此進行批判。其中有以元氣物質論為出發點來認識天人關係的唯物傾向，有力地推進了天人關係的客觀認識。

　　而司馬遷則從基本歷史事實的總結出發，來「究天人之際，通古今之變，成一家之言」的。正如范文瀾所指出的，「司馬遷繼承司馬談家學，又博通古今文經學，特別是董仲舒《公羊學》，但不受西漢經學的拘束，更不受陰陽五行學的影響，他是西漢一代最大的思想家之一。」〔註3〕當然在探討過程中，司馬遷也多少受到了經學的影響。這些都體現了漢代學術爭辨在歷史理論上的反映，也是漢代歷史理論研究的一個著眼點。

## 三、關於本課題研究的一點思考

　　漢代歷史理論研究，無論從理論闡述的主體還是客體而言，涉及面都非常廣，需要下一番硬功夫。就目前這篇「文章」，也不能說沒有努力過，但總

---

〔註3〕 范文瀾《中國通史簡編》修訂本第二編，北京：人民出版社，1949 年第一版
　　　　1964 年第四版，第 122 頁。

覺得遠遠不夠。

首先，如何更爲準確地把握漢代歷史理論的整體面貌，揭示其發展大勢與理論特點，仍需作深入的探討與不懈的努力。筆者在緒論中以及在行文中所歸納的漢代歷史理論特點，仍不夠全面而準確。

其次，如何深入而全面地分析漢代歷史理論成就的學術淵源與社會背景，又是今後需努力的方向。漢代是中國歷史上充滿激蕩與變幻的歷史時期，無論從學術的整合與繁榮，社會的盛衰與變化，還是從思想與理論的破與立，都是需要我們作深入剖析的。

最後，如何把漢代歷史理論放在中國古代歷史理論發展總象中加以考察，作出恰適的歷史定位與理論定位，仍需摸索。中國古代史學蔚爲大觀，這也決定了中國古代歷史理論的豐富與繁雜。如何把握整個中國古代歷史理論體系的面貌與特點，如何定位漢代歷史理論的成就與特點，都是需要作深入思考的。

# 主要參考文獻

## 一、著　作

### （一）古代文獻

1. 《詩經》〔M〕，十三經注疏本，中華書局，1980。

2. 《尚書》〔M〕，十三經注疏本，中華書局，1980。

3. 《論語》〔M〕，十三經注疏本，中華書局，1980。

4. 《春秋左傳注》〔M〕，（楊伯峻注）中華書局，1990。

5. 《孟子》〔M〕，十三經注疏本，中華書局，1980。

6. 荀子，《荀子》〔M〕，王先謙集解本，中華書局，1988。

7. 陸賈，《新語》〔M〕，王利器校注本，中華書局，1986。

8. 賈誼，《新書》〔M〕，閻振益，鍾夏校注本，中華書局，2000。

9. 劉安等，《淮南子》〔M〕，劉文典集解本，中華書局，1989。

10. 董仲舒，《春秋繁露》〔M〕，蘇輿義證本，中華書局，1992。

11. 司馬遷，《史記》〔M〕，中華書局，1959。

12. 桓寬，《鹽鐵論》〔M〕，王利器校注本，中華書局，1992。

13. 劉向，《新序》〔M〕，石光瑛校釋，陳新整理本，中華書局，2001。

14. 劉向，《說苑》〔M〕，向宗魯校證本，中華書局，1987。

15. 揚雄，《法言》〔M〕，汪榮寶疏證本，中華書局，1987。

16. 桓譚，《新論》〔M〕，上海人民出版社，1977。

17. 班固，《漢書》〔M〕，中華書局，1962。

18. 班固等，《白虎通》〔M〕，陳立疏證本，中華書局，1994。

19. 劉珍等，《東觀漢記》〔M〕，吳樹平校注本，中州古籍出版社，1987。

20. 王充，《論衡》〔M〕，黃暉校釋本，中華書局，1990。

21. 王符，《潛夫論》〔M〕，彭鐸校正本，中華書局，1985。

22. 何休，《春秋公羊經傳解詁》〔M〕，十三經注疏本，中華書局，1980。

23. 荀悅，《漢紀》〔M〕，張烈點校本，中華書局，2002。

24. 荀悅，《申鑒》〔M〕，上海古籍出版社，1990。

25. 范曄，《後漢書》〔M〕，中華書局，1965。

26. 劉知幾，《史通》〔M〕，浦起龍通釋本，上海古籍出版社，1978。

27. 李昉，《太平御覽》〔M〕，中華書局，1960。

28. 李昉，《文苑英華》〔M〕，中華書局，1966。

29. 蕭統，《文選》〔M〕，嶽麓書社，1995。

30. 魏徵，《群書治要》〔M〕，中華書局，1985。

31. 吳兢，《貞觀政要》〔M〕，上海古籍出版社，1978。

32. 劉昫，《舊唐書》〔M〕，中華書局，1975。

33. 薛居正，《舊五代史》〔M〕，中華書局，1976。

34. 王欽若等，《冊府元龜》〔M〕，中華書局，1982。

35. 司馬光等，《資治通鑒》〔M〕，中華書局，1997。

36. 李贄，《焚書》〔M〕，中華書局，1975。

37. 王夫之，《讀通鑒論》〔M〕，中華書局，1975。

38. 顧炎武，《日知錄》〔M〕，黃汝成集釋本，上海古籍出版社，1985。

39. 王鳴盛，《十七史商榷》〔M〕，商務印書館，1959。

40. 趙翼，《廿二史箚記》〔M〕，王樹民校證本，中華書局，1984。

41. 章學誠，《文史通義》〔M〕，葉瑛校注本，中華書局，1985 年，《

42. 永瑢紀昀主編，《四庫全書總目提要》〔M〕，上海商務印書館，1933。

43. 嚴可均校輯，《全上古三代秦漢三國六朝文》〔C〕，中華書局，1958。

44. 段玉裁，《說文解字注》〔M〕，上海古籍出版社，1988。

45. 周中孚，《鄭堂讀書記》〔M〕，商務印書館，1959。

46. 曾國藩，《曾文正公全集》〔C〕，臺北文海出版社，1974。

## （二）今人研究著作

1. 周谷城，《中國社會之結構》〔M〕，新生命書局，1930。

2. 劉咸炘，《推十書》〔M〕，成都尚友書塾，1931。

3. 李景星，《史記評議》〔M〕，濟南四史評議本，1932。

4. 鄭鶴聲，《史漢研究》〔M〕，商務印書館，1933。

5. 金毓黻，《中國史學史》〔M〕，重慶商務印書館，1944。

6. 王玉璋，《中國史學史概論》〔M〕，重慶商務印書館，1944。

7. 魏應麒，《中國史學史》〔M〕，上海商務印書館，1947。

8. 徐浩，《廿五史論綱》〔M〕，世界書局，1947。

9. 張蔭麟，《中國史綱（上古篇)》〔M〕，正中書局，1948。

10. 錢穆，《國史大綱》〔M〕，商務印書館，1948。

11. 李長之，《司馬遷之人格與風格》〔M〕，開明書店，1948。

12. 李宗侗，《中國史學史》〔M〕，臺北中華文化出版，1953。

13. 侯外盧主編，《中國思想通史（第二卷)》〔M〕，人民出版社，1957。

14. 陳直，《漢書新證》〔M〕，天津人民出版社，1959。

15. 范文瀾，《中國通史簡編》修訂本第二編〔M〕，人民出版社，1949 年第一版，1964 年第四版。

16. 黃雲生，《王充評論》〔M〕，（中國臺灣）三信出版社，1975。

17. 杜維運，《中國史學史論文選集》〔C〕，臺北華世出版社，1976。

18. 顧頡剛，《秦漢的方士與儒生》〔M〕，上海古籍出版社，1978。

19. 周虎林，《司馬遷與其史學》〔M〕，臺北文史哲出版社，1978。

20. 李威熊，《董仲舒與兩漢學術》〔M〕，臺北文史哲出版社，1978。

21. 陳直，《史記新證》〔M〕，天津人民出版社，1979。

22. 余嘉錫，《四庫提要辨證》〔M〕，中華書局，1980。

23. 吳澤主編，《中國史學史論集》〔C〕，上海人民出版社，1980。

24. 張孟倫，《中國史學史論叢》〔M〕，蘭州大學歷史系印行，1980。

25. 廖吉郎，《漢代撰注史籍考》〔M〕，臺北市廣東出版社，1980。

26. 白壽彝，《史記新論》〔M〕，求實出版社，1981。

27. 顧頡剛等，《古史辨（第五冊、第七冊))》〔M〕，上海古籍出版社，1982。

28. 孫叔平，《中國哲學史稿》〔M〕，上海人民出版社，1982。

29. 劉節，《中國史學史稿》〔M〕，中州書畫社，1982。

30. 柴德賡，《史籍舉要》〔M〕，北京出版社，1982。

31. 施丁、陳可青，《司馬遷研究新論》〔M〕，河南人民出版社，1982。

32. 黃盛雄，《王符思想研究》〔M〕，（中國臺北）文史哲出版社，1982。

33. 呂思勉，《秦漢史》〔M〕，上海古籍出版社，1983。

34. 翦伯贊，《秦漢史》〔M〕，北京大學出版社，1983。

35. 白壽彝主編，《史學概論》〔M〕，寧夏人民出版社，1983。

36. 楊向奎，《繹史齋學術文集》〔M〕，上海人民出版社，1983。

37. 陸永品，《司馬遷研究》〔M〕，江蘇人民出版社，1983。

38. 徐朔方，《史漢論稿》〔M〕，江蘇古籍出版社，1984。

39. 梁啟超，《梁啟超史學論著四種》〔M〕，嶽麓書社，1985。

40. 呂思勉，《中國制度史》〔M〕，上海教育出版社，1985。

41. 馮友蘭，《中國哲學史新編》〔M〕，人民出版社，1998。

42. 尹達主編，《中國史學發展史》〔M〕，中州古籍出版社，1985。

43. 陳清泉等，《中國史學家評傳》〔M〕，中州古籍出版社，1985。

44. 嵇文甫，《嵇文甫文集》〔M〕，河南人民出版社，1985。

45. 李澤厚，《中國古代思想史論》〔M〕，人民出版社，1985。

46. 任繼愈主編，《中國哲學發展史》〔M〕，人民出版社，1985。

47. 韓兆琦，《史記評議》〔M〕，內蒙古人民出版社，1985。

48. 張大可，《史記研究》〔M〕，甘肅人民出版社，1985。

49. 白壽彝，《中國史學史（第一冊)》〔M〕，上海人民出版社，1986。

50. 楊燕起，《歷代名家評〈史記〉》〔M〕，北京師範大學出版社，1986。

51. 蕭黎，《司馬遷評傳》〔M〕，吉林文史出版社，1986。

52. 張大可，《史記論贊輯釋》〔M〕，陝西人民出版社，1986。

53. 楊燕起，《司馬遷和史記》〔M〕，北京出版社，1987。

54. 王錦貴，《〈漢書〉與〈後漢書〉》〔M〕，人民出版社，1987。

55. 施丁，《中國史學簡史》〔M〕，中州古籍出版社，1987。

56. 雷家驥，《兩漢至唐初的歷史觀念與意識》〔M〕，書目文獻出版社，1987。

57. 余英時，《士與中國文化》〔M〕，上海人民出版社，1987。

58. 金春峰，《漢代思想史》〔M〕，中國社會科學出版社，1987。

59. 劉乃和主編，《司馬遷和〈史記〉》〔M〕，北京出版社，1987。

60. 吳樹平，《秦漢文獻研究》〔M〕，齊魯書社，1988。

61. 白壽彝主編，《中國通史（導論卷)》〔M〕，上海人民出版社，1989。

62. 楊向奎，《大一統與儒家思想》〔M〕，中國友誼出版公司，1989。

63. 鄒賢俊，《中國古代史學史綱》〔M〕，華中師範大學出版，1989。

64. 祝瑞開，《兩漢思想史》〔M〕，上海古籍出版社，1989。

65. 周桂鈿，《董學探微》〔M〕，北京師範大學出版社，1989。

66. 方立天，《中國古代哲學問題發展史》〔M〕，中華書局，1990。

67. 馮禹，《天與人──中國歷史上的天人關係》〔M〕，重慶出版社，1990。

68. 張新科、俞樟華,《〈史記〉研究史略》〔M〕,三秦出版社,1990。

69. 黃新亞,《司馬遷評傳》〔M〕,光明日報出版社,1991。

70. 瞿林東,《中國史學散論》〔M〕,湖南教育出版社,1992。

71. 劉汝霖,《漢晉學術編年》〔M〕,上海書店,1992。

72. 王興國,《賈誼評傳》〔M〕,南京大學出版社,1992。

73. 華友根,《董仲舒思想研究》〔M〕,上海社會科學院出版,1992。

74. 鍾肇鵬,《桓譚評傳》〔M〕,南京大學出版社,1993。

75. 周桂鈿,《王充評傳》〔M〕,南京大學出版社,1993。

76. 陳桐生,《中國史官文化與〈史記〉》〔M〕,汕頭大學出版社,1993。

77. 白壽彝,《白壽彝史學論集》〔M〕,北京師範大學出版社,1994。

78. (韓)樸宰雨,《〈史記〉〈漢書〉比較研究》〔M〕,中國文學出版社,1994。

79. 陳其泰,《再建豐碑——班固和〈漢書〉》〔M〕,三聯書店,1994。

80. 陳其泰,趙永春,《班固評傳》〔M〕,南京大學出版社,1994。

81. 劉家和,《古代中國與世界》〔M〕,武漢出版社,1995。

82. 王永祥,《董仲舒評傳》〔M〕,南京大學出版社,1995。

83. 周桂鈿,《董仲舒評傳》〔M〕,廣西教育出版社,1995。

84. 徐興海,《司馬遷與〈史記〉研究論著專題索引》〔M〕,陝西人民教育出版社,1995。

85. 《馬克思恩格斯選集》〔C〕,人民出版社,1995。

86. 蔣慶,《公羊學引論》〔M〕,遼寧教育出版社,1995。

87. 《顧頡剛古史論文集》〔C〕,中華書局,1996。

88. 《歷史科學與理論建設:祝賀白壽彝教授九十華誕》〔M〕,北京師範大學出版社,1996。

89. 饒宗頤,《中國史學上之正統論》〔M〕,上海遠東出版社,1996。

90. 劉澤華,《中國政治思想史》〔M〕,浙江人民出版社,1996。

91. 吳懷祺,《中國史學思想史》〔M〕,安徽人民出版社,1996。

92. 王洲明、徐超,《賈誼集校注》〔M〕,人民文學出版社,1996。

93. 陳其泰,《清代公羊學》〔M〕,東方出版社,1997。

94. 湯志鈞等,《經學與西漢政治》〔M〕,上海古籍出版社,1997。

95. 王葆玹,《今古文經學新論》〔M〕,中國社會科學出版社,1997。

96. 王樹民,《中國史學史綱要》〔M〕,中華書局,1997。

97. 黃樸民,《何休評傳》〔M〕,南京大學出版社,1998。

98. 白壽彝,《中國史學史論集》〔M〕,中華書局,1999。

99. 瞿林東，《中國史學史綱》〔M〕，北京出版社，1999。

100. 陳其泰，《史學與民族精神》〔M〕，學苑出版社，1999。

101. 陳其泰，《史學與中國文化傳統》〔M〕，學苑出版社，1999。

102. 白壽彝主編，《中國史學史教本》〔M〕，北京師範大學出版社，2000。

103. 錢穆，《中國史學名著》〔M〕，三聯書店，2000。

104. 劉澤華，《中國的王權主義》〔M〕，上海人民出版社，2000。

105. 陳啓雲，《荀悦與中古儒學》〔M〕，遼寧大學出版社，2000。

106. 許殿才主編，《中國文化通史（秦漢卷)》〔M〕，中央黨校出版社，2000。

107. 周桂鈿，《秦漢思想史》〔M〕，河北人民出版社，2000。

108. 錢穆，《兩漢經學今古文平議》〔M〕，商務印書館，2001。

109. 徐復觀，《兩漢思想史》〔M〕，華東師範大學出版社，2001。

110. 陳蘇鎮，《漢代政治與春秋學》〔M〕，中國廣播電視出版社，2001。

111. 汪高鑫，《中國史學思想通史（秦漢卷)》〔M〕，黃山書社，2002。

112. 龐天祐，《秦漢歷史哲學思想研究》〔M〕，中國社會科學出版社，2002。

113. 張秋生，《天人糾葛與歷史運演——西漢儒家歷史觀的現代詮釋》〔M〕，齊魯書社，2003。

114. 錢穆，《中國學術思想史論叢（三)》〔M〕，安徽教育出版社，2004。

115. 張強，《司馬遷學術思想探源》〔M〕，人民出版社，2004。

116. 劉家和，《史學經學與思想》〔M〕，北京師範大學出版社，2005。

117. 瞿林東，《中國簡明史學史》〔M〕，上海人民出版社，2005。

118. 瞿林東，《中國史學的理論遺產》〔M〕，北京師範大學出版社，2005。

119. 瞿林東、李珍，《范曄評傳》〔M〕，南京大學出版社，2006。

120. 楊權，《新五德理論與兩漢政治》〔M〕，中華書局，2006。

## 二、論　文

1. 白壽彝，《司馬遷寓論斷於序事》〔J〕，《北京師範大學學報》，1961（4）。

2. 施丁，《論司馬遷的「通古今之變」》〔J〕，《歷史研究》，1980（2）。

3. 施丁，《試論司馬遷的「究天人之際」》〔J〕，《北方論叢》，1980（6）。

4. 魯人，《〈淮南子〉社會歷史觀初探》〔J〕，《齊魯學刊》，1980（1）。

5. 白壽彝，《關於中國民族關係史上的幾個問題》〔J〕，《北京師範大學學報》，1981（6）。

6. 吳忠匡，《論司馬遷樸素唯物論的歷史觀》〔J〕，《北方論叢》，1981（3）。

7. 楊燕起，《司馬遷關於「勢」的思想》〔J〕，《人文雜誌》，1983（5）。

8. 陳其泰，《漢初史論的時代特色和主要成就》〔J〕，《北京師範大學學報》，1983（6）。

9. 蕭黎，《關於「太史公曰」的幾個問題》〔J〕，《學習與探索》，1984（1）。

10. 鄒賢俊，《評賈誼的史論》〔J〕，《中國歷史文獻研究集刊》，1984（5）。

11. 王步貴，《試論王符進步的社會歷史觀》〔J〕，《甘肅社會科學》，1984（6）。

12. 趙俊，《荀悅思想淺說》〔J〕，《遼寧大學學報》，1984（2）。

13. 陳啟能，《歷史理論與史學理論》〔J〕，《光明日報》，1986。12。3。

14. 潘嘯龍，《司馬遷對「天命」的矛盾認識》〔J〕，《安徽師大學報》，1986（2）。

15. 朱枝富，《論司馬遷的民族思想》〔J〕，中央民族學院學報》，1986（3）。

16. 呂紹剛，《何休公羊「三科九旨」淺議》〔J〕，《人文雜誌》，1986（2）。

17. 瞿林東，《史學理論與歷史理論》〔J〕，《史學理論》，1987（1）。

18. 瞿林東，《〈史記〉〈漢書〉比較》〔J〕，《文史知識》，1987（12）。

19. 黃君萍，《論司馬遷的民族平等觀》〔J〕，《廣東民族學院學報》，1987（1）。

20. 宋采義，《試論司馬遷的民族思想》〔J〕，《史學月刊》，1987（5）。

21. 徐興海，《〈史記〉所體現的系統觀》〔J〕，《人文雜誌》，1987（3）。

22. 陳其泰，《〈漢書〉歷史地位再評價》〔J〕，《史學史研究》，1988（1）。

23. 徐興海，《〈史記·五帝本紀〉所見司馬遷的歷史觀》〔J〕，《咸陽師專學報》，1988（2、3）。

24. 徐興海，《司馬遷天人思想的模糊性》〔J〕，《唐都學刊》，1988（2）。

25. 劉文英，《評三十多年來的王符研究》〔J〕，《社會科學》，1988（1）。

26. 羅傳芳，《王符的天人宇宙圖式與社會歷史觀》〔J〕，《社會科學》，1989（1）。

27. 陳其泰，《「過秦」與「宣漢」》〔J〕，《史學史研究》，1990（2）。

28. 趙英，《司馬遷史學思想和正統化傾向》〔J〕，《內蒙古大學學報》，1990（3）。

29. 許殿才，《〈漢書〉的成就》〔J〕，《史學史研究》，1990（4）。

30. 劉隆有，《試論〈漢紀〉的史學價值》〔J〕，《求是學刊》，1990（3）。

31. 劉家和，《〈史記〉與漢代經學》〔J〕，《史學史研究》，1991（2）。

32. 許殿才，《談〈漢書〉的體例》〔J〕，《遼寧大學學報》，1991（3）。

33. 羅傳芳，《試論王符的史論及其意義》〔J〕，《華中師範大學學報》，1991（2）。

34. 陳其泰，《中華民族凝聚力源遠流長：談〈史記〉的大一統歷史觀》〔J〕，《群言》，1992（10）。

35. 許殿才，《〈漢書〉中的天人關係》〔J〕，《歷史研究》，1992（4）。

36. 許殿才，《仲長統的歷史理論與社會批判思想》〔J〕，《史學史研究》，1992（4）。

37. 陳廣武，《論司馬遷的正統觀》〔J〕，《內蒙古民族師院學報》，1992（1）。

38. 陳其泰，《對〈漢書〉十志的總體考察》〔J〕，《漢中師院學報》，1993（4）。

39. 許殿才，《王符思想淺析》〔J〕，《北京圖書館館刊》，1993（3、4）。

40. 張新民，《司馬遷、班固的民族觀及史學實證精神異同論》〔J〕，《民族研究》，1993（6）。

41. 陳桐生，《論司馬遷的天命崇高思想》，《陝西師大學報》，1993（2）。

42. 鄧福田，《五德終始說簡論》〔J〕，《河池師專學報》，1993（4）。

43. 陳桐生，《重評司馬遷的「通古今之變」》〔J〕，《人文雜誌》，1994（4）。

44. 趙瀟，《論五德終始說在秦的作用與影響》〔J〕，《齊魯學刊》，1994（2）。

45. 劉家和，《論漢代春秋公羊學的大一統思想》〔J〕，《史學理論研究》，1995（2）。

46. 朱政惠，《「天人合一」思想對中國紀傳體史書發展的影響》〔J〕，《社會科學》，1995（3）。

47. 施丁，《再評過秦論》〔J〕，《史學史研究》，1996（1）。

48. 王成軍，《司馬遷史學思想新探》〔J〕，《人文雜誌》，1996（2）。

49. 余樹聲，《「究天人之際，通古今之變」》〔J〕，《陝西史志》，1996（2）。

50. 郎寶如，《走出司馬遷天人思想研究的誤區》〔J〕，《內蒙古大學學報》，1996（2）。

51. 許殿才，《〈漢書〉的論贊》〔J〕，《社會科學輯刊》，1996（6）。

52. 陳俊華，《論董仲舒的循環史觀》〔J〕，《（中國臺灣）歷史學報》，1996（24）。

53. 朗寶如，《再論走出司馬遷天人思想研究的誤區》〔J〕，《內蒙古大學學報》，1997（1）。

54. 黃留珠，《論司馬遷的「大歷史觀」》〔J〕，《人文雜誌》，1997（2）。

55. 范紅軍，《〈漢書〉宣漢思想新探》〔J〕，《河北師範大學學報》，1997（2）。

56. 許殿才，《〈白虎通義〉中的國家學說》〔J〕，中國史研究》，1997（2）。

57. 葛志毅，《〈公羊傳〉大一統釋義發微》〔J〕，《管子學刊》，1998（4）。

58. 許殿才，《〈漢書〉寫歷史變化》〔J〕，《求是學刊》，1999（2）。

59. 鄭先興，《班固的史學思想》〔J〕，《周口師範高等專科學校學報》，1999（2）。

60. 王永祥，《董仲舒取法於天的歷史哲學論綱》〔J〕，《河北大學學報》，1999

（2）。

61. 黃樸民，《何休歷史哲學理論探析》〔J〕，《求是學刊》，1999（1）。

62. 黃樸民，《何休公羊『大一統』思想析論》〔J〕，《孔子研究》，1999（2）。

63. 高兵，《大一統再認識》〔J〕，《山東師大學報》，1999（6）。

64. 劉家和，《論司馬遷史學思想中的變與常》〔J〕，《北京師範大學學報》，2000（2）。

65. 牛潤珍，《儒家大一統思想的歷史作用與現代價值》〔J〕，《河北學刊》，2001（1）。

66. 周桂鈿，《董仲舒天人感應論的真理性》〔J〕，《河北學刊》，2001（3）。

67. 晉文，《漢代的古今觀及其理論的構建》〔J〕，《南京大學學報》，2001（6）。

68. 崔一心，《董仲舒君權天授說的積極意義》〔J〕，《管子學刊》，2002（1）。

69. 汪高鑫，《論劉歆的新五德終始歷史學說》〔J〕，中國文化研究》，2002（2）。

70. 趙梅春，《王符的治邊思想》〔J〕，中國邊疆史地研究》，2002（2）。

71. 汪高鑫，《司馬遷與董仲舒夷夏觀之比較》〔J〕，《雲南民族大學學報》，2003（4）。

72. 李禹階，《漢代新儒學「天人感應論」開山祖：陸賈》〔J〕，《河南大學學報》，2003（6）。

73. 宋馥香，《賈誼史論對司馬遷史學的影響》〔J〕，《史學理論研究》，2003（3）。

74. 孫靜，《賈誼民族思想探析》〔J〕，《西北第二民族學院學報》，2003（2）。

75. 許殿才，《通變思想的理論特點》〔J〕，《史學月刊》，2004（9）。

76. 蔣重躍，《五德終始說與歷史正統觀》〔J〕，《南京大學學報》，2004（2）。

77. 張強，《西漢「過秦」思潮的發生和發展》〔J〕，《淮陰師範學院學報》，2004（2）。

78. 周新芳，《先秦帝王稱號及其演變》〔J〕，《史學月刊》，2004（6）。

79. 黃開國，《〈公羊〉學的大一統》〔J〕，《人文雜誌》，2004（1）。

80. 王永祥，《董仲舒真的沒有進化的歷史觀嗎？答劉付靖的質疑》〔J〕，《河北學刊，《2004（3）。

81. 黃新憲，《董仲舒的大一統思想探略》〔J〕，《福建論壇》，2004（5）。

82. 陳豪珣，《試論董仲舒天人合一思想》〔J〕，《齊齊哈爾大學學報》，2004（6）。

83. 歐式雄，《董仲舒天人感應神學目的論探源》〔J〕，《歷史教學問題》，2004（5）。

84. 江湄，《從「大一統」到「正統論」——論唐宋文化轉型中的歷史觀嬗變》

〔J〕,《史學理論研究》,2004（6）。

85. 許殿才,《〈漢紀〉多樣的史論形式》〔J〕,《史學史研究》,2004（1）。

86. 劉家和等,《論何休公羊解詁的歷史哲學》〔J〕,《江海學刊》,2005（3）。

87. 許殿才,《夷夏之辨與大一統思想》〔J〕,《河北學刊》,2005（3）。

88. 唐眉江,《漢代公羊學「大一統」概念辨析》〔J〕,《學術研究》,2006（1）。

89. 鄭萬耕,《〈漢書〉中所反映的天人諧調論》〔J〕,《齊魯學刊》,2006（3）。

# 後　記

　　距離博士畢業論文答辯已有五個年頭了，這段期間因工作業務與所學專業的位移，無暇也無力繼續完善以往的思考體系。只能讓這「畢業證書」束之高閣了。正當其還未「覺醒」之際，一次偶然的機緣打破了這一沈睡的「思考」。這就是中國臺灣花木蘭文化出版社向我發出了出版博士論文的擬約，經初步審議，出版社總編輯欣然同意此論文的出版。這樣的「眷顧」，對我來講，實乃「天予之，天予之，非天命孰成之」。在此，對花木蘭文化出版社領導與編輯，表示感謝。

　　雖然系統學習史學已達六年之久，但本人天生愚鈍，祇是憑著兒時好學勤奮之「韌勁」，順利通過了論文答辯，總覺還未「入門」。幸運地是，在求學路上遇到了一些恩師，是他們無私地給予教誨和啓迪，使得我能夠有所認識、有所深入，也得以完善這篇「以力得之」的小論文。

　　在此要特別感謝我的碩士生導師、博士生導師許殿才教授，沒有恩師的鼓勵和幫助，我就會與「博士」頭銜無緣。感謝瞿林東教授，雖然他不是我的導師，但聆聽過他的課，參與過他的課題，這些對我影響很深。還要感謝原北京師範大學史學研究所的向燕南、周文玖、張越、蔣重躍、汪高鑫、易寧諸位老師，感謝參加我博士學位論文答辯的中國社會科學院的施丁教授、趙俊教授，中國人民大學的牛潤珍教授，他們在答辯過程中提出的誠懇意見和建議，對我修改和完善論文很有幫助。

　　同窗學習的邱峰好友（現爲蘭州大學歷史系教師）、葉建好友（現爲溫州醫學院教師）、袁法周好友（現爲中國出版集團幹部），曾在生活與學術研究

方面給予了諸多無私幫助和支持、指導，在此表示感謝。原北京師範大學史學研究所劉淑玲老師，在我攻讀研究生的六年期間，她給予我生活上照顧與幫助，學術上給予支持和鼓勵，在此表示感謝。

還要感謝我的愛人溫翠平女士和我的岳父母，沒有他們的理解和支持，我想這本論文的完成、修改、出版，也是不可能的，在此對他們說一聲謝謝。

學術之路漫漫，吾將上下而求索。

靳寶

2012 年 4 月 8 日

於保利嘉園寶閣齋